商界与管理界中的女性

蓄势已发

国际劳工组织 编
姜 睿 译

中国财政经济出版社

本书英文原版由国际劳工局（日内瓦）出版，书名为：*Women in Business and Management：Gaining Momentum*

国际劳工组织出版物中所用的称号符合联合国惯例，且其中的内容和材料并不意味着国际劳工局认可任何国家、地区或领土的法律地位或其当局，或关于其疆界的划定。

本书的研究和文稿所持的观点由其署名作者负责，国际劳工局对其观点看法不负任何责任。

书中提到的公司名称、商品及流程并不意味着国际劳工局对其认可，未提到的也不意味着国际劳工组织对其不认可。

图书在版编目（CIP）数据

商界与管理界中的女性蓄势已发／国际劳工组织编；姜睿译．—北京：中国财政经济出版社，2016.6

ISBN 978－7－5095－6711－1

Ⅰ.①商…　Ⅱ.①国…　②姜…　Ⅲ.①女性－企业家－研究报告　Ⅳ.①F272.91

中国版本图书馆 CIP 数据核字（2016）第 071232 号

责任编辑：王　飏　刘　畅　　　　责任校对：徐艳丽

中国财政经济出版社出版

URL：http：//www.cfeph.cn

E－mail：cfeph@cfeph.cn

社址：北京市海淀区阜成路甲 28 号　邮政编码：100142

北京财经印刷厂印刷

880×1230 毫米　16 开　12.25 印张　310 000 字

2016 年 6 月第 1 版　2016 年 6 月北京第 1 次印刷

定价：60.00 元

ISBN 978－7－5095－6711－1/F・5397

图字：01－2016－4224

（图书出现印装问题，本社负责调换）

质量投诉电话：010－88190744

打击盗版举报热线：010－88190492、QQ：634579818

前言

促进职场中的性别平等不仅是正确之举，更是明智之举。越来越多的证据表明，充分利用男性和女性的技能与才干对于企业和社会总体而言都大有裨益。我特此委托国际劳工组织（ILO）-雇主活动局开展此项研究，对有关推进女性在商界中的发展所能采取的措施的数据和信息进行整合，同时对今后的工作重点进行分析并提出意见。我确信，对于需要了解商界与管理界中的女性情况的最新信息和权威数据的人来说，本报告将成为他们主要的参考文献。

报告强调了女性进入劳动力市场对于国家以及企业的经济增长和发展来说都起着越来越重要的作用。同时也将证明，企业在认识并支持女性发挥其才能后，会受益匪浅。女性在执掌越来越多的企业，而且也在掌握着越来越多的消费者决策。然而在经济更加依赖知识和技术的当今，虽然对全球人才和技术进行了深入的研究，但以上事实通常还是会被人们所忽视。

报告表明，女性为了担任执行总裁（CEO）或进入公司董事会会遇到一系列的障碍。虽然她们已经在商界和管理界获得了发展，而且过去十年中行动主义在努力打破“玻璃天花板”，但女性仍被关在更高层次经济决策的大门之外。

报告就对性别窠臼、公司文化以及缺乏调和工作与家庭矛盾手段问题等采取的行动进行了讨论。同时呼吁对女性和男性的职业轨迹进行更仔细的研究，以确保从最开始就能消除性别歧视问题。

报告强调了资源的富足、良好的实践以及组织结构和网络等条件均已成熟。虽然进展缓慢，但是被任命担任最高职务的女性吸引了媒体的关注，也成就了新的榜样。

我们需要更多的合作以及支持来分享有利于在各个层面（包括董事会）利用女性才华和技能的相关信息。虽然很多跨国公司已经开始进行这方面的工作，但是最主要的挑战是如何确保本国企业，尤其是大中型企业能够接受建议使用相关工具来推进女性能力的发掘，并提高企业的收益。

目前，商业界已经认识到女性对经济决策的贡献以及为经营业绩带来积极的改变。因此，各国雇主组织应该及时发挥它们的战略性作用。

令人感到鼓舞的是，在各国雇主组织的支持下，很多发展中地区的公司积极响应国际劳工组织进行的公司调查，为全球性报告提供了丰富的资料。各国工人组织和企业的亲自参与无疑为报告的相关性和实用性提供了保障。雇主组织还可以将这些报告中的内容纳入他们的规划和行动中，而企业则可以利用其来设计执行他们的商业战略。

扩大女性的作用、让更多的女性获得决策地位涉及很多复杂的问题和挑战，这也反映出按性别划分的劳动力市场中全面存在的性别不平等问题。

我衷心希望该报告能够促进并激发工作领域中的所有主体加入进来，共同努力，以实现更全面的性别平等。这一基本权利也是国际劳工组织体面工作议程及关于工作中基本原则和权利宣言中重要的组成部分。同时也是可持续发展的条件。

我同时也希望该项研究能够促进国际劳工组织“工作中的妇女”百年举措项目下的各项工作

——通过总结女性在工作中的地位和现状加强国际劳工组织的行动，并在劳工组织三方机构的共同努力下，全面消除性别歧视，促进长久的性别平等。

盖伊·莱德

国际劳工组织总干事

致谢

本全球性报告的编写采取了多方参与的方式，得到了来自五大区的全国性雇主组织和公司、国际劳工组织雇员和性别专家以及性别平等和创业方面的专业顾问的帮助。

来自非洲、亚太、拉丁美洲及加勒比地区、中欧及东欧、独联体以及中东和北非地区的各国雇主组织为本报告的编写做出了不可估量的贡献。他们不仅提供了有关女性在商界和管理界情况的国家报告，而且还在各地区召开的研讨会上分享了各自了解的情况、所采取的行动、面临的挑战以及想法等。各国雇主组织在由国际劳工组织雇主活动局（ACT/EMP）于 2013 年开展的“国际劳工组织公司调查”中，在发放调查和收集公司反馈信息中发挥了重要的作用。

通过“国际劳工组织公司调查”，来自上述各地区的近 1300 家公司就下列情况提供了重要信息和思考，包括女性管理者在公司的情况，女性在领导层中面临的障碍，以及他们认为能够有效促进女性在管理领域发展的方法措施等。其中大部分公司来自发展中国家国内的大型及中小型公司，也包括跨国公司。对于有关发达经济体的大型和跨国公司中的管理和商界女性的研究文献，这些公司所做的贡献也是不可替代的。

国际劳工组织的地区高级专家在编写报告、举办地区研讨会以及促进各国雇主组织协助发放和收集公司调查反馈意见方面发挥了重要作用。在此，要特别感谢 Rose Anang 女士，Jae – Hee Chang 女士，Gotabaya Dasanayaka 先生，Jorge Illingworth 先生，Lorenzo Peláez Dorantes 先生，Dragan Radic 先生，Gary Rynhardt 先生和 Andrés Yurén 先生。

性别问题专家和技术专家也在研讨会上与来自各国雇主组织的与会者分享了他们的知识。在此特别感谢国际劳工组织比勒陀利亚局的女性创业问题专家 Grania Mackie 女士，国际劳工组织曼谷局的性别问题专家 Nelien Haspels 女士，国际劳工组织圣何塞局的性别问题专家 María José Chamorro 女士和雇主问题专家 Rania Bikhazi 女士，以及国际劳工组织在阿拉伯各国的企业发展问题专家。

此外，在国际劳工组织贝鲁特局、利马局、约翰内斯堡局、布达佩斯特局和曼谷局工作的官员和在基辅工作的国际劳工组织国家协调员及当地的顾问也为组织和参加研讨会付出了诸多精力。

国际劳工组织阿拉伯国家局局长 Nada Al – Nashif 女士负责了在贝鲁特举行的研讨会；国际劳工组织拉丁美洲及加勒比地区局局长 Elizabeth Tinocco 女士负责了在利马举行的研讨会；国际劳工组织南非体面劳动工作组及南非比勒陀利亚局局长 V. Van Vuuren 先生负责了在约翰内斯堡举行的研讨会；国际劳工组织曼谷体面劳动工作组主任 Maurizio Bussi 先生负责了在曼谷举行的研讨会；国际劳工组织乌克兰国家协调员 Vasyl Kostrytsya 先生负责了在基辅举行的研讨会。

此外，还有诸多专家及公司代表为举办研讨会做出重要的贡献。包括为曼谷研讨会付出努力的德科集团的 Tidarat Kanchanawat 女士，欧莱雅公司的 Manusrudee Suwannarat 女士，安盛公司的 Jitlada Sirachadapong 女士以及联合利华印度斯坦公司的 Parul Arora 女士；为利马研讨会付出努力的 Lidia Heller 女士和 Rosa María 女士；乌克兰性别平等研究项目研究组成员 Ganna Gerasymenko 女士；为基辅研讨会付出努力的联合国人口活动基金会（UNFPA）驻乌克兰代表 Nuzhat Ehsan 女士。

国际劳工组织统计局最新设计的统计数据库为获取和浏览重要的最新数据提供了至关重要的帮助和意见。为此要特别感谢统计局局长 Rafael Diez de Medina 先生及工作人员 Edgardo Greising 先生，Franciso Guerreiro 先生，Adriana Mata – Greenwood 女士，Valeria Nesterenko 女士和 Ms. Marie – Claire Sodergren 女士。

在对公司调查进行格式设置，以便于接受调查的公司以电子方式参与调查中，Paolo Salvai 先生提供了非常宝贵的帮助。Salvai 先生还帮助解决了调查推广中出现的问题。同时也要感谢国际劳工组织都灵国际培训中心承担此次电子调查任务。

在中东及北非地区，贝鲁特美国大学管理与组织行为学副教授 Charlotte Karam 协助我们分发并收集了阿拉伯语和英语的调查报告。她和她的团队对调查结果进行了分析和汇报。相关内容已收入全球报告中。Karam 女士也参加了在贝鲁特举办的地区研讨会，并在会上分享她在性别与管理方面的经验。

Linda Wirth 女士作为顾问起草了报告，并参与了全球报告的编写工作。

Wirth 女士为研讨会撰写了五篇有关商界及管理界中的女性的区域文件及报告。Wirth 女士对国际劳工组织公司调查的初始设计提出了建议，并吸收了咨询者的意见。她还对调查结果进行了分析，并撰写了报告，同时将调查结果写入全球报告。

国际劳工组织雇主活动局的 Anne – Brit Nippierd 女士提出了举办地区性研讨会的概念，并进行了相关项目的管理工作，包括研讨会的组织和协调等。Adam Adrien – Kirby 先生为报告的最终出版提供了宝贵的帮助。

最后，要特别感谢国际劳工组织雇主活动局局长 Deborah France – Massin。他在报告编写的各个阶段都起到了决定性的作用。

目录

图表一览

缩写表

ABWN	非洲商界女性网络
ACT/EMP	国际劳工组织雇主活动局
ACWF	中华全国妇女联合会
AIOE	全印度雇主组织
AIWF	阿拉伯国际妇女论坛
AMCHAM	萨尔瓦多美国商会
AMEP	秘鲁商界女性协会
AMMJE	墨西哥商界女性协会
ANEP	全国私人企业协会
APEP	巴拉圭商界女性、总经理和专业人士协会
ASALA	巴勒斯坦商界女性协会
ASX	澳大利亚证券交易所
AWE	女企业家协会
BO	商业组织
BPO	业务流程外包
BSE	孟买证券交易所（印度）
BUSA	南非商业联合会
BWFS	斯威士兰商界女性论坛
CAC	法国证券市场指数
CACB	巴西工商会联盟
CAME	中小企业联盟（阿根廷）
CAWE	中国女企业家协会
CEE	中东欧
CEED	创业与经济发展中心
CEO	首席执行官
CII	印度工业联盟
CIS	独立国家联合体
CONINDUSTRIA	委内瑞拉工业联合会
CONSECOMERCIO	委内瑞拉国家商业服务业委员会
CNME	国家商界女性委员会（巴西）
COSEP	尼加拉瓜私人企业高层委员会
CPC	生产和商业联盟
CPMEN	女企业家常务代表大会（尼加拉瓜）
DAX	德国股市指数
DBWC	迪拜商界女性委员会
DDI	睿智企业咨询
EIU	经济学人信息部
EC	欧盟委员会
EFC	锡兰雇主联盟

EFI	印度雇主联盟
EFP	巴基斯坦雇主联盟
ELA	拉丁美洲性别和平等团体
EMPREPAS	商界女性的社会责任
EO	雇主组织
ESG	环境、社会和治理
EU	欧洲联盟
EWEC	鹰女性赋权俱乐部（加纳）
FICCI	印度工商会联盟
FIDE	伊比利亚美洲商界女性联合会
FIWE	印度女企业家联合会
FPCCIA	巴勒斯坦农工商联合会
FTSE	伦敦金融时报和证券交易所
FUE	乌干达雇主联合会
FUEWEC	乌干达雇主联合会女性经理人分会
FWEAN	尼泊尔女企业家协会联合会
GCC	海湾合作委员会
GEM	全球创业观察
GEP	年轻女性创业计划
GER	总入学率
GICAM	喀麦隆雇主组织
GIZ	德国技术合作组织
GMI	国际治理指标（公司）
GPI	性别平等指数
HXEx	香港交易及结算所
IBR	国际商业报告（致同）
ICAWB	摩尔多瓦国际女性商业晋升中心
ICT	信息通讯技术
IFC	国际金融合作
IGGN	国际公司治理网络
ISIN	国际证券识别码
IT	信息技术
ITES	信息技术支持服务
ILO	国际劳工组织
IPU	各国议会联盟
ISCO	国际标准职业分类
JSE	南非约翰内斯堡证券交易所
LA	拉丁美洲
MDG	千年发展目标
MEF	毛里求斯雇主联合会
MEF	黑山雇主联合会
MENA	中东及北非
MSCI	摩根士丹利资本国际公司
MSCI AC WI	摩根士丹利国家指数
NABW	马拉维商界女性全国协会

NACCIMA	尼日利亚农工商采矿业商会协会
NASSCOM	全国软件服务公司协会
NAWE	尼日利亚女企业家协会
NAWORG	全国农工商采矿业商会协会女性团体
NECA	尼日利亚雇主咨询协会
NEDLAC	全国经济发展劳动委员会
NGO	非政府组织
NHO	挪威工商联盟
NNEWNECA	女企业家网络
NXSX	新西兰证券交易所
OAME	阿根廷商界女性组织
OAS	美洲国家组织
OBME	巴西商界女性组织
OECD	经济合作发展组织
OEM	马其顿雇主组织
OSCE	欧洲安全与合作组织
PKCG	黑山商会
PROWEB	专业女经理人和商业论坛
PWCCI	巴基斯坦旁遮普女性工商会
SAARC	南非亚区域合作联盟
SADC	南非发展共同体
SBF 250	法国巴黎证交所 250 指数
SCOPE	公共企业常务会议
SCWECSAARC	女企业家委员会商会
SGX	新加坡交易所
SME	中小企业
TEA	早期创业活动指数
UK	英国
UNDP	联合国发展计划
UNECE	联合国欧洲经济委员会
UNESCO	联合国教科文组织
USA	美国
VCCI	越南工商会
VWEC	越南女企业家委员会
WABAZ	津巴布韦女性商业协会联盟
WAWE	世界女企业家协会
WEAB	孟加拉国女企业家协会
WB	世界银行
WBCP	菲律宾女性商业为会员
WBF	女性论坛
WCCI	巴基斯坦女性工商会
WCIC	斯里兰卡女性工商会
WEC	世界经济论坛
WIPS	公共部门女性论坛
ZNCC	津巴布韦全国商会

1. 引言

1.1 尚未打破的玻璃顶棚

2011 年，ILO 出版了名为《打破玻璃顶棚：管理界中的女性》的报告。该报告着眼于女性虽然积极加入劳动力市场，但是却无法获得高层工作职位的原因。

该报告发布后，在公共及私人部门中高管理层中工作的女性开始增加。但是被任命为顶级职位的人数仍然寥寥。公司规模越大，女性成为其 CEO 的可能性则越小：在全球规模最大的公司中，CEO 为女性的比例非常小。

然而，上一代的劳动力市场已经发生了巨大的变化。目前女性已经占据了全世界 40% 的工作职位，只是报酬较男性更低。她们也占据了商界三分之一的比例，但通常集中在微型和小型企业中。在大部分地区，获得学士学位和硕士学位的女性人数已经超过了男性，获得博士学位的人数也在不断接近。但是在研究以及工程和信息技术等领域仍然落后于男性。

女性的购买力增长迅猛，而且通常由她们负责家庭预算并进行财务决策。女性是重要的消费者和客户群。在全球范围内，就新兴市场而言，继中国和印度之后，女性成为第三个超过 10 亿的群体。

"裂缝可能在不断延伸，但屋顶仍未被打破。"

——2011 年南非商业女性协会主席，Kunyalala Maphisa

1.2 有关商界及管理界中女性的案例

越来越多的研究表明，最高管理层和董事会中女性成员的出现和公司的业绩有很大的关系。提倡在决策层引入更多的女性，主要是考虑到人才储备以及女性所代表的消费能力。同时，全世界也在广泛讨论性别多样化所带来的附加值。

1.3 高处不胜寒

与十年前相比，今天有更多的女性领导堪称楷模。但是，各种数据和分析仍然表明，居于顶层决策职位，如首席执行官、董事会成员或政治家的女性依然寥寥无几。《2010 年世界经济论坛男女法人数量差别报告》指出，在经合组织国家中，最大型企业中女性首席执行官比例平均为 5%。其他报告表明，在中国的上市公司中，有 5.6% 的首席执行官为女性[1]；2014 年，在美国财富杂志 500 强公司中，女性首席执行官的比例为 4.8%[2]；2014 年，在澳大利亚排名前 200 的公司中，女性首席执行官比例为 3%[3]；2013 年，在英国富时 100 指数（FSTE 100）的公司中，女性首席执行官比例为 4%；2012 年，在南非期货交易所（JSE）的上市公司[4]中，女性首席执行官比例为 4%；2012 年，在印度孟买 BSE100

1 《来自中国企业的董事会女性管理者的经验》，Forbes. com，2012 年 9 月 10 日

2 Fortune. com，2014 年 6 月 3 日

3 Girl. com. au，2014 年 6 月 6 日

4 2012 年商业女性协会领导层中的女性调查报告，2011 年和 2012 年

指数的公司中，女性首席执行官比例为4%[5]；在墨西哥 Expansion 100 指数[6]的公司中，女性首席执行官比例为3%；2012年，在法国CAC40和德国DAX30的公司中，女性首席执行官比例为0[7]。

2013年，Catalyst公司对约40个国家近年来女性在董事会中的比例进行了调查。调查表明，仅有三个国家女性在董事会成员中的比例超过了20%，即芬兰、瑞典和挪威。11个国家的比例在10%－16%之间；18个国家在5%－10%之间；12个国家的比例低于5%。在Catalyst公司所调查的41个国家中，只有6个国家的女性董事会主席比例超过了5%；有17个国家则没有女性担任董事会主席一职。

"并不存在什么玻璃顶棚，那只是一层厚厚的男性壁垒"

——Laura Liswood（美国作家，2011年3月8日）

很多评论家称这种为"冰冻式"的进步，并估计，按此水平，还需要50到100年，甚至更长的时间，女性才能在顶层职位获得平等的待遇。当我们在庆祝"第一批"女性得到任命时，很多人却沮丧地表示，现在得到任命仍然只有这一批人，没有丝毫的增加。

为此，有些国家已经采取具有争议性的强制立法命令，规定公司董事会中女性成员的定额。欧盟也已经提议在其成员国中推广这种做法。其他国家在阻止定额减少的同时，也在采取各种措施来促进商界和管理界女性的人数的增加。

考虑到目前开展的行动，制定的法律以及各种努力，和女性所展示的管理能力，为什么玻璃顶棚仍然存在？如果要实现跨越式突破，打破这些顶棚、墙壁和悬崖，需要采取怎样的行动？而商界又能从女性今天所带来的不断增长的人才储备和市场中获得怎样的好处呢？

1.4　强大的性别窠臼

等级森严的结构中的"玻璃墙"形成了职业隔离，这层"玻璃墙"在制造隐形壁垒时也异常坚固，从而导致女性与男性的职业道路完全不同。这个世界仍旧认为某些工作"适合"女性，而男性则更适合另外一些工作。有史以来，管理和决策就被视为是男性的工作，而服务业则反映了女性在家庭中的生产角色，因而被认为是女性化的职业。

在很多国家和地区，社会习俗和传统性别角色对女性在劳动力市场和决策中的位置有很大影响。这种模式已经内化在商界，并成为公司文化的一部分。但是，在尊重社会和宗教传统，尤其是与家庭责任的关系的同时，在教育和经济方面，政府和社会已经给予女性越来越多的支持。中东和南亚各国，在努力提高极低的女性劳动参与率，进入管理职位的大门已经向女性打开。这些国家的很多跨国公司聘用并鼓励女性进入公司管理层，此举发挥了关键作用。

1.5　建立更加包容的企业文化

很多的女性和越来越多的男性表示他们不愿意成为特殊待遇和定额的对象，但是他们希望能有更灵活的解决方案来对待工作和家庭责任。这需要对企业文化、内部程序、流程和架构，以及股东责任进行更缜密的研究，从而减少在聘用、升职和职业规划决策时因主观和偏见而将女性或其他群体排除在外的可能。

在过去十年中，大家对执行多样化管理方式的兴趣不断增加，其中也包括性别多样化，从而在公司内部最大程度地进行创新和治理。所采取的多样化政策包括通过专门的政策和项目将有各种背景的雇员吸收到正式或非正式的组织结

5　Spencer Stuart，印度董事会年度指数2012，目前BSE－100中的董事会潮流及实践

6　《墨西哥新一代首席执行官》，Heidrick $ Struggles，2010

7　欧盟国家概况之董事会中的性别平衡，法国及德国篇，2013年1月

构中。

1.6 “管道”中的女性

女性必须得到与男性相同的机会、回馈、指导和培训。其重要问题在于确保女性能够在“管道”中——从毕业到聘用、到第一份任务或项目、到较低或中级管理职位自始至终受到平等的对待。研究表明，女性不断“退出”，导致顶级职位的女性候选人越来越少。如果当今的年轻女性要成为未来顶级管理者和领导，了解女性掉队的原因，并采取措施加以解决是非常关键的。

1.7 数据空缺

一个很重要的问题是有关私人部门管理界中女性情况的数据并不充足。最近几年已经关注公司董事会中女性的情况，但主要数据都来自发达经济体。很多对最大型证券交易所所做的国际和国家调查确定了女性在高级和顶层管理职位就职的情况。国际劳工组织的数据已经涵盖了相当大的地理区域，但是并没有划分公共和私人部门。很多来自发展中地区国家雇员组织的代表指出，实际上并没有有关其国家私人部门商界与管理界女性的数据。

1.8 国际劳工组织雇主活动局的公司调查

2013 年，国际劳工组织雇主活动局（ACT/EMP）进行了相关调查以填补数据空缺。该项调查涉及五个地区（非洲、亚太、中东欧、拉丁美洲及加勒比地区和北非）的近 1300 家公司。其中既包括中小型公司，也包括大型公司和跨国企业。该调查提供了有关女性在不同管理层及不同管理职能职位中所占的比例。调查同时显示了各公司为了促进女性在管理层中的发展所采取的政策和措施，以及他们所认为的阻碍女性发展的障碍。最后，该调查还询问了各公司认为切实有效的措施以及他们希望能够从国家雇员组织所获得的支持。

有 39 个国家对我们的调查给予回复，其中包括：非洲的博茨瓦纳、喀麦隆、加纳、肯尼亚和南非；亚洲及太平洋地区的孟加拉国、柬埔寨、斐济、印度、伊朗、巴基斯坦、菲律宾和斯里兰卡；中东欧地区的阿尔巴尼亚、摩尔多瓦、黑山和塞尔维亚；拉丁美洲及加勒比地区的阿根廷、哥斯达黎加、厄瓜多尔、洪都拉斯、尼加拉瓜、巴拉圭、乌拉圭、委内瑞拉和牙买加；以及中东和北非地区的埃及、科威特、约旦、黎巴嫩、利比亚、阿曼、巴勒斯坦、卡塔尔、沙特阿拉伯、苏丹、叙利亚、阿拉伯联合酋长国和也门等。

调查结果都包括在项目报告中。这些调查结果支持了由各种组织和机构所进行的相关研究和调查所得出的结论。而且该调查结果在有关发展中地区各国的中小型企业和大型企业的经验、现实情况以及观点方面，具有独特性。这些信息在其他调查研究中很难获得。

除了国际劳工组织的公司调查外，国际劳工组织雇主活动局（ACT/EMP）在 2012 - 2013 年间还在五个地区组织了研讨会。与会代表包括雇员组织代表及性别问题专家，他们共同探讨了各公司和各国雇主组织所面对的有关商界和管理界女性晋升的问题。研讨会举办地包括曼谷、贝鲁特、利马、约翰内斯堡和乌克兰。这些地区的很多雇员组织都提供了有关女性在劳动力市场、商界以及管理界情况的报告。各国的报告以及研讨会和调查结果为编写本全球性报告提供了大量有价值的信息和分析。

该全球性报告旨在利用国际劳工组织和其他来源的调查研究，提供有关发展中地区商界与管理界中的女性情况的最新信息。

“在对全球性别差异进行测评的九年中，职场女性平等问题方面的改善微乎其微。根据《2014 年全球性别差异报告》，全球在经济参与度和经济机会方面的性别差异为60% ，仅比论坛于2006 年首次开始测评时缩小了4% 。(此外100% 表示平等）照此发展，在保持其他方面相同的情况下，若要弥补这方面的差异，还需要81 年的时间。”

世界经济论坛《2014 年全球性别差异报告》

2. 商界和管理界中纳入更多女性的商业案例

就全球而言，女孩子和女性在教育方面的表现都非常优秀，甚至优于男孩子和男性。随着女性进入整个职业领域，并有越来越多的女性开始自己进行商业经营，很多国家女性的收入有了大幅度的增加。作为消费者，她们可以支配自己的收入，通常还掌握着全家的预算。在公司表示人才和技术短缺的今天，女性代表着一半的人才储备。那为什么只有很少的女性能获得顶级职位呢?

其中一个原因可能是决策者都没有意识到，他们忽略了抓住这些人才的机会，而且也没有意识到女性可以积极地改善他们的商业产出。如果不将女性纳入到研究、创新和管理团队中，那么会很容易忽略她们对产品以及服务的看法和认识。

2.1 女性作为“经济增长的引擎”

研究表明，女性不断进入劳动力市场已经成为全球增长的最大引擎和竞争力。当经济增长更加依赖知识和技术时，人力资源是各公司保持竞争力的主要因素。企业集团和发展主体越来越重视性别平等，将之视为经济长期增加和发展的重要纲领。

博斯公司的最新研究[8]指出，对于新兴市场而言，世界各地的就业女性总和所代表的是继中国和印度后的“第三个十亿”，并断言：“如果美国的女性就业率能赶上男性的就业率，其GDP可以增长5%。对于发展中国家这种影响甚至更明显。”就此，英国女性商业协会预计，如果能够实现男性和女性的劳动参与率的平等，英国人均GDP增量每年可以增加0.5个百分点。若照此发展，到2030年，GDP将可以增长10%[9]。2005年，利用GDP增长模型作为三个变量的函数：就业率增长、股本增长以及技术进步或全要素生产率（TFP），高盛的一份刊物计算认为，增加女性在劳动力市场的参与率，在未来20年中，可以将日本的GDP增长从1.2%增加到1.5%[10]。英国发展研究学院2013年的一篇出版物[11]对性别平等与经济发展关系方面的研究进行了总结，结果发现，与经济增长对性别平等的促进关系相比，女性教育和就业投入的增加对经济发展的贡献关系更大。世界经济论坛《2010年企业性别差异报告》估计，女性劳动力参与的增加可以给欧元区的GDP带来多达13%的增长。

博斯公司还创建了“第三个十亿指数”，即“根据各国领导人对女性作为市场经济主体赋权情况对128个国家所作的排名。该指数是对已有关于女性经济和社会地位数据的综合。‘第三个十亿指数’的独特之处在于其所关注的是工作世

8　博斯公司，《赋予第三个十亿：女性和工作世界》，2012

9　女性商业协会，《最大程度增加女性对未来经济发展的贡献》，英国文化媒体体育部，2013年6月

10　高盛集团，《女性经济：日本的隐形资产，日本投资组合策略》，2005年10月

11　Kabeer，N. 和 Natali，L.，《性别平等和经济发展：双赢?》IDS 工作文件，2013卷，No. 417，英国发展研究学院，布莱顿，2013 年 2 月，http://www.ids.ac.uk/files/dmfile/Wp417.pdf

界中的女性。”此外，全球企业、政府、非政府组织、研究机构、基金会和个人联盟 La Pietra Coalition 还发起了“第三个十亿运动”，旨在能够在 2025 年实现帮助促使十亿女性参与全球经济。该组织的企业成员包括埃森哲、博斯、可口可乐、安永、高盛以及普华永道等。

“为了有效参与日益激烈的全球竞争，各国都需要通过增加所有人的机会以及根据技能而不是性别进行分配来有效利用各自的资源。性别不平等——无论是在资助、经济机会或行为方面，都会降低该国在全球化不断发展的经济环境中的竞争力。”

世界银行，2011 年

2.2 性别平等能否带来不同

在过去几年中，研究机构和企业已经开始研究管理团队和董事会中性别更加平衡实际上能提高多少的企业效益以及当所有决策成员均为男性时，“底线”是否会受到负面影响。目前，这些研究主要集中在北美、欧洲以及澳大利亚的上市公司中。其中一些研究强调，当董事会中有更多的女性时，经济效益得到了提高。但也有研究指出，这其中并没有直接的因果联系，而是其他同时期的因素对效益产生了影响。比如，一些研究注意到，那些提拔女性到顶层职位的公司，同时也在研究、创新和技术方面进行了大量的投入。研究方法的取样同样也会影响研究结果，给对不同的研究和国家进行比较带来了挑战。以下各项研究表明了人们对于发现和证明公司效益与高级和最高管理层及董事会中女性人数关系的兴趣。

麦肯锡在最近几年对组织和经济效益以及女性经理人数之间的关系进行了研究。研究发现，2005 年至 2007 年，随着管理层中女性的增加，欧洲上市公司的股价上升了 17%。其平均营业利润几乎是行业平均水平的两倍[12]。他们的研究还表明，在九个组织领域（能力、领导力、外部方向、责任、激励、协作和管理、创新、指导、工作环境和价值观）中获得最高分的北美、欧洲和亚洲公司，比排名较低的公司更容易取得更高的营业毛利。此外，在其管理层中有三名或以上女性的公司，也比没有高层女性管理者的公司在九项组织标准中的得分更高。研究人员认为，虽然分析不能表明因果联系，但是仍号召公司领导需要性别多样化[13]。

美国 Catalyst 公司在其 2004 的“底线”报告[14]中发现，公司董事会或最高管理层中性别多样化高的公司，其股权回报率也高于性别多样化较低的公司。在财富 500 强的 353 家公司中，最高管理层（排名前四分之一）中女性占 14.3% 到 38.3% 的公司的股权回报率比女性在最高管理层中只占 0 到 5.1% 的公司（排名后四分之一）的股权回报率高 35%。而且股东的总回报也高出 34%。

2011 年 Catalyst 报告发现，财富 500 强公司中，女性董事会成员最多的公司比女性董事会成员最少的公司的销售收益率高 16%，投入资本收益率高 26%。与董事会中女性人数最少的公司相比，女性董事会成员至少四到五年都保持高水平（三人以上）的公司，其销售收益要高出 84%，投入资本收益率高出 60%，股权收益率高出 46%[15]。尽管如此，Catalyst 公司指出，虽然这些结果表明性别多样化与财务绩效有关，但并不能说明性别多样化就能带来更好的绩效。

一项美国研究[16]“发现，女性加入最高管理层可以提高公司绩效，但是仅限于该公司的战略

12 麦肯锡，《女性的重要性：性别多样化提升公司绩效》，2007

13 Georges Desvaux，Sandrine Devillard - Hoellinger，及 Mary C. Meaney，《女性商业案例》，麦肯锡公司季刊，2008 年 9 月

14 Catalyst，《底线，连接公司效益与性别多样化》，2004。Catalyst 是一家领先的美国非营利组织，旨在为通过研究、咨询和网络服务为女性和企业提供更多的机会。

15 Catalyst，《底线，企业效益与女性董事会成员情况（2004 - 2008）》，2011 年 3 月

16 Cristian L. Dezso（马里兰大学）和 David Gaddls Ross（哥伦比亚商学院），《女性进入最高管理层能否提高公司绩效？面板数据调查》，Robert H. Smith 学院研究报告 No. RHS06 - 104，2011 年 3 月 9 日

着重于进行创新。”作者对标准普尔（S&P）股市中1500家公司的有关最高管理层的15年数据进行了研究。研究人员使用了四种财务方法：资产收益率、股权收益率、年销售增长以及Tobin's Q（企业的市场价值与资本重置成本之比）。该研究发现，财务绩效和女性在最高管理层职位的比例之间存在积极的关系。同时发现，这是由公司追求“创新密集型战略”导致的。该战略令女性和其所代表的多样化为改善总管理绩效做出了贡献。

道琼斯最近研究了女性在美国风投资本支持的公司中的情况以及领导层中的女性对创业成功性的影响。研究[17]发现，成功的公司所拥有的平均女性执行官比例超过不成功的公司，而公司成功的可能性是随着副总裁和董事一级的女性执行官人数的增加而增加的。

全球人才管理公司睿智咨询（DDI）开展的研究[18]发现，与其他类型的组织相比，在以女性为主的组织中，超过半数的领导者将其领导层的质量评级为“高”。就财务绩效而言，领导职位中女性比例较高的公司常常“优”于女性领导较少的公司。DDI还发现，拥有连续规划、绩效管理和选拔等更有效的人才管理机制的组织，其领导层，尤其是高级行政人员中女性的比例也更高。

2012年，瑞信[19]建立了自2005年以来2360家公司女性董事会成员人数的相关数据库，构成了MSCI AC世界指数[20]。与其他研究相比，该研究地理范围更广，涵盖了除非洲以外的所有地区。研究结果表明，在前六年中，至少有一名女性董事会成员的公司，比没有女性董事会成员的公司，在股价上高26%。该研究还注意到，与小公司相比，规模较大的公司更容易拥有女性董事会成员，而女性董事会成员增加速度最快的均为欧洲公司。

也有研究认为公司绩效与管理层中性别构成之间的关系并没有定论。比如，对美国公司进行的研究[21]发现，虽然董事会的性别构成对董事会效率有积极影响，“但性别多样化与公司绩效之间的真正关系显然更加复杂。”另一项对美国公司的研究[22]发现，虽然绩效更好的公司中，

“在国际金融公司（IFC），我们看到接受女性加入领导层强化了私有部门。高层出现越来越多的女性起到了催化作用，这些女性被视为榜样和文化变革的动因，因此也鼓励了所有阶层的女性。”

“董事会中的女性：与更多女性董事的对话”
国际金融公司，2011年

女性董事更多，但“通常而言，没有可靠的证据表明公司董事会中的性别多样化是一项有价值的促进战略。”因此，与其他公司相比，在这方面已经做得很好的公司将会任命更多的女性进入董事会。

2.3 得与失

对于决策层中更多女性带来的经济价值这一问题，另一种研究途径是对不提升女性所产生的损失进行估计。一项来自英国的报告[23]指出，“如果公司能够为他们的50万女性中层管理者打开才能渠道，每年至少可以得到50亿英镑”的潜在效益。

还有一些研究关注了女性为管理层和董事会带来的特殊贡献，如对改善公司治理、责任制和透明度的作用。Henricks and Struggles公司进行

17 道琼斯，《女性掌舵：女性执行官是否驱动创业成功?》，2012年9月

18 Jazmine Boatman，Richard S. Wellins，及Stephanie Neal，《女性工作：缩小性别差异带来的商业效益》，2011年全球领导力预测，睿智咨询（DDI），匹兹堡

19 瑞信研究院（2012）《性别多样化与公司绩效》

20 MSCI AC世界指数＝摩根士丹利国家指数

21 Rene B. Adams和Daniel Ferreira，《董事会中的女性及她们对治理和绩效的影响》，金融经济学杂志，94（2009）291－309

22 Kathleen A. Farrel和Philip L. Hersch，《对公司董事会的补充：性别的影响》，公司财务杂志11（2005）pp. 85－106

23 Everywoman公司和Alexander Mann Solutions公司，《关注渠道：挖掘女性中层管理者的全部潜能》，2011

的调查[24]发现，女性董事会成员“看起来对很多热点问题更加肯定，如测评他们自己的董事会的绩效以及支持对董事会采取更多的监管。”

2.4 多样化管理

把多样化当作创新和创造力重要组成部分的政策措施通常也会考虑性别平等问题。但这些政策所追求的不仅仅是自然的和社会的属性（性别、种族、宗教等）的多样化，还有“思想多样化”。后者则是对女性和男性在很多方面都有所不同的最新认识。但是，他们各自的背景（家庭，成长的城市，接受教育的机构，工作经验等等）也影响着他们各自思想的形成，并影响他们解决问题的方法和战略视野。这也是反对聘用来自同一所商业学院或私人大学的毕业生的原因。因为这些毕业生虽然可能具有不同的自然属性和国籍，但是他们却来自相同的社会阶层，所接触的也是具有相同背景和思维方式的人。

“女性在未来几年很可能是经济增长的主导性来源——能够利用女性作为经济主体角色的组织最可能在经济走出全球性衰退后获得竞争优势。”

《性别红利：为向女性投资提供商业案例”》，Deloitte Touch Tohmatsu Limited 公司，2011[25]

“多样化管理”和“多样化培训”的概念主要是在美国这个多种族社会产生的。这些概念还把性格和性取向也作为多样化的元素。虽然这些概念通过跨国公司在欧洲和世界其他地区已经开始盛行，但是在发展中世界仍没有被公司在其商业实践、聘用和晋升中认识或接受。多样化通常在更广泛的层面得到人们的认识，如文化、语言、宗教、种族以及政治和经济体制，这些可能会帮助或阻碍不同人群的共存和团结。较多样化聘用政策而言，发展中国家的公司通常会面临更多有关性别平等的问题，对该问题也更加熟悉，特别是在很多国家的政府已经出台了反对性别歧视的法律和计划后。

虽然很多公司都在积极地促进多样化，他们的管理人员也在接受多样化的管理培训。然而，根据美世咨询公司的调查[26]：“虽然各组织努力实现劳动力多样化，但是大多数（71%）组织都没有为发展女性扮演领导角色而确定明确的战略或理念。”该调查还发现，“美国和亚太地区均为女性提供了高于平均水平的支持。与全球19%的比例相比，这些地区有27%的组织为女性提供了广泛的支持。”

“我与个人和团队的合作表明，一个多样化的团队更难管理，但是结果通常也更好。这是因为可以审视和讨论更多方面的问题。虽然会花更长时间获得创新性的解决方案，但是，它们真是太棒了。”

Angela Brown

新西兰Bright Umbrella Consulting Ltd 公司董事长

2012 年4 月9 日

2.5 提供商业案例

为更多商界和管理界的女性提供商业案例对于正在考虑自身竞争力的公司来说非常重要。虽然已经针对在调查管理中性别平衡所产生的基本影响开展了大量研究，但是仍无法得出其因果联系。在发展中地区展开的更多研究具有巨大的价

---

24 Boris Groysberg 和 Deborah Bell，2012 年董事会调查，由 Heidrick & Struggles 公司和女性公司董事基金会（WCD）协助，2012

25 Greg Pellegrino，Sally D’ Amato，Anne Weisberg，《性别红利：为向女性投资提供商业案例》，2011，www. deloitte. com/genderdividend

26 美世（Mercer）与人才管理和多样化行政部门杂志在 2010 年12 月联合开展的“女性领导发展调查”。调查收到了来自全球1800 多名人力资源、人才管理和多样化方面的领导关于其所在组织女性领导发展实践方面的反馈。

值，尤其是对于很多正在积极倡导吸收更多女性的组织。同时，也有大量证据证明，利用女性所代表的人才储备可以给商业和经济带来效益——包括与越来越受女性驱动的消费者市场保持同步、从性别多样化带来的创新和创造力中受益、提高公司治理，以及最终增加公司效益。

“和几年前相比，多样化已经成为了首选项。但是很多公司不知道该如何着手利用其中层女性管理者所代表的生产力。好消息是，实际中存在可操作的办法来改善各公司的女性人才渠道。”

Rosaleen Blair，Alexander Mann Solutions 公司执行总裁

见“Everywoman”网站，堵塞女性人才通道导致在英国每年失去了价值50 亿英镑的生意。2012 年，12 月27 日

3. 管理界中的女性

在过去十年中，女性已经进入公司、机构以及各种组织的管理层。在较低或中级管理层就职的女性人数通常与男性人数持平，甚至超越。在高级管理层中，女性人数也有所增加。

虽然在全球范围内，被任命为首席执行官和公司负责人的女性人数越来越多，但是顶层职位女性人数一直不足的状况表明，“玻璃屋顶”仍坚不可摧。有数据表明，在世界最大上市公司的首席执行官中，女性仍寥寥无几。这与十年前并无两样。“玻璃屋顶”所象征的隐形障碍仍在阻挡着女性向企业和商界中最有权力的决策层进发。

女性已经在人力资源、财务和行政管理、公共关系、后勤以及企业社会责任等领域占据了大量高级管理职位。但是，这也说明女性的职业道路通常是居于典型等级组织金字塔的侧面，并由“玻璃墙”将之与直接通往金字塔顶端的中间道路与网络分隔开来。

过去十年中，在提高女性教育水平并使女性具备工作资格的领域更加多元化方面发生了重大的改变。在技术、专业以及管理职位工作的女性比例越来越高，而且有越来越多的女性开始经营自己的生意。

然而，顶层发生的变化却微乎其微。观察家注意到，若想在最高管理层实现平等，可能还需要 80 年的时间[27]。他们批评了那些忽视事实的企业和组织，即有能力、有创造力、有视野的女性能够为实现更加依赖多样化，从而达到可持续发展的全球经济做出巨大的贡献。

最近几年，无数的组织和机构已经出台了相应的策略和项目，来解决引起媒体广泛关注和公众争论的“问题”。过去几年中，人们已经开始关注公司董事会在有关女性参加决策方面起到的作用，以及女性应在何种程度上出现在董事会结构中。今天，在很多国家，作为一种民主理想，旨在让越来越多的女性加入议会的配额制已经非常普遍。但是，在很多国家的私人部门，最近为了任命更多的女性进入公司董事会所采取的引入配额制或类似措施的做法却引起了争议。为此，全球的很多地方都对提高女性在管理中地位的合理性以及所应采取的策略展开了大量的讨论。

3.1 男性和女性管理者的数据来源

就全球而言，确定具有比较性、广泛性和持续性的有关管理界中的男性和女性的数据，尤其是在私人部门的数据，都是一个挑战。国际劳工组织按性别收集和编辑了相关数据，并按议员、高级官员和经理人进行职业分类。这样可以让大家对公共和私人部门中女性管理者的总比例有个概念。国际议会联盟收集并公布了议会和政府的行政部门中有关女性的数据。各个机构和智库也开展了对国家和国际私人部门中管理层的调查。这些调查也提供了关于女性在管理职位中所占份额的数据。此外，一些国家统计机构也收集和编辑了比国际劳工组织职业分类更加详细的相关数据。这些数据可能有助于深入了解某些国家的管理界中女性情况的趋势，但是却不适合进行国家

---

27 2014 年全球性别差距报告，世界经济论坛

之间的比较。

对于有关"在高处"（首席执行官、总经理、公司总裁、董事会成员、董事长等）的女性的数据，只能通过各团体和组织所进行的不同调查获得。其中最需要关注的是世界银行、GMI 评级[28]以及致同国际商业报告。但是这些报告也无法涵盖所有的国家，而且样本规模也是有限的。另外规模不同的公司也不是总出现在这些调查中。有些报告是根据不同国家证券交易所成员所进行的，因为这些公司都已公开上市，比较容易获得它们首席执行官和董事会成员的信息，而且各机构对分析经济实力最强的公司中的女性情况有着更强烈的兴趣。

国际劳工组织就管理者职业总体所建立的数据集，就国家数量而言，因为涵盖了所有地区，所以也是最全面的。但其缺陷在于，由于提供数据的各国是按照国际劳工组织国际标准职业分类（ISCO）收集的数据，因此没有将私人部门与公共部门分开。另外，并非所有国家都是按规律提供的数据，因此某些年份存在空缺，也无法进行比较。

现在有越来越多的国家根据 2008 年修订的最新版 ISCO[29] 向国际劳工组织提供各职业的相关数据。还有一些国家仍根据 1988 年修订的 ISCO 分类提供数据。在 2008 年版 ISCO 中，职业分类中还包括对管理者子分类的描述；1988 年版的 ISCO 则包括对议员、高级官员和经理人的描述（也包括其他职业）。这些子分类进一步细化了管理者的类型。如下所示，1988 年版 ISCO 中，议员和高级官员有别于企业经理人和总经理，但是后两项可以既包括私人部门，也包括公共部门。在 2008 年版的 ISCO 中，子分类根据级别（最高级 - 子分类 11）以及具体功能领域确定了管理者的分类。如，人力资源经理或销售和市场经理（即包括公共部门也包括私人部门）。

2008 年版 ISCO 有四个主要子分类，第二个数字级的内容如下：

1　管理者

11　行政长官、高级官员和议员

12　行政和商业管理者

13　生产和专门服务经理

14　酒店管理、零售和其他服务经理

1998 年版 ISCO 有四个主要子分类，第二个数字级的内容如下：

1　议员、高级官员和经理人

11. 议员和高级官员

12. 企业经理人

13. 总经理

国际劳工组织主要公布了各性别两项 ISCO 分类下绝大多数情况所收集的管理者人数，即涵盖了公共部门和私人部门所有类型和所有级别的管理者。比如，议员和所有管理者都包括在两个分类中。不同分类之间数据收集的差异体现在子分类中。国际劳工组织最新的劳动统计数据库从 2012 年 12 开始在线使用。在增加对成员国的要求，以获得 ISCO 子分类或第二个数字级别下各性别的数据的情况下，数据库将不断发展。因此，可以查询一些国家每种类型和级别的管理者中各个性别的数据。但是这些数据仍同时包括私人部门和公共部门（见下表 3.1）[30]。由于各国情况不同，如销售或零售等类型的管理可能主要与私人部门经营有关。但并不会产生问题，因为公共企业和混合私人/公共企业可以在同一个领域进行经营。

国际劳工组织有一个广泛的数据集（就业状况）可以提供有关男性和女性作为雇主和自营职业者的比例。报告将在第六章"商界中的女性"中呈现这些数据。

术语

各种各样的术语形成了对比较分析的另一项挑战。同一个术语可能有不同的意思，同

28　将三家前身机构——Corporate Library，GovernanceMetrics 和 Audit Integrity 的内容、研究和分析结合在一起，GMI 评级提供了有关主要环境、社会和治理（ESG）指标及风险的独立公司分析。

29　见国际劳工组织数据部网站 ISCO 文档（1958 年、1968 年、1988 年和 2008 年版），http：//www. ilo. org/public/english/bureau/stat/isco/index. htm

30　http：//www. ilo. org/global/statistics - and - databases/lang - - en/index. htm

样，评定标准和不同的术语在实际中也可能表达的是相同的意思。一个最简单的例子是，经营自己生意的女性可以别描述为女商人、女企业家、女雇主、女性个体经营者或自雇型女性工作者。

另外，政府、机构和企业也会使用各种术语来描述企业或组织内部不同的管理层。其中包括，总裁、经理、主任、总经理、行政长官、首席执行官、高级经理、负责人、高级经理、中级经理、初级经理和督导等等。

学术界、媒体、商界、女性和国际组织也非常希望获得最高管理层以及各个管理层有关性别差异的数据，从而将女性的所谓职业晋升“管道”和薪酬情况与男性的进行对比分析。明确术语对于采取有效的措施和计划来促进女性在商界和企业管理界中的发展至关重要。此外，这两个领域之间会有一定的联系或交叉，因为有一些女性在大公司获得工作经验后，可能因为各种原因离开公司而开展自己的生意。

3.2 管理界女性数据

虽然有上述的数据局限，但是通过国际劳工组织的数据和其他数据来源，仍可以描绘出有关女性和男性在管理职位中所占份额的大体情况。

根据国际劳工组织的数据，表 3.1 显示了最近几年管理者中女性所占的比例（私人和公共部门，所有职位）。所使用的为截至 2012 年来自 128 个国家的数据。其中 49 个国家的为 2012 年前的最新数据，某些数据可追溯至 2004 年。在这些国家中，有 8 个国家提供的是 2008 年的数据，有 6 个国家提供的为 2009 年的数据[31]。该表反映了国际劳工组织成员根据 ISCO 88 版本和 ISCO 08 版本分类[32]所提供的数据。

各国的数据并非来自同一个年份，可以看到，牙买加、哥伦比亚和圣卢西亚的女性比男性在管理职位中的人数更多。其中牙买加的比例为 59.3%。

在超过一半即 70 个国家中，女性占全部管理者的比例为 30% 或更多；在 19 个国家中，女性在全部管理者中的比例为 40% 到 50%；在 48 个国家中，女性比例为 30% 到 40%；在 27 个国家中，女性占全部管理者的比例为 20% 到 30%；在 26 个国家中，女性所占比例低于 20%。在最后这些国家，特别是中东和北非地区，女性的劳动力参与率在全球也是最低的。另一方面，在很多国家，女性在劳动力市场中所占的比例明显高于她们在管理界所占比例。

需要注意的是，日本和韩国两个经济强国中女性在企业和公共机构管理层中的参与率却是最低的。尽管如此，在日本和韩国，女性作为雇主和自营企业家的比例却更高，而且成为世界经济中一支不断壮大的力量。我们会在第六章“商界女性”中进行详细的介绍。

31　阿尔巴尼亚、巴哈马、玻利维亚、乌干达和瓦努阿图（2009）；牙买加、摩洛哥、新西兰、巴基斯坦、沙特阿拉伯、阿拉伯联合酋长国和美国（2008）；格鲁吉亚、黎巴嫩和卡塔尔（2007）；坦桑尼亚（2006）；中国和科威特（2005）；阿尔及利亚、约旦和纳米比亚（2004）；阿曼（2000）

32　**ISCO 08** – 76 个国家：阿根廷、阿鲁巴、澳大利亚、奥地利、阿塞拜疆、比利时、保加利亚、柬埔寨、开曼群岛、哥斯达黎加、克罗地亚、古巴、塞浦路斯、捷克、丹麦、厄瓜多尔、埃及、萨尔瓦多、爱沙尼亚、埃塞俄比亚、芬兰、法国、德国、加纳、希腊、危地马拉、几内亚、中国香港、匈牙利、冰岛、伊朗、爱尔兰、意大利、日本、哈萨克斯坦、韩国、吉尔吉斯斯坦、拉脱维亚、利比里亚、立陶宛、卢森堡、中国澳门、马其顿、马达加斯加、马尔代夫、马耳他、毛里求斯、墨西哥、蒙古、黑山、荷兰、新西兰、挪威、巴拿马、波兰、葡萄牙、罗马尼亚、塞尔维亚、塞舌尔、斯洛伐克、斯洛文尼亚、南非、西班牙、斯里兰卡、瑞典、瑞士、泰国、特立尼达和多巴哥、突尼斯、土耳其、乌干达、乌克兰、英国、瓦努阿图、委内瑞拉、西岸和加沙地带、津巴布韦

ISCO 88 – 49 个国家：阿尔巴尼亚、阿尔及利亚、巴哈马、白俄罗斯、伯利兹、百慕大、不丹、玻利维亚、博茨瓦纳、巴西、文莱达鲁萨兰、布基纳法索、加拿大、智利、中国、哥伦比亚、库克群岛、多米尼克、多米尼加共和国、格鲁吉亚、印度尼西亚、以色列、牙买加、约旦、基里巴斯、科索沃、科威特、黎巴嫩、马来西亚、摩尔多瓦、摩洛哥、纳米比亚、尼泊尔、尼加拉瓜、阿曼、巴基斯坦、巴拉圭、秘鲁、菲律宾、卡塔尔、俄罗斯、沙特阿拉伯、新加坡、叙利亚、坦桑尼亚、阿拉伯联合酋长国、乌拉圭、越南、也门

表 3.1　所有管理者中女性所占百分比（ILO，截至 2012 年）

排名	国家	年份	%	排名	国家	年份	%	排名	国家	年份	%
1	牙买加	2008	59.3	36	加拿大	2012	36.2	69	捷克	2012	26.2
2	哥伦比亚	2010	53.1	37	纳米比亚	2004	36.0	70	意大利	2012	25.8
3	圣卢西亚	2004	52.3	38	瑞典	2012	35.5	71	希腊	2012	25.1
4	菲律宾	2012	47.6	39	玻利维亚	2009	35.1	72	几内亚	2010	23.9
5	巴拿马	2012	47.4	40	葡萄牙	2012	34.6	73	智利	2012	23.6
6	俄罗斯	2009	46.2	41	阿塞拜疆	2012	34.2	74	毛里求斯	2012	23.4
7	拉脱维亚	2012	45.7	41	英国	2012	34.2	75	马其顿	2012	23.1
8	危地马拉	2012	44.8	42	格鲁吉亚	2007	34.0	76	越南	2009	23.0
9	巴哈马	2009	44.4	42	卢旺达	2012	34.0	77	阿尔巴尼亚	2009	22.5
10	摩尔多瓦	2012	44.1	43	委内瑞拉	2012	33.4	78	埃塞俄比亚	2012	22.1
11	乌拉圭	2011	43.9	44	中国香港	2012	33.2	79	马来西亚	2012	21.5
12	百慕大	2010	43.5	44	瑞士	2012	33.2	80	利比里亚	2010	21.4
13	巴巴多斯	2004	43.4	45	斯洛伐克	2012	33.1	81	印度尼西亚	2010	21.2
14	特立尼达和多巴哥	2010	43.1	46	爱沙尼亚	2012	32.8	82	津巴布韦	2011	20.6
15	美国	2008	42.7	47	爱尔兰	2012	32.6	83	乌干达	2009	20.2
16	开曼群岛	2012	42.4	48	比利时	2012	32.4	84	柬埔寨	2010	18.0
17	蒙古	2012	41.9	49	吉尔吉斯斯坦	2012	32.3	84	卢森堡	2012	18.0
18	伯利兹	2005	41.3	49	巴拉圭	2012	32.3	85	中国	2005	16.8
19	阿鲁巴	2010	41.0	50	挪威	2012	32.2	86	坦桑尼亚	2006	16.5
19	尼加拉瓜	2006	41.0	51	墨西哥	2012	32.1	87	塞浦路斯	2012	15.8
20	塞舌尔	2011	40.8	52	以色列	2012	31.8	88	也门	2010	15.2
21	新西兰	2008	40.0	53	中国澳门	2012	31.4	88	科索沃	2012	14.8
22	冰岛	2012	39.9	53	罗马尼亚	2012	31.4	89	突尼斯	2012	14.8
22	乌克兰	2012	39.9	53	新加坡	2008	31.4	90	伊朗	2010	14.6
23	厄瓜多尔	2012	39.7	54	南非	2012	31.3	91	巴勒斯坦	2012	14.4
24	法国	2012	39.4	55	德国	2012	31.1	92	科威特	2005	13.9
25	俄罗斯	2012	39.1	56	阿根廷	2012	31.0	93	马尔代夫	2010	13.4
26	加纳	2010	39.0	57	奥地利	2012	30.0	94	摩洛哥	2008	12.8
26	斯洛文尼亚	2012	39.0	57	西班牙	2012	30.0	95	土耳其	2012	12.2
27	立陶宛	2012	38.8	58	芬兰	2012	29.7	96	日本	2012	11.1
28	博茨瓦纳	2010	38.6	59	秘鲁	2012	29.3	97	韩国	2012	11.0
28	多米尼加共和国	2012	38.6	60	塞尔维亚	2012	29.1	98	叙利亚	2007	10.2
28	匈牙利	2012	38.6	61	荷兰	2012	29.0	99	阿拉伯联合酋长国	2008	10.0
29	古巴	2010	38.1	62	委内瑞拉	2009	28.5	100	埃及	2012	9.7
30	波兰	2012	37.8	63	丹麦	2012	28.4	101	阿曼	2000	9.3
31	巴西	2012	37.3	63	斯里兰卡	2012	28.4	102	黎巴嫩	2007	8.4
32	哈萨克斯坦	2010	37.2	64	泰国	2012	28.2	103	沙特阿拉伯	2008	7.1
33	萨尔瓦多	2012	37.1	65	哥斯达黎加	2012	27.9	104	卡塔尔	2007	6.8
34	马达加斯加	2010	36.6	66	不丹	2012	27.6	105	孟加拉国	2011	5.4
35	保加利亚	2012	36.4	66	克罗地亚	2012	27.6	106	约旦	2004	5.1
35	基里巴斯	2010	36.4	67	黑山	2012	27.3	107	阿尔及利亚	2004	4.9
36	澳大利亚	2012	36.2	68	马耳他	2012	27.0	108	巴基斯坦	2008	3.0

资料来源：ILO 统计数据库，职业分类：管理者，2014 年 6 月

总共 126 个国家根据 ISCO 88 版和 ISCO 08 版进行排名（在 1－108 的排名中，有 14 组两个国家比例相同，有两组三个国家比例相同，分别用绿色标出）

＊美国的数据来自美国劳动统计局以及 2012 年华盛顿家庭调查数据中的管理职业

3.3 不同类型管理职业中的女性

表3.2和3.3显示了女性在不同层次和不同类型的管理职位中所占的比例。由于ISCO 08版和ISCO 88版的子分类有所不同，因此使用了两张表格进行说明。不过我们在两张表格中都可以发现，在提供有关不同管理层和智能数据的57个国家中，层次越高，女性比例就越低。

在表3.2中，前9个国家中的8个所提供的数据是2010/2012年的。我们可以观察到，女性在高级管理层中的比例低于在中级管理者中（如部门经理）的比例。在很多情况下都是如此。7个提供数据的国家中的6个国家，女性在总经理中所占的比例也高于在高级经理中的比例。9个国家中的5个国家，女性在中级经理中的比例达到或超过了40%。

在表3.3中，我们可以发现大部分国家（48个中的40个）女行政长官、议员和高级官员的比例要低于在中级管理层（如行政、商务、接待和零售经理）所占的比例，而且在很多情况下，这种差异还很可观。只有在芬兰、爱尔兰、荷兰、斯洛文尼亚和西班牙等少数国家中，女性行政长官的比例高于女性在其他类型管理者中所占的比例。

表3.2 不同层次及不同类型管理层中女性所占百分比（ILO，2010－2012）

	国家	年份	议员、高级官员、主管、执行长官（子分类11＋121）	其他部门经理（子分类123）	总经理（子分类13）
1	多米尼克共和国	2011	16.3	58.9	34.8
2	厄瓜多尔	2012	43.9	60.4	23.0
3	印度尼西亚	2010	14.5	27.2	22.1
4	以色列	2011	16.0	43.9	36.9
5	菲律宾	2011	33.1	49.3	54.6
6	俄罗斯	2011	42.8	52.0	n/a
7	塞尔维亚	2011	28.7	37.0	33.2
8	斯里兰卡	2011	n/a	25.7	22.8
9	乌拉圭	19.1	29.7	46.2	

资料来源：雇佣中的性别和身份，ISCO 88，第二级经理，ILO统计数据库，2014年6月

表3.3 不同层次及不同类型管理层中女性所占百分比（ILO，2012）

	国家	执行长官、高级经理和议员（子分类11）	行政和商务经理（子分类12）	接待和零售经理（子分类4）
1	阿尔巴尼亚	0	32	15
2	阿根廷	57	85	28
3	澳大利亚	22	32	45
4	奥地利	17	32	40
5	比利时	26	37	36
6	保加利亚	34	44	38
7	哥斯达黎加	22	33	23
8	克罗地亚	27	38	26
9	塞浦路斯	17	15	15
10	捷克	19	24	41
11	丹麦	19	24	25

续表

	国家	执行长官、高级经理和议员（子分类11）	行政和商务经理（子分类12）	接待和零售经理（子分类4）
12	萨尔瓦多	25	56	55
13	爱沙尼亚	27	53	34
14	埃塞俄比亚*	15	30	39
15	芬兰	28	30	31
16	法国	22	44	40
17	德国	24	32	47
18	希腊	8	28	28
19	危地马拉	19	30	54
20	匈牙利	30	51	44
21	冰岛	23	54	48
22	爱尔兰	28	30	38
23	意大利	24	15	30
24	拉脱维亚	33	67	56
25	立陶宛	31	47	56
26	卢森堡	21	15	21
27	马其顿	28	29	23
28	马来西亚	17	31	24
29	马耳他	16	37	25
30	毛里求斯	20	27	24
31	墨西哥	20	31	32
32	荷兰	24	24	31
33	挪威	27	38	36
34	巴拿马	49	59	44
35	波兰	28	50	47
36	葡萄牙	22	36	42
37	罗马尼亚	36	42	32
38	斯洛伐克	33	34	38
39	斯洛文尼亚	43	50	32
40	南非	25	31	36
41	西班牙	29	33	33
42	瑞典	22	37	42
43	瑞士	30	33	50
44	泰国	16	48	42
45	土耳其	12	24	9
46	乌克兰	37	58	36
47	英国	22	41	38
48	西岸和加沙地带	15	20	3

*2013 年数据

资料来源：雇佣中的性别和身份，ISCO 08，第二级经理，ILO 统计数据库，2014 年6 月

3.4 国际劳工组织公司调查

通过雇主活动局在发展中地区进行的“国际劳工局公司调查”（2013），我们获得了有关发展中地区各管理层中女性所占的百分比的进一步情况。表3.4 表明，在29%的公司中，女性在初级管理层中与男性的比例甚至低于1:10。在另外10%的公司，初级管理层中没有女性。只有16%

的公司能够在初级管理层达到性别平衡（如各占40% - 60%）。在中级管理层，女性比例低于10%的公司百分比与初级管理层的公司百分比一致。但是，有19%的公司在中级管理层达到了性别平衡，比初级管理层的情况略好。就高级管理层而言，21%的公司没有女性管理者，而在另外27%的公司中，女性比例则低于10%。达到性别平衡的公司的比例也比初级和中级管理层的情况差，只有12%。在顶级行政层，高达34%的公司没有女性，而另外21%的公司只有10%甚至比例更低的女性。仅有10%的公司在该层次达到了性别平衡。图3.1表明了各管理层达到性别平衡的公司所占的比例。图3.2为各管理层女性比例为30%或更低的公司所占的比例。

表 3.4 不同管理层女性所占比例

管理层层次	反馈女性所占百分比的公司数量													
	0	1 - 10	11 - 20	21 - 30	31 - 40	41 - 50	51 - 60	61 - 70	71 - 80	81 - 90	91 - 100	100	无	无回应
监督/初级	57	171	86	50	55	77	19	27	18	10	5	12	7	594
占总数的%	10%	29%	14%	8%	9%	13%	3%	5%	3%	2%	1%	2%	1%	
中级	54	178	86	59	57	89	19	16	15	5	2	19	8	607
占总数的%	9%	29%	14%	10%	9%	15%	4%	3%	2%	8%	2%	3%	1%	
高级	120	156	74	56	40	58	14	14	14	2	1	20	4	573
占总数的%	21%	27%	13%	10%	8%	10%	2%	2%	2%	3%	1%	4%	7%	
顶级总经理	179	112	53	47	33	40	9	11	7	1	4	27	3	526
占总数的%	34%	21%	10%	9%	6%	8%	2%	2%	1%	2%	8%	5%	1%	

资料来源：ILO 公司调查，2013

图 3.1 性别平衡的公司的比例

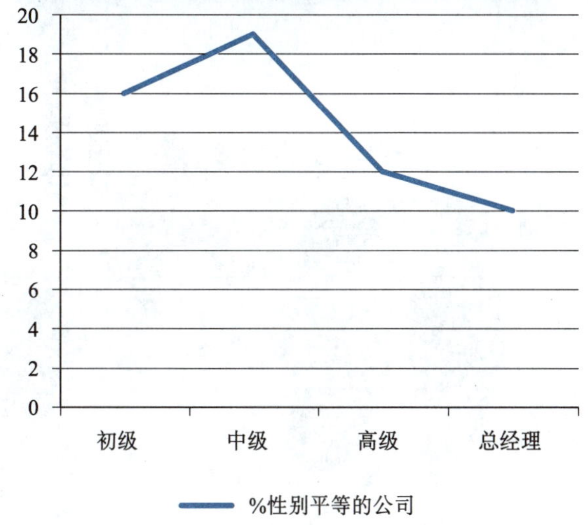

资料来源：ILO 公司调查，2013

图 3.2 各管理层女性比例为 30% 或更低的公司所占的比例

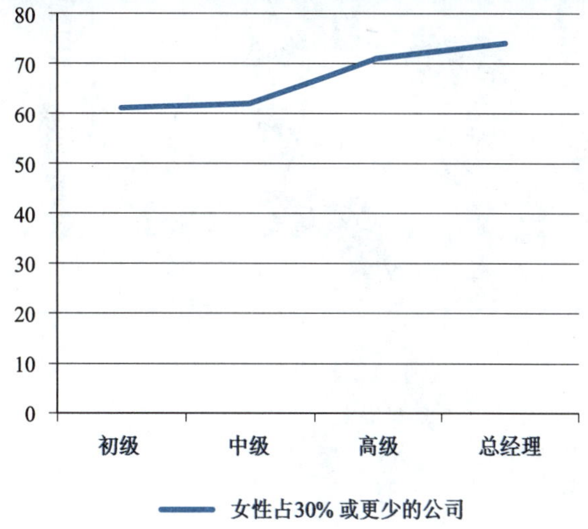

资料来源：ILO 公司调查，2013

3.5 女性集中在特定的管理岗位

在发展中地区进行的 ILO 公司调查，确定了大量研究和调查已经发现的趋势。女性集中在某些类型的管理岗位进一步反映了“玻璃墙”现象，即管理职业内部是按性别分隔的。虽然女性获得了更多和更高的管理职位，但是她们大多集中在某些特定管理职能岗位中。图3.4说明了参加调查的公司中，在人力资源、公共关系、沟通管理以及财务和行政管理等管理职位中100%使用女

图 3.3　性别歧视产生的组织结构金字塔

插图：Celine Manillier
资料来源：国际劳工组织

在运营、销售、研究、产品开发和总经理等管理职位中获得工作经验，对于女性通过中心途径达到组织等级顶部至关重要（蓝色部分）

女性通常被囿于人力资源、公共关系和沟通以及财务和行政等管理职位中，因此也只能达到组织等级的特定点（橙色部分）

图 3.4 女性和男性在不同类型管理层中所占比例

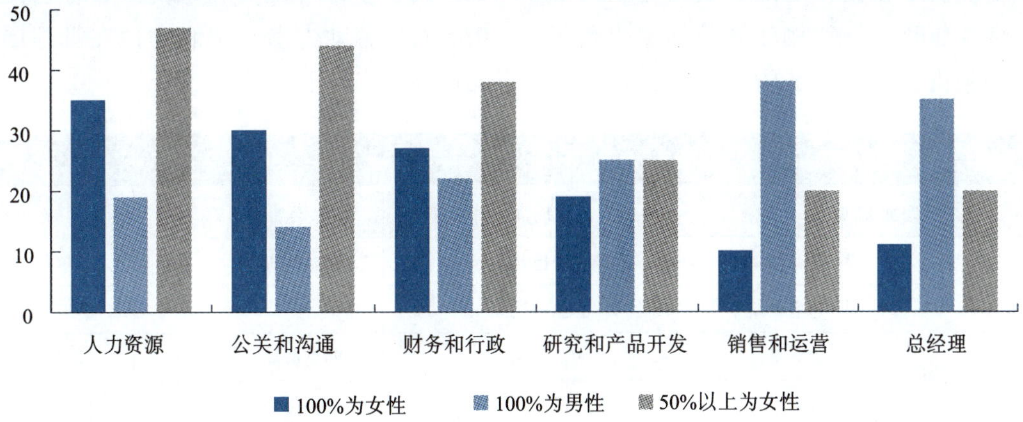

资料来源：ILO 公司调查，2013

性比全部使用男性的公司要多。但是在运营、销售、研究和产品经理以及总经理岗位中，100%使用女性或女性占 50% 以上的公司却较少。此外，与其他岗位相比，超过 50% 的女性在前三个管理职能岗位中工作。在后几个至关重要的管理职位中获得工作经验，就意味着可以沿着组织金字塔（图 3.3）的中心途径到达最高职位。因此，女性在“爬梯”时只能到达特定的点，因为她们所负责的管理职能仅仅居于金字塔的侧面。

在运营、销售、研究、产品开发和总经理等管理职位中获得工作经验对于女性通过中心道路达到组织等级顶部至关重要（蓝色部分）。

但是，女性通常被囿于人力资源、公共关系和沟通以及财务和行政等管理职能中，因此也只能爬到组织等级的特定点而已（橙色部分）。

参加 ILO 公司调查的公司还确定了其他管理者的类型和女性所占的比例。在样本反馈中，信息通信技术（ICT）经理通常都是由男性担任，但是产品控制和采购经理则由女性担任的更多。

根据 2013 年致同（Grant Thornton）国际商业报告（IBR）中有关高级管理层中女性的内容，越来越多的女性出现在所谓的 C－组[33]中。这些职位对于进入最高管理层都有着战略意义。IBR 报告显示，在所调查的公司中，女性进入高级管理层的前五个职位分别是：首席财务官（31%）、人力资源主管（30%）、企业财务总监（14%），首席营销官（13%）和销售主管（13%）。在过去几年中，女性担任上述职位的人数都有所增加。

3.6 女性在管理岗位中所占的比例在不断增加

按比例而言，女性劳动力市场的参与率仍高于她们在管理岗位中所占的份额。而且在很多国家，此项差异还非常可观。但是，女性作为管理者的人数在逐渐增加。过去十年，在大多数提供数据的国家中，女性在管理职位的比例已经有所增加（见统计附件中按地区提供的表格）。在 77% 的国家，也就是提供数据的 109 个国家中的 84 个，管理层中的女性份额在 2000 年到 2012 年期间都有所增加。这些数字表明，过去十年里，女性在管理岗位已经迈出了坚实的步伐（见表 3.5 和图 3.5）。

然而，在一半（44 个）的国家中，经过十多年后也只增加了不到 5%。在 25 个国家中，女性管理者的人数增加了 5%－10%；只有 15 个国家增加了惊人的 10%。在 24 个国家中，虽然女性劳动力参与率在增加，教育水平在提高，但是她们在管理层中的比例却在降低。所有地

33 顶级管理者的头衔通常是以字母 C 开头的，指“首席”（chief），如首席执行官，首席运营官和首席信息官等。

区和各发展阶段的国家都出现了女性管理者比例降低的情况。不仅爱沙尼亚、立陶宛以及菲律宾等女性在管理层中比例较高的国家出现了比例降低的情况，甚至一些管理层中女性比例已经很低的国家，也出现了进一步的下滑，比如伊朗、沙特阿拉伯和也门。只有在几个国家中，女性劳动力参与率和女性在管理层中所占比例同时出现下滑。

表 3.5　女性经理人数的增加和减少（2000 –2012，ILO）

增加 <5%		增加 >5%	增加 >10%	减少%
1. 阿根廷	23. 马其顿	1. 阿鲁巴	1. 阿塞拜疆	1. 阿尔及利亚
2. 澳大利亚	24. 毛里求斯	2. 巴巴多斯	2. 不丹	2. 奥地利
3. 巴哈马	25. 摩洛哥	3. 博茨瓦纳	3. 库克群岛	3. 孟加拉国
4. 比利时	26. 荷兰	4. 巴西	4. 格鲁吉亚	4. 百慕大
5. 加拿大	27. 新西兰	5. 保加利亚	5. 中国香港	5. 玻利维亚
6. 克罗地亚	28. 尼加拉瓜	6. 柬埔寨	6. 冰岛	6. 保加利亚
7. 塞浦路斯	29. 巴基斯坦	7. 多米尼加共和国	7. 爱尔兰	7. 开曼群岛
8. 捷克	30. 秘鲁	8. 厄瓜多尔	8. 意大利	8. 智利
9. 丹麦	31. 俄罗斯	9. 萨尔瓦多	9. 中国澳门	9. 哥斯达黎加
10. 埃及	32. 卡塔尔	10. 埃塞俄比亚	10. 马达加斯加	10. 爱沙尼亚
11. 芬兰	33. 塞尔维亚	11. 希腊	11. 马耳他	11. 埃塞俄比亚
12. 法国	34. 斯洛伐克	12. 中国香港	12. 摩尔多瓦	12. 伊朗
13. 德国	35. 西班牙	13. 匈牙利	13. 蒙古	13. 立陶宛
14. 几内亚	36. 瑞典	14. 墨西哥	14. 挪威	14. 黎巴嫩
15. 以色列	37. 泰国	15. 黑山	15. 瑞士	15. 卢森堡
16. 牙买加	38. 特立尼达和多巴哥	16. 纳米比亚		16. 马尔代夫
17. 日本	39. 土耳其	17. 巴拿马		17. 马来西亚
18. 印度尼西亚	40. 乌克兰	18. 波兰		18. 巴拉圭
19. 哈萨克斯坦	41. 阿拉伯联合酋长国	19. 罗马尼亚		19. 菲律宾
20. 韩国	42. 美国	20. 新加坡		20. 葡萄牙
21. 吉尔吉斯斯坦	43. 委内瑞拉	21. 南非		21. 沙特阿拉伯
22. 拉脱维亚	44. 西岸和加沙地带	22. 斯里兰卡		22. 乌干达
		23. 斯洛文尼亚		23 英国
		24. 乌拉圭		24 也门

资料来源：ILO 统计数据库，2014

虽然非洲国家众多，但我们只获得了 8 个国家有关管理界女性的数据。在过去十年中，以下六个国家女性在管理岗位中的份额有所增加：博茨瓦纳、几内亚、马达加斯加、毛里求斯、纳米比亚和南非。埃塞俄比亚出现了轻微的下滑，而乌干达则出现了大幅度的下降（详细数据见统计附件）。

在美洲提供数据的 24 个国家中，有 18 个国家提高了女性在管理职位中的份额，但是大部分都只提高了几个百分点。萨尔瓦多和厄瓜多尔的增加比例最大——萨尔瓦多从 2000 年的 26% 增加到 2012 年的 37.1%；厄瓜多尔则从 2000 年的 29.30% 增加到 2010 年的 39.1%。在 6 个国家中，女性在管理界中的比例则有所下降（详细数据见统计附件）。

在亚太地区提供数据的21个国家中，有16个国家截至2012年女性在管理岗位中所占的份额有所增加，但大多数仅仅增加了几个百分点。而不丹增加了16个百分点，蒙古也增加了近12个百分点。在5个国家中，女性在管理职位中所占的比例有所减少。其中，与其他国家相比（59%），2001年菲律宾女性在管理界中所占比例已经处于较高水平，即使下降了11.4%，仍在2012年以47.6%的比例居于全球前列（详细数据见统计附件）。

独联体和中东欧地区共有11个国家提供了相应数据。这11个国家女性在管理界中所占的份额均有所增加。甚至有些国家在过去十年的增加是非常可观的。其中摩尔多瓦增加了近11%，而黑山也增加7.6%（详细数据见统计附件）。

欧盟和西欧地区共有32个国家提供了数据。其中26个国家女性在管理界的比例都有所增加，但是大部分都只增加了几个百分点。百分点增加最多的是意大利（11.5）、冰岛（10.9%）、瑞士（9.7%）、挪威（9.7%）、马耳他（9.4%）和斯洛文尼亚（9.4%）。也有6个国家的比例有所下降（详细数据见统计附件）。

在中东和北非，9个提供数据中的5个国家在过去十年中女性在管理工作中所占的比例有所增加。另外4个国家比例则有所减少（详细数据见统计附件）。

图3.5说明了在过去十年中，比例增加最多的国家的情况（从7到16个百分点）。很多国家十年前女性在管理岗位中所占的比例就已经超过30%，并在继续增加，如蒙古、巴拿马和乌拉圭。表中的大部分国家在过去十年中都已经攀升至30%。另外有几个国家，如阿塞拜疆、马耳他和意大利，十年前比例很低，但是在这十年中获得了很大的提高（详细数据见各国和各地区统计附件）。

图3.5　管理界女性比例大于7%的国家（2000－2012，ILO）

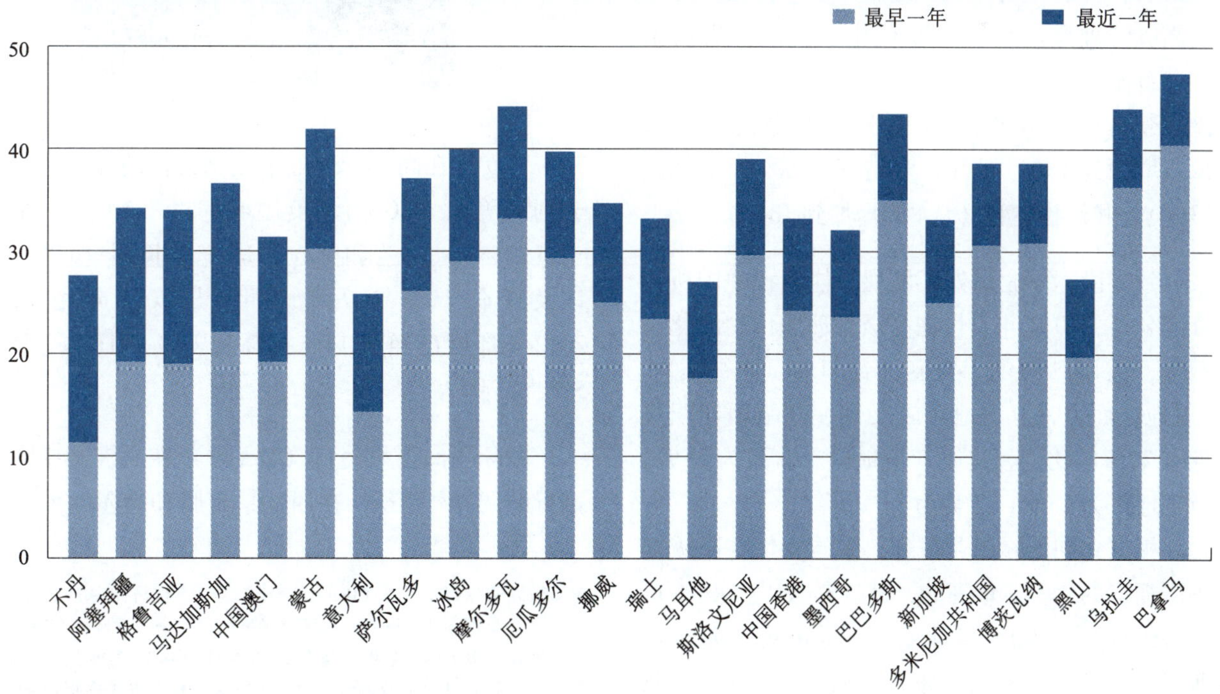

资料来源：ILO统计数据库，各职业中女性所占份额：管理者，2014

3.7 中级及高级管理层中的女性

更多的女性进入高级管理职位对于为首席执行官（CEO）或公司总裁等建立候选人人才库至关重要。国际劳工组织有关49个国家的数据说明了2012年各国私人和公共部门中女性在中级和高级管理层中所占的比例（图3.6）。鉴于很多国家规定了议员配额从而提高了女性议员的比例，而有关公共服务部门性别比例的法律规定也促进了女性被任命为更高管理者，因此私人部门的相关比例会低于下表中所显示的数字。

很多组织开展了相关调查以确定女性在私人部门的高级管理层所取得的进步。调查样本局限于大型跨国企业，因此不能代表该国的整体商业情况。尽管如此，这些调查仍为了解女性在私人部门向高层迈进的情况提供了帮助。尤其是这些周期性调查为进行对比提供了数据。比如，致同国际商业报告（IBR）[34] 发现，2012年，在全球范围内，有24%的高级管理职位是由女性担任的。根据2013年的致同国际商业报告，女性也增加了她们在C－组（头衔中包括“首席”二字的职位）中的比例，这样令她们更容易被挑选进入最高管理层。从2011年到2012年，在女性进入高级管理层的前五个职位中，人数都有所增加：首席财务官（从13%增加到31%）、人力资源主管（从21%增加到30%）、财务总监（从12%增加到13%）、首席营销官（从8%增加到13%），和销售主管（从8%增加到13%）。

致同国际商业报告还发现，他们在中国所调查的公司，2012年女性在高级管理职位中的比例激增，从2011年的25%猛增到51%。调查认为，“就地区而言，亚太地区以女性在高级领导职位拥有29%的比例领先于其他地区。欧盟为25%，拉美地区为23%，北美为21%。”

根据致同国际商业报告，中国女性在高级管理层拥有的比例是最高的，其次是波兰（48%）、拉脱维亚（43%）、爱沙尼亚和立陶宛（40%）、菲律宾和格鲁吉亚（37%）、泰国（36%）以及越南（33%）。虽然菲律宾和泰国位居世界前列，但是实际上菲律宾女性在高级管理层中的比例却从39%降到了37%，泰国也从39%下降到了36%。女性在高级管理层中比例最低的几个国家分别为美国（20%）、英国和印度（19%）、瑞士（14%）、荷兰和阿拉伯联合酋长国（11%）以及日本（7%）。尽管如此，与2011年相比，2012年印度已经从14%提高到19%，日本也从5%提高到7%。

国际咨询公司美世（Mercer）在欧洲和中东进行的调查[35]发现，在西欧，希腊和爱尔兰女性

34　致同国际商业报告（IBR）每年都对44个经济体中的1.3万名企业领导展开调查，以了解影响公司的全球性经济和商业文体。报告中的数据是从在2012年11月到2013年2月对所有工业部门的企业领导所进行的6500多次访谈中得出的。福布斯也进行了其他类型的深入访谈

35　美世，“女性领导发展调查”，2010年12月，根据全球1800多名人力资源、人才管理和多样化领导关于他们女性领导力发展实践所做的调查

图 3.6　女性在中高级管理层中所占百分比（2012，ILO）

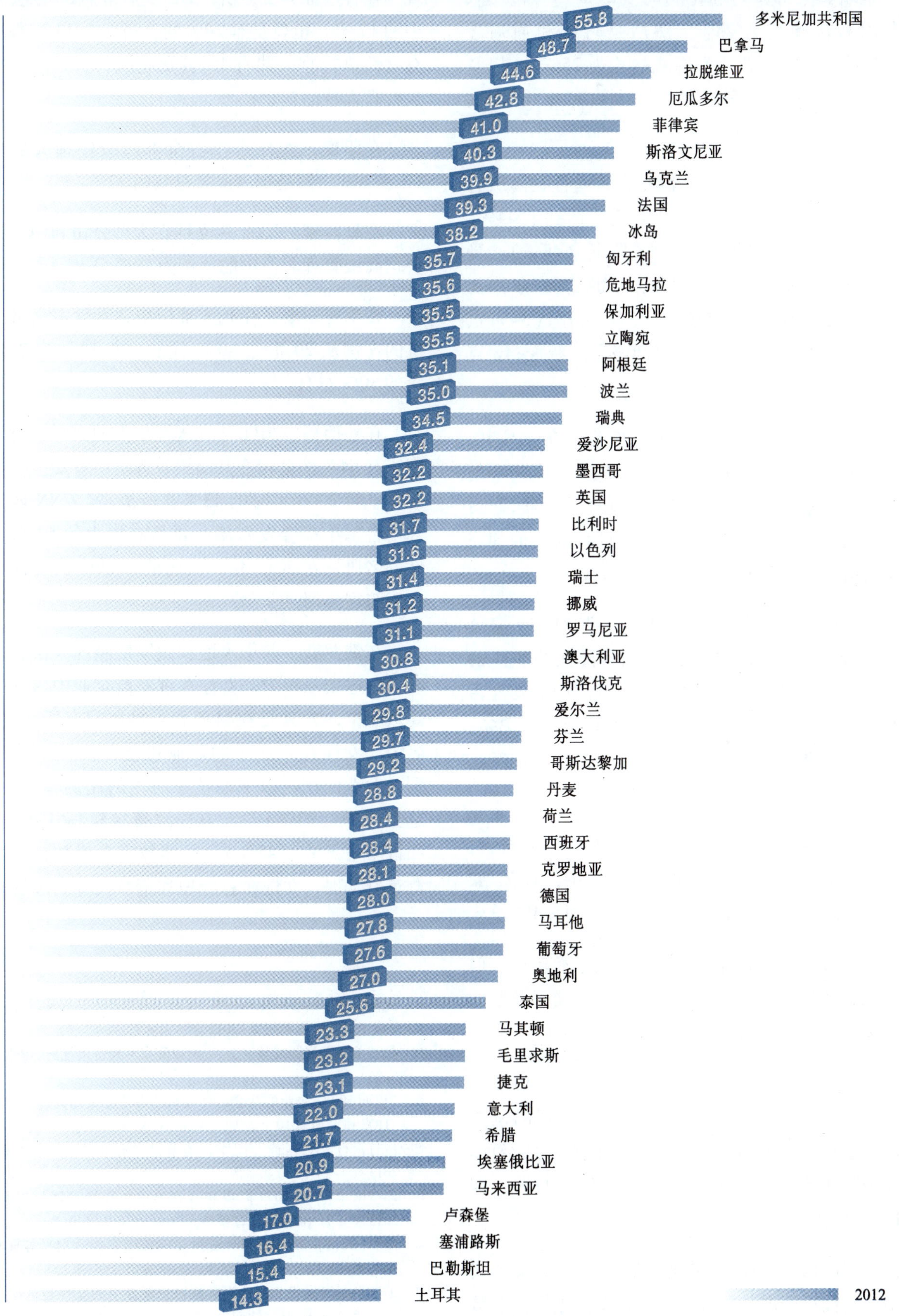

资料来源：ISCO 88 和 ISCO 08：议员、高级官员、主管和行政长官、ILO 统计数据库，2014 年 6 月

在高级管理人员中的比例是最高的，为33%。其次是瑞典（30%）和比利时（29%）。西班牙、英国和法国均为28%。然后是丹麦和葡萄牙（27%），芬兰、瑞士和挪威（均为25%），以及意大利（22%）。随后是奥地利（21%）、德国（20%）及荷兰（19%）。

该调查发现，在中东欧地区，女性在高级管理层中比例最高的国家是立陶宛，达到了44%。其次是保加利亚（43%）、俄罗斯（40%）、爱沙尼亚和哈萨克斯坦（37%）。随后为塞尔维亚（36%）、乌克兰（35%）、罗马尼亚（34%）、匈牙利（33%）、波兰（30%）、斯洛伐克（30%）和捷克（27%）。

在中东地区，美世的报告发现，在土耳其，26%的高级管理人员是由女性组成的。摩洛哥的比例为23%；阿拉伯联合酋长国的比例为17%；埃及为16%；卡塔尔为7%。而沙特阿拉伯却完全没有女性参与的记录。

“亚洲网络中的多样化和包容”对112家公司进行了名为《2011亚洲性别多样性基准》的调查。该调查发现，中国高级管理层中的女性占20.7%；中国香港占22.7%；在印度占9.3%；在日本占7.8%；在马来西亚占27.5%；在新加坡占21.5%。[36]

根据《拉丁美洲商业年表》2012年的报告，在拉丁美洲规模最大的500家公司中，有77家高级管理层中拥有女性管理人员，占15.4%。[37]

国家级的调查研究因为缺乏数据而较少，但是也有助于我们进一步了解女性在高级管理层的情况。

在**阿根廷**，对占全国GDP 30% - 40%的2300家（工业、服务业和金融业）公司的调查样本显示，每10家公司中有4家拥有女性经理。在全部14880个决策职位中，女性占11%，即1601个。[38]

在**巴西**，2010年在规模最大的500家公司中，女性经理占总数的22.1%，女性主管占总数的26.8%。[39]

在**中国香港**，渣打银行和社区商业组织发现，在香港证券交易所（HIS）上市的50家公司中的12家，也就是有24%的公司在2013年都拥有女性执行官。共有15名女性执行官，占全部执行官人数的6.9%。[40]

在**印度**，女性占仅占全部高级经理人数的3%到6%，但是却占雇员总数的22%。[41]

在**马其顿**，2008年女性在大型公司和中小型公司高级管理职位中的比例为29%。[42]

在**毛里求斯**，在私人部门中，女性占高级职位的比例从20世纪80年代的10%增加到2011年的30%左右。[43]

在**墨西哥**，2011年在规模最大的200家公司中，有54%的公司在其高级管理层中有女性担任职务，较2006年时的43%有所提高。CNN西班牙语台每年都会发布墨西哥最有权力的50名女性的名册。在2011年，该名册中60%的女性来自于跨国公司。[44]

在**俄罗斯**，普华永道和俄罗斯经理人协会发现，在过去三年中，女性在俄罗斯企业中占据的高级职位，尤其是在财务和人事部门有所增加。名为“女性在企业中的职业机会”的调查注意到，女性现在在以下职位中所占的比例非常大：总会计师（93%）、人力资源高级经理（70%）和首席财务官（48%）。虽然数字在增加，但是调查也发现，女性在总经理和董事长等高级管理

---

36 亚洲网络中的多样化和包容，《2011亚洲性别多样性基准》

37 《拉丁美洲商业年表》，2012年3月8日

38 拉丁美洲经济调查基金会，《阿根廷女性经济情况》（1998 - 2006）

39 “巴西500强企业的社会、种族和性别情况及比例”——E-THOS研究所2010年出版，网站：www.ethos.org.br

40 渣打银行和社区商业组织，董事会中的女性：恒生指数，2013

41 印度国家报告，ILO商界和管理界中的女性地区研讨会，2013年4月18 - 19日，曼谷。

42 欧盟，《前南斯拉夫和马其顿（FYROM）的性别平等现状——国家简介》，2012

43 毛里求斯国家报告，ILO商界和管理界中的女性地区研讨会，2012年10月，约翰内斯堡

44 CNN西班牙语台，2011年8月12日

职位中的比例仍非常低。[45]

在**南非**，女性商业协会每年都开展“领导层中女性调查”。2012 年调查的是约翰内斯堡证券交易所（JSE）中的 309 家上市公司以及 20 家国有企业。调查显示，公司中高级经理的比例从 2004 年的 14.7% 上升到 2012 年的 21.4%。除了白人以外的所有种族的女性高级经理人数均有上升，白人女性的高级经理人数却在下降。尽管如此，白人女性担任执行官的人数仍远远多于其他种族的女性。见图 3.7。

图 3.7　南非各种族女性高级经理人数（2012）

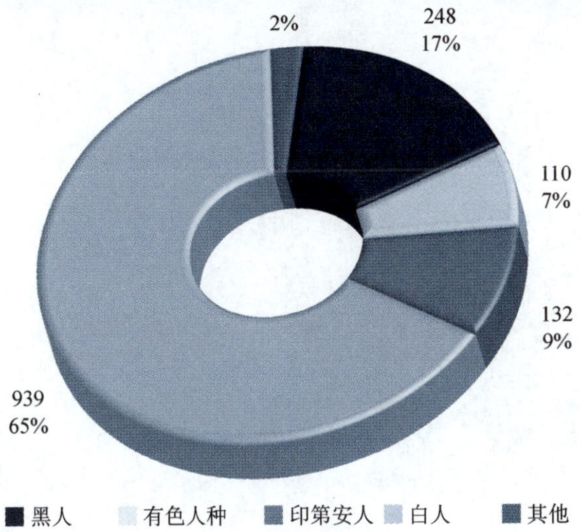

资料来源：南非女性商业协会，2013

45　现代俄罗斯，2010 年 4 月 6 日，《俄罗斯商界女性看到玻璃屋顶上的裂痕》

4. 位居顶层的女性

二十多年以来，大多数地区的女性已经在专业、技术和管理领域迈出了坚实的步伐。但是，他们在首席执行官（CEO）或公司总裁等顶级管理职位中的比例仍少之又少。而且公司规模越大，处于顶层的女性就越少。在过去十年中，很多国家的女性进入高级管理层的人数在不断增加。然而虽然在不断宣传“玻璃屋顶”效应，很多组织也开展了动员活动，“玻璃屋顶”看起来仍坚不可摧。人们也常常用“大理石屋顶”、“黏胶地板”、“玻璃墙”、“玻璃峭壁”以及“冰川进展”来形容阻碍女性进入顶层的惯性和壁垒。同时也阻碍女性形成具有决定性的数量从而影响公司文化、形象和决策的形成方式。

过去几年，我们见证了女性被任命为大型公司的首席执行官和银行行长等。这都是历史上的

表 4.1　上市公司中的女性首席执行官

证券交易所	比例	证券交易所	比例
经合组织[46]		欧盟[47]	
拉美 500 强[48]		英国 FTSE100[49]	
美国财富 500 强[50]		澳大利亚 ASX200[51]	
南非 JSE[52]		印度 BSE100 强[53]	
墨西哥 Expansion100 强[54]		法国 CAC40[55]	
新加坡 SGX[56]		德国 DAX30[57]	
中国[58]		新西兰 NZSX[59]	

46　经济论坛 2010 年企业性别差距报告，涵盖了经合组织规模最大的公司

47　欧盟委员会，公司董事会性别平等情况说明书 - 欧洲正在打破玻璃屋顶 2014 年 3 月，6COM（2012）：http//ec. europa. eu/justice/gender - equality/gender - decision - making/index_ en. htm

48　资料来源：拉美商业年表，截至 2012 年 3 月 5 日拉美 500 强分析

49　金融时报，2014 年 1 月 17 日，伦敦

50　Fortune. com，2014 年 6 月 3 日

51　Girl. com. au，2014 年 6 月 6 日，ASX200 公司中的女性 CEO 们（3%）－GasNet Australia Group，Harvey Norman Holding，Macquarie Airport，Macquarie Countrywide Trust，St George Bank and Telecom Corporation of New Zealand

52　南非商业女性协会，《2011 年及 2012 年南非领导层女性调查》http：//www. bwasa. co. za

53　Spencer Stuart，印度董事会年度指数 2012，BSE100 公司中当前的同事会趋势及实践

54　《墨西哥新一代 CEO 们》，Heldrick & Struggles，2010

55　欧盟委员会各国情况报告，董事会中的性别平等 - 法国篇，2013 年 1 月

56　Marleen Dieleman 博士，Meijun Qian 博士和 Muhammad Ibrahim 博士，《2013 年新加坡董事会多样化报告：女性崛起的时代》，2013 年 11 月 14 日

57　欧盟委员会各国情况报告，董事会中的性别平等 - 德国篇，2013 年 1 月

58　中国上海中欧国际工商学院管理学教授张燕，《女性如何进入中国企业的高管层》，英文版发表于 Forbes. com，2012 年 9 月 10 日（2010 年有 2100 家上市公司）

59　人权委员会，《女性参与度调查》，2012，新西兰

“第一次”。谷歌和脸书最近都任命了女性担任CEO。这也引起了诸多对她们的领导风格以及女性进入最高管理层所带来问题的争论。这些女性提供了急需的榜样，对她们自身、她们所在的公司以及其他女性而言，都意味着决定性的突破。她们不仅树立了“能做”的榜样，而且也为关于女性如何达到顶层的讨论做出了积极的贡献。但是下面的数据显示，女性在顶层岗位中所占的比例仍很小。

由于没有一直对相关信息进行系统收集的国际数据库，因此很难确定女性作为顶层管理者和CEO的发展趋势。但是各种组织和机构在国家和全球层面都开展了调查，其中包括Catalyst公司。但是这些调查主要集中在大型上市公司中，因为这些公司具有公开的CEO列表，如表4.1所示。

女性在大型和跨国公司中达到CEO的职位是管理界中性别平等非常重要的一部分。但是，公司中绝大部分都为中小型公司，而且很难获得这些公司的CEO的性别数据。世界银行通过其企业调查获得了所有地区部分国家中所调查的企业的女性顶级管理者数量。这些企业既包括大型企业，也包括中小型企业。2013年进行的“国际劳工组织公司调查”也提出了一系列有关CEO的问题。

4.1　国际劳工组织公司调查

虽然国际劳工组织劳动数据（根据劳动力调查和人口普查等数据）没有掌握最高层管理职位的相关情况，但是对发展中地区近1300家公司所做的“国际劳工组织公司调查”表明，在所有CEO中，女性大约占21%，男性则占近80%。参加调查的公司既包括小型（34%）和中型（38%）公司，也包括大型（19%）和跨国（9%）公司。表4.2按地区和全球水平列出了有关公司的相应数字。中东欧国家中的阿尔巴尼亚、摩尔多瓦和塞尔维亚不包括在最终计算的全球751家参与调查的公司中，因为这三个国家中的大部分企业都由女性拥有。

表4.2　女性和男性首席执行官人数及所占百分比（ILO，2013）

	拉丁美洲及加勒比地区	亚太地区	非洲	中东欧	中东及北非	总计	总计（不包括3个中东欧国家）
男性							
女性							
没有答复							
男性CEO比例							
女性CEO比例							

资料来源：ILO公司调查，2013

4.2　世界银行企业调查

世界银行一直在对所有地区的国家开展持续性的企业调查。2002年至2014年期间，共对135个国家的13万家公司进行了调查。调查获得了四个与性别有关的指标：拥有女性顶层管理者的公司比例；主要所有人中有女性的公司比例；全职固定女性职工比例（%）及固定兼职非生产性女性员工的比例（%）。[60]

表4.3显示了全球接受调查的公司中拥有女性顶级管理者的公司的比例。各国拥有女性顶级管理者的公司的比例差异很大。我们也应该认识到样本规模及行业也因各国情况而有所差异，并且不一定完全代表某些国家的特殊情况。但是，由于缺少不同性别最高管理层的数据，世界银行的企业调查可以帮助我们弥补数据上的空缺，并有助于进行进一步的调查和讨论。

60　根据世界银行的网站显示，该企业调查由企业所有人及顶层管理者进行回答。1200－1800个调查是在较大经济体中进行的，在中型经济体中开展了360个调查，在较小型经济体中进行了150个调查。制造业和服务业是主要感兴趣的领域。

表 4.3　拥有女性最高管理者的公司所占百分比（世界银行企业调查，最近年份）

国家	年份	%	国家	年份	%	国家	年份	%
阿富汗	2014	4.6	萨尔瓦多	2010	21.4	尼日尔	2009	11.3
阿尔巴尼亚	2013	11.7	厄立特里亚	2009	7.7	巴拿马	2010	23.5
安哥拉	2010	13.5	爱沙尼亚	2009	25.8	巴拉圭	2010	22.8
安提瓜和巴布达	2010	17.5	埃塞俄比亚	2011	13.6	秘鲁	2010	14.1
阿根廷	2010	9.2	加蓬	2009	11.5	菲律宾	2009	32.7
亚美尼亚	2013	19.0	格鲁吉亚	2013	32.1	波兰	2009	31.1
阿塞拜疆	2013	2.4	格林纳达	2010	24.0	罗马尼亚	2013	20.1
巴哈马	2010	33.2	危地马拉	2010	15.7	俄罗斯	2012	20.1
孟买	2013	4.8	圭亚那	2010	17.7	卢旺达	2011	19.1
巴巴多斯	2010	25.4	洪都拉斯	2010	31.7	塞尔维亚	2013	25.7
白俄罗斯	2013	32.8	匈牙利	2009	13.8	塞拉利昂	2009	7.1
伯利兹	2010	25.5	印度尼西亚	2009	31.2	斯洛伐克	2009	19.8
贝宁	2009	27.5	伊拉克	2011	2.4	斯洛文尼亚	2013	18.8
玻利维亚	2010	21.7	牙买加	2010	24.1	斯里兰卡	2011	8.8
波斯尼亚和黑塞哥维那	2013	24.2	哈萨克斯坦	2013	18.8	圣基茨和尼维斯	2010	21.1
博茨瓦纳	2010	16.4	肯尼亚	2013	13.4	圣卢西亚	2010	23.7
巴西	2009	17.9	科索沃	2013	9.5	圣文森特和格林纳丁斯	2010	38.6
保加利亚	2013	24.0	吉尔吉斯斯坦	2013	28.8	苏里南	2010	15.0
布基纳法索	2009	11.3	肯尼亚	2012	32.2	叙利亚	2009	22.8
喀麦隆	2009	10.0	老挝	2009	31.3	塔吉克斯坦	2008	11.8
佛得角	2009	16.7	拉脱维亚	2009	29.1	坦桑尼亚	2013	14.3
中非共和国	2011	12.2	黎巴嫩	2009	21.6	多哥	2009	15.1
乍得	2009	6.8	莱索托	2009	29.9	特立尼达和多巴哥	2010	20.8
智利	2010	4.5	利比亚	2009	15.1	土耳其	2008	12.4
中国	2012	17.5	立陶宛	2013	26.3	乌干达	2013	15.3
哥伦比亚	2010	12.1	马其顿	2009	15.6	乌克兰	2013	18.9
刚果（金）	2013	10.8	马拉维	2007	8.7	乌拉圭	2010	19.4
刚果（布）	2009	17.2	马里	2010	21.0	乌兹别克斯坦	2008	11.4
哥斯达黎加	2010	15.4	墨西哥	2010	14.6	委内瑞拉	2010	31.1
克罗地亚	2013	18.7	摩尔多瓦	2013	26.3	越南	2009	26.4
捷克	2009	18.4	蒙古	2013	36.6	西岸和加沙地带	2013	1.2
吉布提	2013	14.2	黑山	2013	19.4	也门	2010	0.2
多米尼克	2010	23.6	缅甸	2014	29.5	赞比亚	2013	23.8
多米尼加共和国	2010	11.0	尼泊尔	2013	17.2	津巴布韦	2011	17.4
厄瓜多尔	2010	17.0	尼加拉瓜	2010	32.3			

资料来源：世界银行企业调查（http：//www. enterprisesurveys. org）

4.3 环球调查

很多国际咨询和研究公司开展了国际性调查、各国比较并进行了企业排名。这些工作获得了证交所大型公司中的女性 CEO 数量。近几年，女性作为公司董事会成员和主席引起越来越多的关注。2013 年致同国际商业报告表明，在接受调查的 44 个国家的 1.3 万家公司中，有 14% 的公司由女性担任 CEO，比 2012 年的 9% 有所提高。[61]

根据管理调查公司 CT Partners 的报告，2012 年全球居于领先地位的公司中，只有 12 家，即 2.4% 的公司是由女性 CEO 负责的。在 2005 年，财富全球 500 强的公司中，仅有 6 家，也就是 1.2% 的公司拥有女性 CEO。[62]

虽然数量有限，但是一些地区和国家的研究、调查以及国家统计部门的报告，仍可以让我们了解到最高管理职位中女性所占的比例情况。下面就是各地区的样本情况。

4.3.1 位居顶层的女性——非洲

通常很难获得大部分非洲国家女性 CEO 情况的统计数据。

南非是主要提供数据的国家。其他很多国家只能提供一些轶事方面的内容。

在**南非**，南非商业女性协会会进行“年度领导层女性调查”。调查发现，2012 年，女性 CEO 的比例为 3.6%，与 2009 年相同，与 2011 年的 4.4% 相比则有所下降。[63]

在**尼日利亚**最大的商业中心拉各斯，2006 年私人部门中，女性主管和顶级管理者约占 8.1% 和 13.1%。[64]

在**喀麦隆**，对 93969 家公司所做的调查显示，27% 的雇员为女性，但是管理者中只有 10% 的女性，而且“在大公司中很难找到女性 CEO”。[65]

在**加纳**，普华永道和《商业及金融时报》每两年会在 200 家名列前茅的公司的 CEO 中进行调查，并评出 10 位“加纳最受人尊敬的 CEO”。[66] 2012 年，所评出的 CEO 中只有一位女性。该调查会向 CEO 们询问，在视野和创新性、道德标准、促进人力资本发展、良好的公司治理以及所展现出的和谐关系等方面，谁是他们当中被认为最值得尊敬的 CEO。

4.3.2 位居顶层的女性——美洲

根据 2012 年《拉丁商业年报》对拉美 500 强公司的分析，**拉丁美洲**公司中有 1.8% 的公司由女性负责，其中 9 个公司拥有女性 CEO[67]。在 2012 年该地区上市公司中排名前 50 的 CEO 中，没有女性。[68]

2010 年在**阿根廷**，在规模最大的 1000 家公司中，有 43 位女性 CEO，约占 4.4%；在 134 位商会成员中，有 4 名女性，约占 3%。同样的调查还显示，女性在全国工会领导人中仅占 5%。但是在政治领域，女性在各级议会中的比例却达到了 37.7%。其中在各省议会中占 27.3%，在国家立法职位中占 28%。[69]

在**加拿大** 500 家最大型公司中，目前女性 CEO 所占比例为 5.5%。[70]

在**智利**，2012 年对 100 家最大型公司的 733 个高级主管职位所做的调查显示，其中有 25 个

---

61 致同国际商业报告，2013

62 CT Parners 在商业信息 - 中东所引用的，2012 年 11 月 8 日

63 南非商业女性协会，2011 年和 2012 年年度领导层女性调查，http：//www. bwasa. co. za

64 尼日利亚国家报告，ILO 商界和管理界中的女性非洲地区雇主研讨会，2012 年 10 月，约翰内斯堡

65 在 ILO 商界和管理界中的女性非洲地区研讨会中提交的国家报告中的喀麦隆国家统计数据及 WB 企业调查，2012 年 10 月

66 女性 CEO，Dzigbordi K Dosoo 为 Allure Africa 公司的创始人及 CEO。Allure 的网站：hppt//www. allurespainthecity. com/Latest – News/ceo – of – allure – africa – only – female – among – top – ten – respected – ceos – in – ghana. html

67 《拉丁商业年报》，2012 年 3 月 8 日

68 排名是由前阿根廷布宜诺斯艾利斯 IAE 商业学院院长 Fernando Fragueiro 领导的团队编写的。详见 Benedict Mander 在《金融时报》上的报道，2012 年 3 月 29 日

69 拉美司法和性别机构，“性别和权力：谁统治着阿根廷?” www. ela. org. ar

70 美国 Catalyst 知识中心，根据《金融邮报》每年 6 月公布的 500 强公司名单，2013 年 6 月

职位由女性担任，占3.4%。[71]

在**墨西哥**，2012年，女性在主要大公司的董事会中占6%的席位，但是没有女性在墨西哥处于领先位置的公司中担任CEO一职[72]。曾有3位女性于2010年在“Expansion 100”（跨国）公司中担任过CEO，占总数的3%。[73]

在**哥伦比亚**的前100家公司中，有大约4%的公司有女性CEO。[74]

非常令人鼓舞的是，巴西也在不断前进。2010年，在该国最大的500家公司中，女性CEO占13.7%，比2001年6%的比例有了显著提高。[75]

在**美国**，2013年，女性CEO在财富500强公司中占4.2%；在财富1000强公司中，女性CEO占4.6%。[76]

4.3.3 位居顶层的女性——亚太地区

根据麦肯锡公司2012年的研究[77]，2011年女性CEO在印度、日本和韩国的比例不足1%，在新加坡的比例为8%。见图4.1。

图4.1 亚洲选定国家和地区女性首席执行官比例(2011)

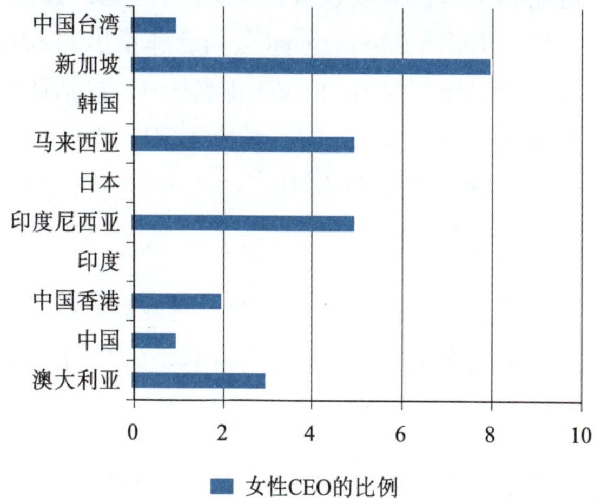

资料来源：麦肯锡

在**澳大利亚**，根据2012年女性领导调查报告，在澳大利亚证交所最大的500家公司中（ASX500），有12名女性CEO。在200家最大的公司中（ASX200），有7名女性CEO，占3.5%（2010年为6名）。比2002年的2%有所提高。[78]

在**孟加拉国**，根据2013年国际劳工组织对54家公司（包括中小型及大型公司）所作的调查，98%的公司都有CEO，其中9.6%为女性。在现任CEO为男性的公司中，只有3.3%的公司任命过女性CEO。

在**柬埔寨**，国际劳工组织对74家公司（包括中小型及大型公司）所作的调查发现，其中21%的公司任命了女性CEO。在参与调查的公司中，有78%的公司从未任命过女性CEO。

在**中国**，根据上海中欧工商管理学院综述引用的中华女企业家协会的数字，女性CEO管理着大陆20%的中小型企业。她们被昵称为“ShEOs”。中国60%的中小型企业是在过去十年中成立的。[79]

在**中国香港**，渣打银行和社区商业组织对上市公司所进行的调查发现，目前只有一家公司任命了女性CEO（恒生银行）。[80]

在**印度**，根据全球管理调查公司EMA Partners International的调查，在240家大型公司（包括印度本国公司、跨国公司、私人及国有公司）中，有11%的公司曾聘任过女性担任CEO。其中来自家族企业的女性CEO占全部女性CEO的35%。一半以上的女性CEO来自银行和金融服务业，占54%。媒体和生命科学领域各占11%左

---

71 Thesis Consultores，2012年4月，《经济和商业》报道，2012年6月4日

72 《福布斯》杂志，“在墨西哥和全球，女性正在向高级管理职位迈进”，2012年3月26日

73 Jose J. Ruiz，Heidrick and Struggles，“墨西哥的新一代CEO，谁来定义他们以及他们来自何处?”三家公司分别为Scotiabank Inverlat、大都会人寿和通用公司，2010年

74 Pedersen&Partner管理研究，《当人才出现短缺：女性在哥伦比亚》，新闻报道，2012年4月22日，拉脱维亚，里加

75 “巴西500强企业的社会、种族和性别情况及比例”——E-THOS研究所2010年出版，网站：www.ethos.org.br

76 美国Catalyst知识中心，2013年7月1日，根据《财富》杂志每年5月或6月公布的财富1000公司列表

77 麦肯锡，“女性的重要性：亚洲视角，利用女性人才提高公司绩效，2012年6月

78 澳大利亚政府女性在工作平等机会管理局，《澳大利亚女性领导调查》，2012年，悉尼。该调查每两年进行一次。

79 《中国时报》，“女性CEO在中国中小型企业的平均水平超过男性”。2013年1月24日

80 渣打银行和社区商业组织，《董事会中的女性，恒生2013指数》

右。快速消费品（FMCG）和咨询领域各占8%。制造业和IT机ITES领域占4%。[81]在印度《经济时报》与IMRB International公司合作推出的2012年印度公司最有权力的CEO排名[82]中，包括印度最大的私人银行ICICI银行的女CEO。在其推出的印度全球商业领导前10名中，也有一位女性CEO，来自百事公司。[83]

在**新西兰**，2012年女性参与性调查显示，在前100家证交所上市公司（100 NZSX）[84]中，有5名女性CEO，占5%。

在**新加坡**，2012年对在新加坡交易所（SGX）上市公司所作的调查[85]显示，2011年女性CEO所占比例为4.1%。

在**斯里兰卡**，锡兰雇主联合会2005年对100家公司进行的调查显示，在104名顶层决策部门代表中，只有4.8%的女性。在69名CEO中，仅有3名女性，占4.3%。2013年ILO对13家公司的调查发现，只有一家公司为女性CEO，也仅有另一家公司以前曾任命过一位女性CEO.[86]

4.3.4 位居顶层的女性——欧洲

欧盟有关决策层中的男性和女性数据库提供了欧洲规模最大的上市公司中CEO的相关情况。这些大公司都是主要蓝筹指数成员（最多为50）。该指数是由证券交易所根据市场资本化和/或市场交易排名的最大的公司，并仅包括在相关国家（根据国际证券编码，ISIN）注册过的公司。表4.4提供了这些公司中男性及女性CEO的比例。在欧盟27个成员国中，女性CEO仅占2%。在表中所有的国家中，女性CEO占3%。19个国家在最大的上市公司中没有女性CEO。塞尔维亚女性CEO的比例最高，达到17%。其次是罗马尼亚、荷兰及斯洛伐克，均为10%。随后是英国，为6%。

4.3.5 位居顶层的女性——中东及北非

根据《中东商业情报》提供的数据，在中东最大公司中有14名女性CEO。2012年《阿拉伯商业》杂志评出的100名最有权力的阿拉伯女性中就包括这14名女性CEO。这些公司包括沙特阿拉伯的Olayan金融公司，阿拉伯联合酋长国的商业园、JAFZA和EZW，科威特国家银行，以及约旦的Rubicon集团控股公司。在全球位居顶层的女性中，有四位阿拉伯女性。其中两名供职于政府，另外两名分别为科威特国家银行的CEO[87]以及巴林海湾第一投资银行的CEO[88]。

根据电信业主管杂志CommsMEA的报告，几年前，在中东及北非地区的电信公司中没有一名女性CEO。今天，已经有三名女性CEO在电信公司任职——约旦的Orange公司，VTEL中东及非洲公司以及伊拉克的Korek电信公司。她们“在最艰苦的市场负责地区最大、发展最快的运营商。”[89]

---

81 EMA Partners Internationa，《性别裂缝》，2011年8月3日，EMA网站，http：//www.ema - partners.com/articles/gender - splict

82 见《经济时报》排名方法，http：//economictimes.indiatimes.com/articleshow/1340798.cms

83 《经济时报》和IMRB International公司，《经济时报》，2012年5月25日。IMRB公司是一家市场研究和咨询服务公司，主要在南亚、中东及北非地区开展业务。前身为印度市场研究局

84 人权委员会，《女性参与性调查》，2012年

85 Marleen Dleleman博士和Maythil Aishwarya，《2012年新加坡董事会多样性调查：女性因素》，2012年10月12日

86 斯里兰卡国家报告，ILO商界和管理界中的女性地区研讨会，2013年4月18-19日，曼谷

87 《中东商业情报》中刊登的“2012年世界最有权力的100名女性”，2012年11月8日

88 《中东商业情报》中刊登的2011年《金融时报》“世界商界50名最佳女性”，2012年11月8日

89 CommsMEA，“50名最佳电信顶层主管”，2012年9月30日

表 4.4　欧洲选定国家最大型上市公司中男性和女性首席执行官所占百分比（2013）

国家	公司数量	女性 CEO%	男性 CEO%	国家	公司数量	女性 CEO%	男性 CEO%
欧盟 27 国	582	2	98	波兰	20	10	90
比利时	19	0	100	葡萄牙	20	0	100
保加利亚	15	0	100	斯洛文尼亚	19	5	95
捷克	12	0	100	斯洛伐克	18	0	100
德国	18	0	100	芬兰	10	10	90
爱沙尼亚	30	0	100	瑞典	19	0	100
爱尔兰	14	0	100	英国	10	10	90
希腊	19	0	100	克罗地亚	23	0	100
西班牙	18	0	100	马其顿	26	4	96
法国	34	3	97	土耳其	47	6	94
意大利	36	0	100	塞尔维亚	23	4	96
塞浦路斯	38	0	100	冰岛	10	0	100
拉脱维亚	20	5	95	挪威	50	2	98
卢森堡	31	3	97	所有国家	12	17	83
匈牙利	25	4	96		9	0	100
马耳他	10	0	100		19	0	100
荷兰	11	0	100		705	3	97
奥地利	20	5	95				

资料来源：欧盟决策层中的女性数据库

“根据现在的速度，在英国实现董事会中性别平衡，还将需要70 年的时间。”

2011 年《董事会中的女性报告》，戴维斯勋爵

5. 董事会中的女性

近年来的很多宣传开始关注女性在公司董事会中的低参与率问题。提高女性在董事会以及公司决策层中的人数被视为改善女性在管理界中的情况的关键问题。

很多组织都对女性在董事会，特别是大型公司董事会中的人数进行了监测。这些组织还开展了促进人们提高意识的运动并建立合格女性数据库以谋求为董事会成员提供候选人人选。越来越多的研究将改善公司业绩与董事会成员性别多样化联系在一起。媒体也开始聚焦董事会中女性稀缺以及董事会成员清一色为男性的问题。各国已经启动了不同的方式来解决这一问题——自愿措施、倡导宣传性别多样化案例以及通过立法规定强制名额等。最后一项主要是欧洲各国采取的措施。

很多组织对全球董事会中的女性情况开展了调查和研究。Catalyst 公司和 GMI 评级是两家涉足全球并在监测女性在董事会中的情况方面最活跃的公司。GMI 评级[90]是一家独立提供有关环境、社会、政府（ESG）以及影响上市公司业绩的会计相关风险的研究和评级的公司。该公司每年对女性在董事会中的情况进行调查。其中 2013 年的调查涵盖了 45 个国家的 5977 家公司。Catalyst[91] 是一家领先的非营利会员性组织，旨在扩大女性就业和企业的机会。在美国、加拿大、欧洲和印度都有其办事处。该组织董事会成员包括众多的大型公司和跨国企业。该组织就女性在公司管理层及董事会中的参与情况开展研究并予以公布。图 5.1 是 Catalyst 结合了 GMI 评级调查及其他资料所制作的。2013 年 Catalyst 对 44 个国家中近年来女性在董事会中所占席位的比例进行了调查[92]。调查显示，只有 4 个国家（芬兰、瑞典、挪威和英国）中的女性董事会成员比例超过 20%。有 13 个国家该比例在 10% –20% 之间；14 个国家，该比例为 5% –10%；有 13 个国家该比例还不足 5%。只有 6 个国家中女性董事的比例达到或超过了 5%；有 16 个国家完全没有女性董事。调查还显示，有些国家的公司董事会中几乎没有女性成员。挪威女性董事会成员的比例达到了 40%。这主要是因为该国在 2003 年强制规定了 40% 的定额。而当时该国女性董事会成员的比例仅为 6.8%。

5.1 全球规模最大的公司的董事会

《2013 年国际公司女性董事会报告》（CWDI）显示，在规模最大的 200 家公司中，有 15% 的董事为女性。比 2011 年 CWDI 报告的调查结果仅提高了 1.2%。这些公司中的近四分之一（47 家）的公司（几乎均为亚洲公司）仍是清一色的男性董事。CWDI 报告还指出，这 200 家公司中，有越来越多的公司达到了三名及以上女性董事的临界值。目前有 67 家公司有三名及以上的女性董事，而 2011 年只有 56 家。[93]

---

90 公司在合并了 Corporate Library, Governance Metrics International 和 Audit Integrity 后成立于 2010 年。相关情况见网站：http://info.gmiratings.com/gmi-ratings-2013-women-on-boards-survey

91 http://www.catalyst.org/knowledge/women-boards

92 Catalyst，《简评：董事会中的女性》，纽约：Catalyst，2014

93 2013CWDI 报告：财富全球 200 强等公司中的女性董事 http://www.globewomen.org/CWDI/2013_cwdi_report.html

图 5.1 女性在董事会中的百分比（最近年份，Gatalyst 公司）

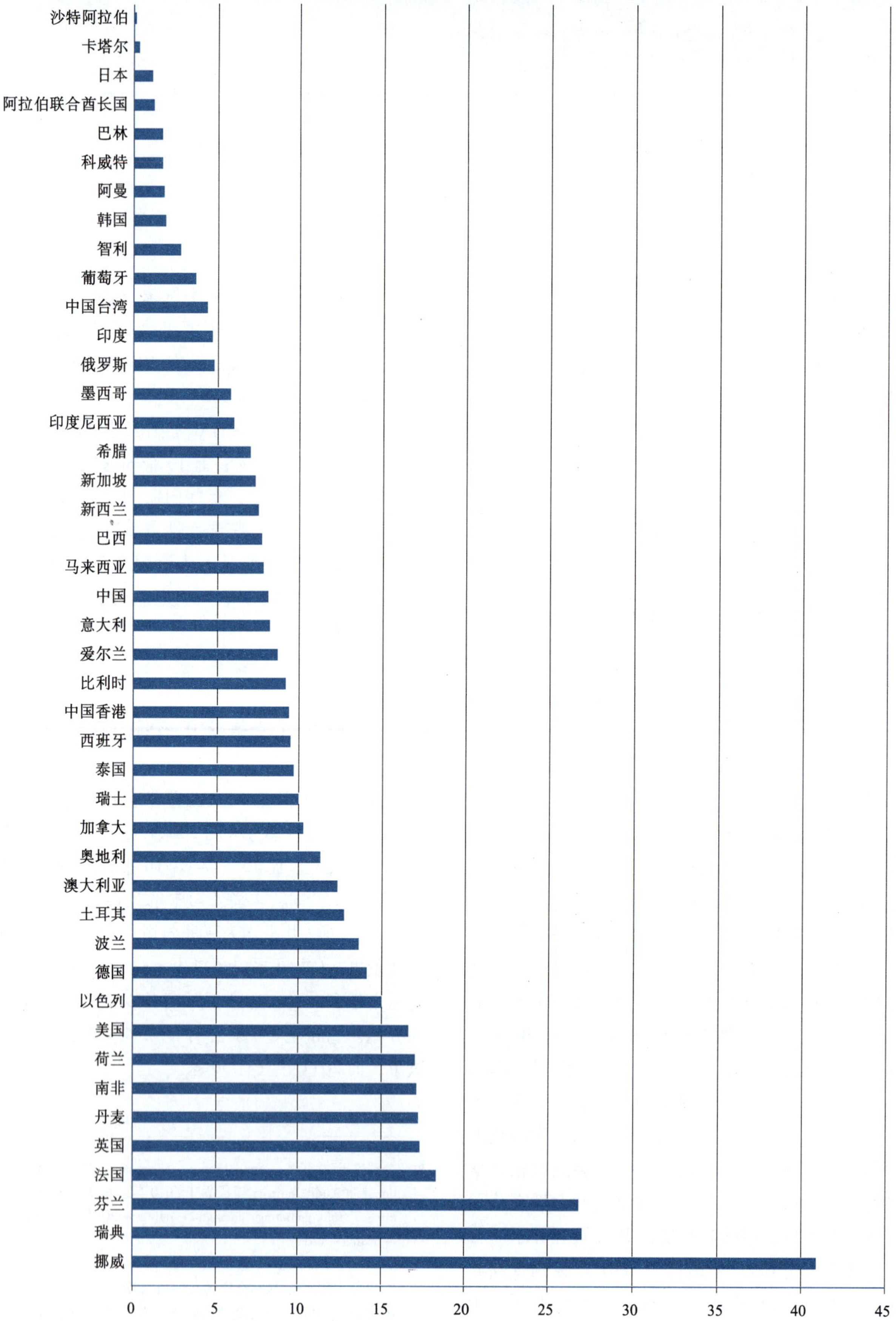

资料来源：Catalyst 知识中心，董事会中的女性，2013 年 5 月 31 日

5.2 清一色男性董事会

在全世界，公司董事会完全由男性组成是非常常见的现象。图 5.2 是根据新加坡国立大学商业学院治理、制度和组织中心的研究，所列出的 2012 年亚太地区上市公司中董事会为清一色男性成员的公司所占比例的样本。另一方面，最近几年在一些国家发生了很大变化。比如，在英国，在最大的 100 家上市公司（FTSE100）中，董事会成员全部为男性的公司数量从 2010 年的 21 家下降到 2013 年初的 7 家[94]。在澳大利亚，在 2009 年 12 月，在最大的 200 家公司中（ASX200），董事会成员中没有女性的公司有 105 家。这一数字到 2012 年 3 月，下降到 64[95]。

图 5.2 亚太地区成员均为男性的董事会所占的百分比 2012

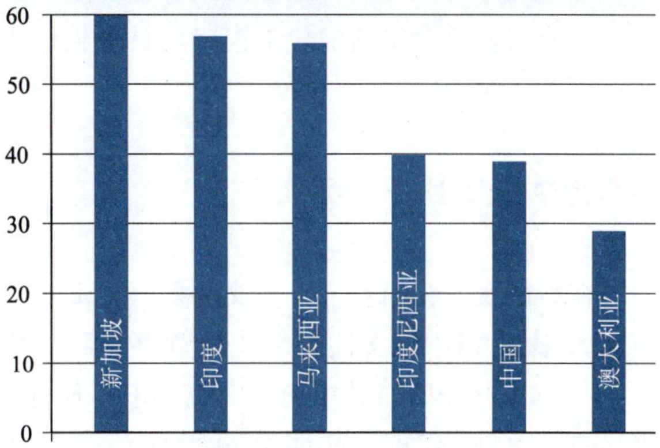

资料来源：新加坡商学院，印度尼西亚多样化董事会报告

5.3 ILO 公司调查

在 ILO 公司调查中，1059 家公司（包括中小型企业、大型公司和跨国企业）均有董事会。其中，431 家公司提供了有关女性在董事会中所占比例的信息。从表 5.1 中可以看到，其中 30% 的公司的董事会没有女性成员；65% 的公司中，女性董事会成员的比例不超过 30%——30% 通常被认为是女性的声音和观点会被考虑所需要的临界值。13% 的公司董事会中成员的性别基本平衡，其比例可以达到 40% –60%。

需要注意的是，在很多国家，家族企业所占的比例非常高。这会成为女性在董事会中所占比例较高的一个原因。比如，在委内瑞拉，2011 年，43.4% 的家族企业的董事会中女性成员的比例为 21% –60%。家族企业占委内瑞拉全部企业的 8% –10%[96]。2012 年 12 月，有关政府实践报告中，对阿拉伯联合酋长国 100 多家家族企业代表进行的采访显示，其中 32% 的公司的董事会中，都至少有一名女性。[97]

表 5.1 所调查公司中女性董事会成员所占百分比

	0	1 – 10	11 – 20	21 – 30	31 – 40	41 – 50	51 – 60	61 – 70	71 – 80	81 – 90	91 – 100	无	受访总数
拉丁美洲及加勒比地区	2	2	2	8	5	9	1	29					
亚太地区	75	25	28	28	15	22	10	3	7	2	7	17	239
非洲	9	3	4	5	3	1	1	1	27				
中东欧	7	2	10	2	8	5	1	4	6	2	47		
中东及北非	36	16	8	8	6	4	2	2	0	1	5	1	89
总计	129	48	52	51	37	41	14	9	13	4	15	18	431
占总数%	30%	11%	12%	12%	9%	10%	3%	2%	3%	1%	3%	4%	

94 英国商业创新技能部新闻办公室，2013 年 1 月 30 日

95 网站："董事会中的女性"，www.womenonboards.org.au/pubs/bdi/2012/asx.htm

96 Exaudi 调查报告中的"委内瑞拉女性在商界和管理界中的地位"，2012 年 9 月

97 Gillian Duncan，《国家》杂志，珍珠行动资源中心，"海湾地区几乎三分之一的家族企业都有女性董事会成员"

5.4 各国调查

各国进行的研究和调查也为我们提供了了解女性在公司董事会中的地位的窗口。具体见以下实例。

董事会中的女性——非洲

在**肯尼亚**，在内罗毕证券交易所（NSE）上市的55家公司中，女性在462个董事会席位中占44个，即9.5%。其中有23家公司（不到一半）拥有女性董事。这些公司大部分为跨国公司。[98]

在2004年进行的题为“**毛里求斯**董事会决议层中的性别平等”的研究显示，在**毛里求斯**上市（不包括国有公司）公司中，女性董事的比例为23%，私有部门仅为19%。该研究是女企业家世界联合会非洲项目专员委托UNDP进行的。[99]

根据**卢旺达**性别监测办公室的文件——《2011年四个部门的性别基线和主要指标：决策、农业、基础设施和私人部门》，女性在私人公司董事会成员中的比例为12.5%。[100]

南非的309家上市公司以及20家国有公司的董事中，女性的比例从2004年的7.1%提高到2012年的17.1%。国有企业中的女性董事比例则更高，达到了34.3%。就种族而言，黑人女性董事人数从2010年的495人增加到2012年的608人，高于白人女性的人数。2010年，白人女性董事人数为394人，2012年则为393人[101]。有色人种和印第安女性的董事人数也有所增加，见图5.3。

图5.3 南非各种族女性董事人数（2010和2012）

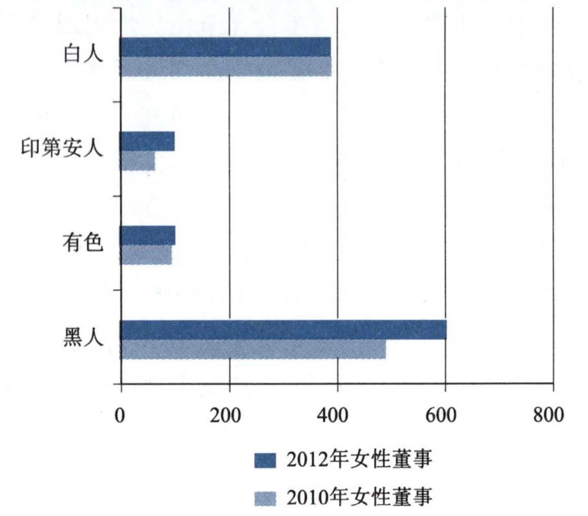

资料来源：南非商界女性联合会

董事会中的女性——美洲

根据国际企业女性领导者协会（CWDI）的资料，2012年，在拉丁美洲地区最大的100家公司中，女性占1032个董事会席位中的5.6%。这些大部分（58%）董事会中一位女性都没有。在其余42%的公司中，大部分也仅有一位女性董事会成员。CWDI注意到，2005年后，该地区在任命女性进入董事会方面毫无进展。7年中女性在董事会中的比例仅提高了0.5%，从5.1%增加到5.6%。CWDI报告还发现，很多（36.8%）在董事会中占有席位的女性均来自家族内部，但具体比例各国有很大差异。在巴西，41.7%的女性董事会成员与家族有关。但是哥伦比亚的8名女性董事会成员却无一人为家族成员。[102]

在**阿根廷**，2011年，女性在1000家最大型公司中所占的董事会席位为6%[103]。

在**智利**，女性所占董事会席位的比例为5%。根据OECD 2010年的报告《性别：缩小差异》[104]，90%的上市公司的董事会中都没有女性。

---

98 Chege, N.（2012年5月23日）。董事会中的女性。《女性》，见 http：//www.standardmedia.co.ke/index.php? articleID = 2000058444&pageNo = 2，在2012年10月召开的商界和管理界中的女性非洲地区会议中，肯尼亚国家报告对此进行了引用

99 毛里求斯国家报告，2012年10月

100 卢旺达国家报告，商界和管理界中的女性非洲地区研讨会，2012年10月

101 南非商界女性联合会，《2011年和2012年南非领导层女性调查》，http：//www.bwasa.co.za

102 《2013年CWDI报告：财富全球200强等中的女性董事》，http：//www.globewomen.org/CWDI/2013_ cwdi_ report.html

103 拉美司法和性别机构，“性别和权力：谁统治着阿根廷？”2011年，www.ela.org.ar

104 OECD（2012），《缩小性别差异：现在就行动》，OECD出版，http：//dx.doi.org/10.1787/9789264179370 – en

在**哥伦比亚**，2013年在50家规模最大的公司中，女性占全部500名董事会成员的10%。几乎一半的董事会中都没有女性。[105]

在**牙买加**，2012年，在牙买加证交所（JSE）上市的53家公司中，女性占全部董事的17.4%。其中有10家公司的董事会中没有女性。[106]

在**美国**，2012年，在财富500强公司中，女性占16.6%的董事会席位。连续七年没有改善。2011年和2012年，不足五分之一的公司中女性董事所占的比例达到或超过25%。还有十分之一，即50家公司的董事会中没有女性成员。2012年，有色人种女性占财富500强所有公司董事会席位的3.3%[107]。2011年，在财富1000公司的董事会成员中，女性所占比例还不足15%，有139家公司的董事会中没有女性[108]。

董事会中的女性——亚太地区

在**澳大利亚**，2012年，在证交所上市的规模最大的200家公司（ASX200）中，13.9%的董事会席位由女性拥有。有32%的公司（64家）董事会中没有女性。不过截至2012年，有18%的公司（36家）达到了25%的"董事会中的女性"的目标。ASX201－300公司的数字较低。到2011年，这些公司中只有7.6%的董事会席位是属于女性的，有64%的公司（60家）的董事会中没有女性。只有6%的公司（5家）在2012年达到了女性董事占25%的"董事会中的女性"的目标。[109]

在**中国香港**，渣打银行和社区商业组织开发的"董事会中的女性：2013恒生指数"发现，中国香港在这方面进步缓慢。2013年，在50家恒生上市公司的649个董事席位中，女性占9.4%，也就是61个。而2009年已经达到8.9%。拥有女性董事会成员的公司数量从28个增加到31个，但是仍有19家公司的董事会仍旧为清一色的男性。董事会中有一名以上女性成员的公司比例从2009年的35.7%持续下降至2013年的28%。在2012年新任命的77位董事会成员中，仅新增7位女性。研究发现，金融部门的公司在性别多样化方面继续保持最佳的表现。2013年排名前四的公司均为金融机构。[110]

在**印度尼西亚**，第一项有关董事会中性别多样化的具有广泛性的国家研究项目发现，2011年，女性拥有11.6%的董事会席位。使该国成为亚洲地区董事会多样性方面的领军国家。根据《印度尼西亚董事会多样性报告》，印度尼西亚领先于中国香港（董事会中女性占10.3%）、中国（8.5%）、马来西亚（7.3%）和新加坡（7.3%）。该报告由新加坡国立大学（NUS）商学院治理、制度和组织中心（CGIO）与印度尼西亚《环球亚洲》杂志联合发表，涵盖了424家于2011年公布了年报的印度尼西亚证交所（IDX）上市公司。在印度尼西亚的董事会和监事会双层体系中，女性作为董事的人数多于监事人数。报告发现，有13%的董事为女性，而在监事中，只有9.9%的女性。金融和贸易以及服务业和投资领域中的女性较多。在这些行业中，女性董事会成员的比例达到14.2%。但是在董事会领导职位中女性则很少。女性在411个监事会主席中仅占8.5%；在413个董事会主席中占6.5%。[111]

在**日本**，在证交所上市的41973个公司的董事会和委员会（不适用于所有公司）成员中，女性占515个，即1.2%。女性所占比例如此之少的原因是，日本大部分公司都是从公司内部提拔董事会成员的。[112]

在**新西兰**，2012年，在排名前100的证交所上市公司中（100 NZSX），女性占公司董事的

105 《空椅子》，"全国规模最大的企业的老板"，2013年4月2日 www.lasillavacia.com/historia/asi－son－los－que－mandan－en－las－empresas－masgrandes－del－pais－40582

106 联合国妇女署，《牙买加董事会中的女性股东已经准备好得到平等的份额》，www.unwomen.org/en/news/stories/2012/9/women－shareholders－in－jamaica－s－board－roomsare－ready－to－achieve－their－fair－share

107 Catalyst 网站：www.catalyst.org/knowledge/2012－catalystcensus－fortune－500－women－board－directors

108 CTP Partners，《董事会中的女性：回顾与展望》，2012

109 网站：www.womenonboards.org.au/pubs/bdi/2012/asx.htm

110 渣打银行和社区商业组织，《2013董事会中的女性》

111 新加坡国立大学商学院治理、制度和组织中心（CGIO），《印度尼西亚多样化董事会报告》，2012年12月7日

112 日本国家报告，ILO商界和管理界中的女性地区研讨会，2013年1月18－19日，曼谷

14.8%——比2010年的9.3%有所提高。在100 NZSX的公司中，有55家公司仅有一名女性董事，2010年为43家。[113]

在**巴基斯坦**，根据2010年对KSE100指数中的303家公司所做的调查和对卡拉奇证交所上市的业务活跃的贸易公司进行的抽样研究显示，在所调查的公司中，有31%的公司在董事会中有女性成员，其中有72%为家族企业。在KSE100指数的公司中，78%的公司没有女性董事会成员。调查是由巴基斯坦特许注册会计师协会（ACCA）进行的。[114]

在**新加坡**，2012年《新加坡董事会多样性报告：女性因素》发现，在新加坡证交所（SGX）上市公司的董事会中，女性所占的比例从2010年的6.9%增加到2011年的7.3%。其中家族企业、房地产投资信托公司（REITs）以及与Temasek相关的（属于新加坡政府的投资公司）公司在性别多样性方面表现最好。但是调查显示，新加坡在该方面的表现低于中国香港和马来西亚等，而且也低于在女性代表人数方面快速增加的其他发达经济体。就行业而言，建筑业中女性董事的比例最高，达到10%。比2010年的7.5%有所提高。2010年女性董事比例最高的行业为房地产和运输、仓储和交通（TSC）领域。报告还发现，女性在董事会领导职位中的比例仍旧很低。2011年，主席职位中女性的比例仅为3.5%。[115]

董事会中的女性——欧洲

就欧洲而言，表5.2提供了有关34个国家的最新数据。虽然女性在董事会中的平均比例为17%，但是各国之间差异很大。其中马耳他仅为5%，而冰岛则高达49%。

董事会中的女性——中东及北非地区

2008年由TNI市场洞察所进行的海湾合作委员会（GCC）国家董事会调查显示，在海湾合作委员会国家中的4244名董事会成员中，女性比例为1.5%。其中沙特阿拉伯的比例为0.1%，科威特为2.7%。[116]

在**埃及**，2011年，女性在公司董事会中的比例为6.7%，比2010年的7.6%有所下降[117]。在排名最高的30家上市公司中（EGX 30），2010年有7.5%的董事会成员为女性，但2011年却降至6%。EGX 30公司中，有40%的公司至少有一名女性董事会成员。[118]

在**约旦**，2010的研究发现，在前50家上市公司中，有14%的公司有女性董事会成员。这些公司主要集中在银行和服务业。[119]

在**突尼斯**，2010年的调查发现，在所调查的30家公司中，有37%的公司有女性董事会成员，女性董事会成员的总比例为5.3%。[120]

5.5 孤单的女性董事会成员

在监测女性在董事会中的存在率时，需对各种指标进行检查。比如成员均为男性的董事会比例，只有一名女性的董事会比例以及有20%、30%或40%的女性的董事会比例等。最后一项指标非常重要，因为它被认为是女性的声音可以被听到的“临界值”[121]。但是这并不意味着女性是同质群体——在女性中也存在“多样化思维”，

---

113 人权委员会，《新西兰女性参与度调查》，2012，由25 Percent Group在网站中引用，www.25percentgroup.co.nz

114 国际私人企业中心（CIPE），http://www.cipe.org/blog/2010/07/01/gender-diversity-of-corporate-boardsin-pakistan/#.UUy1VHDA7ao

115 Marleen Dieleman博士和Maythil Aishwarya，《2012新加坡董事会多样性报告：女性因素》，2012年10月

116 国家投资人（TNI）及Hawkamad公司治理研究所和Mudara主管研究所，《权力问题：海湾合作委员会国家董事会调查》，2008年5月13日，市场洞察力公司，阿拉伯联合酋长国，阿布扎比

117 GMI评级，《2012董事会中的女性调查》

118 Mustansir Barma，《女性工作》，埃及美洲商会，商业月刊杂志，2012年11月11日

119 国际企业女性领导者机构（2010），《加速董事会多样化》，见Paul Hastings报道，《打破玻璃屋顶：董事会中的女性》，2012

120 同上

121 见Alison M. Konrad，Vicki Kramer和Sumru Erkut，《公司董事会临界值：为何三名或更多女性能够加强治理》，2006，www.wcwonline.org/2006/

表 5.2　欧洲选定国家最大型上市公司中男性和女性董事会成员所占百分比（2013）

国家	公司数量女性	董事会成员%	国家	公司数量女性	董事会成员%
欧盟 27 国	587	17	荷兰	20	24
比利时	19	14	奥地利	20	12
保加利亚	15	15	葡萄牙	19	10
捷克	12	18	罗马尼亚	18	7
丹麦	18	21	斯洛文尼亚	10	9
德国	30	20	斯洛伐克	19	20
爱沙尼亚	14	8	芬兰	10	10
爱尔兰	19	11	瑞典	23	29
希腊	18	7	英国	26	26
西班牙	34	14	克罗地亚	47	18
法国	36	27	马其顿	23	13
意大利	38	13	土耳其	10	20
塞浦路斯	20	9	塞尔维亚	50	9
拉脱维亚	31	29	冰岛	12	19
立陶宛	25	16	挪威	9	49
卢森堡	10	10	所有国家	19	42
匈牙利	11	12		705	17
马耳他	20	5			

资料来源：欧盟委员会决策层中的女性数据库，2013 年

男性群体亦是如此。这完全取决于每个人不同的背景。但是，考虑到女性在权力大厅所面临的历史挑战，她们在董事会中的充足人数对于产生不同的公司决定和业绩具有决定性的作用。

但是，并非需要所有董事会成员都具有这种看法。Heidrick & Struggles 和女性企业领导者（WCD）基金联合哈佛商学院的 Boris Groysberg 教授[122]在 2010 年对 398 位男性及女性企业领导者进行了调查。他们的调查发现了性别分析：“相比其男性，更多的女性领导者认为，董事会中有三名或更多的女性会令其更有效率（51% 对 12%）。而且女性也能为董事会带来独特的气质（90% 对 56%）。

尽管如此，很多政府、社会团体和商业组织仍在呼吁女性在董事会中的比例应该达到 25%、30% 或 40%。

“首先，女性更容易沟通。她们对于所处的社会团体和商业环境中的问题也更加开放。其中一部分原因是天性使然。鉴于此，总的来说男性和女性更加平衡的参与会给企业带来益处。”

Mihail Yanov

总部位于索菲亚的市场合作公司所有人（支持增加女性在董事会中的人数）

122　哈佛商学院工商管理博士 Boris Groysberg，Thomas S Murphy 副教授及哈佛商学院副研究员 Deborah Bell，《2010 年董事会调查》，Heidrick & Struggles 和女性企业领导者基金赞助，www. heidrick. com/publicationsreports/publicationsreports/hs _ bod_ survey2010. pdf

5.6 董事会主席

我们不仅密切关注女性进入董事会的情况，而且也在关注她们成为董事会领导的可能性。女性成为公司董事会主席的比例明显下降。各方面的数据都显示，达到顶层工作岗位的女性非常罕见，女性董事会领导的比例基本在 0 到百分之几。只有在挪威该比例显著高于其他国家，达到了 13.3%。随后是土耳其，为 11.1%。在 2013GMI 评级调查的 44 个国家中（见下列图 5.4、5.5、5.6 和 5.7），有 19 个国家没有任何一家公司有女性董事会主席。从 2009 年到 2013 年，很多国家女性董事会主席的比例有所上升，但其他国家也有所下降。

图 5.4 美洲女性董事会主席情况（2009－2013）

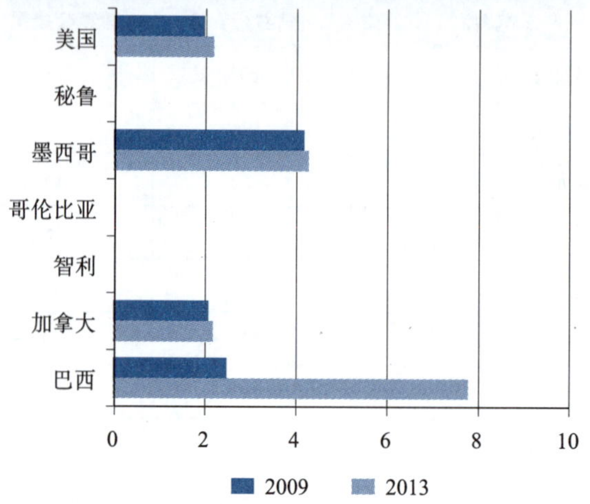

资料来源：GMI 评级，2013

图 5.5 亚太地区女性董事会主席情况（2009－2013）

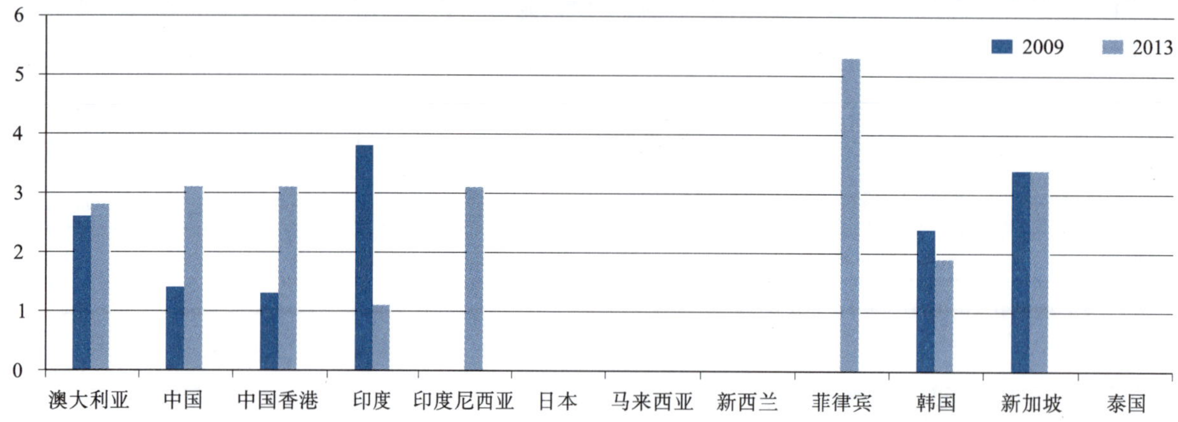

资料来源：GMI 评级，2013

图 5.6 欧洲女性董事会主席情况（2009－2013）

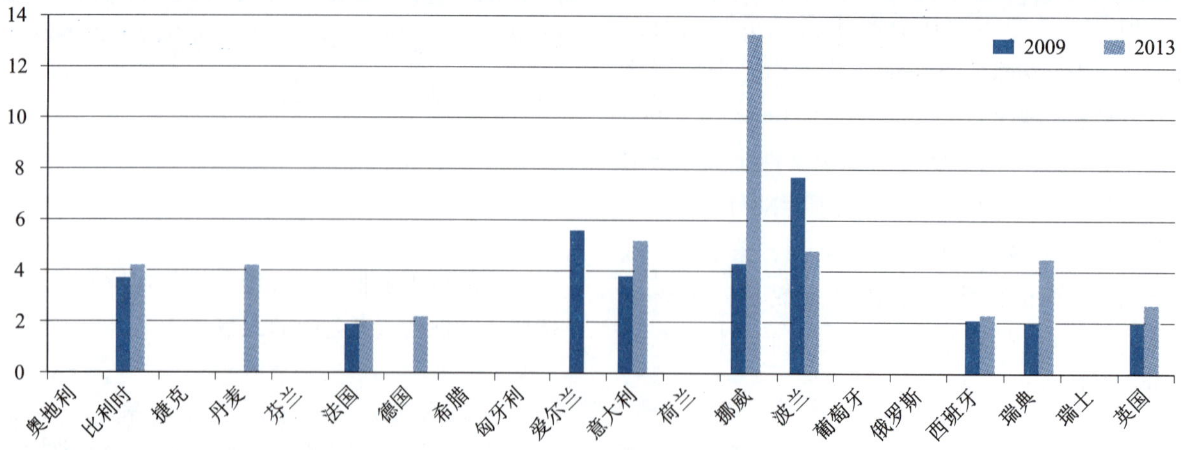

资料来源：GMI 评级，2013

表 5.3 所调查公司中男性和女性董事会主席的人数

	拉美及加勒比地区	亚太地区	非洲	中东欧	中东及北非	总计	占总数的%
男性	25	176	20	60	110	391	87%
女性	9	26	3	14	8	60	13%
回复总数	34	202	23	74	118	451	

资料来源：ILO 公司调查，2013

图 5.7 非洲和中东地区女性董事会主席情况（2009－2013）

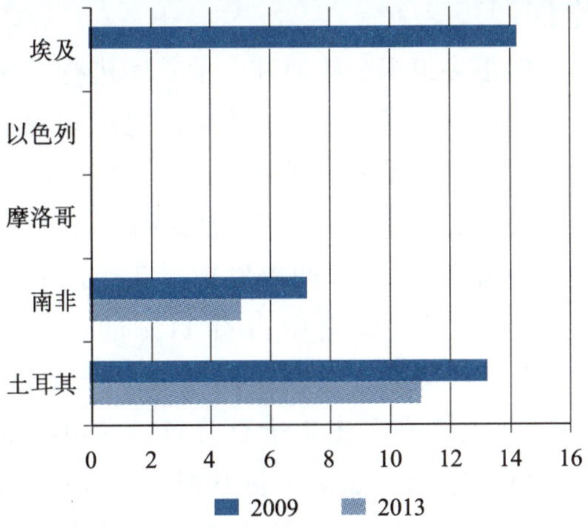

资料来源：GMI 评级，2013

欧盟委员会关于决策层职位性别平等的数据库显示，欧盟 27 国组织中，2013 年 7 月，在 587 家上市公司中女性董事会主席的平均比例为 4%。在欧洲 34 个国家的 716 家上市公司中，平均比例为 5%。[123]

ILO 公司的调查（2013）也涵盖了发展中地区。在这些地区，有 598 家公司表明他们有董事会主席。在其中 451 家设立董事会主席的公司中，有 391 个，即 87% 的董事会由男性担任主席（见图 5.3）。

5.7 董事会和决策委员会中的女性

对于女性来说，在董事会和其他决策委员会中任职被视作是登上董事会主席职位的重要途径。

Catalyst 统计的美国数据显示，2011 年，在财富 500 强公司的董事会主席中，只有 3.3% 为女性。高于女性在各种董事会委员会中担任主席的比例，该比例也在逐渐增加。在董事会提名和治理委员会中，女性主席的比例从 2005 年的 14.2% 提高到 2011 年的 19.2%。[124]

GMI 评级[125] 2012 年调查显示，在南非，女性在董事会提名和治理委员会担任主席的比例为 8.7%、法国为 7.9%、墨西哥为 5.3%、巴西为 3.8%、澳大利亚和挪威为 3.6%、中国为 2.8%、印度为 1.6%、德国为 1.2%、在日本为 0。在埃及，2011 年，女性成员在审计委员会中的比例为 6.3%；在治理和提名委员会中的比例为 12.5%；在薪酬委员会中的比例为 7.7%。

ILO 公司调查（2013）中有关发展中地区的数据显示，在 377 家受访的公司中，有 45% 的公司表明各种董事会和决策委员会中均有女性参加；而 22% 的公司的董事会和决策委员会中则完全没有女性。受访公司表明的各种组织类型包括管理委员会以及负责财务和审计、风险、采购、薪酬、人力资源和招聘、信息通信技术（ICT）、安全和健康、社会福利、研发、产业关系、道德和企业社会责任、教育和培训以及质量管理等的委员会。女性在这些委员会中所占的比例通常为 20%－70%。在某些情况下，甚至达到了 100%。在负责人力资源、企业社会责任、社会福利、安全和健康以及审计的委员会中，女性参与比例较高。

123 网站：www. ec. europa. eu/justice/gender－equality/gender－decision－making/database/business－finance/supervisory－board－board－directors/index_ en. htm

124 Catalyst 知识中心网站：www. catalyst. org/knowledge/women－boards

125 GMI 评级 2012 调查：董事会中的女性

5.8 增加董事会中女性人数的措施

虽然在很多国家，当今的女性甚至比男性更具有资格，但是他们进入最高管理层和董事会的速度却极其缓慢。当人们认为女性“追赶上”男性和扩大女性候选人之间的时间间隔具有合理性的时候，很多政府最近已经在采取措施增加女性在董事会中的比例。挪威是一个出台强制性配额的国家。该国在 2003 年通过立法时，董事会成员中仅有 6.8% 的女性。但是到了 2012 年，该比例已经超过 40%。其他国家也效仿挪威出台了相应规定——西班牙在 2007 年通过立法；冰岛和法国为 2010 年；荷兰、意大利、比利时和马来西亚为 2011 年。巴西也为国有企业规定了 40% 的目标。包括澳大利亚、英国、瑞典等其他国家的政府也表明，如果公司不能自发任命更多的女性董事会成员，也将规定相应的配额。

鉴于希望各公司自觉增加女性在董事会中人数的号召没有取得令人满意的结果，欧盟目前也在考虑推出适用于所有国家的配额规定。2012 年 11 月，欧盟委员会提出立法，用以改善证交所上市公司中非执行董事中的性别平等情况，并提出了相关措施。如果该立法得以通过，将适用于 5000 家上市公司，但不包括中小型企业。欧洲议会和大多数成员国在现阶段尚未通过该提议，而且有相当多的人反对在整个欧洲实行统一配额和目标。有关法令措辞的讨论在 2014 年仍在进行中，看起来强制性配额很难被通过。但是，将有很大可能在 2020 年要求上市公司制定董事会中男性和女性的人数目标，并定期汇报进展或人数不足的情况。

就私有部门公司董事会立法规定配额的问题具有很大的争议性。很多商业集团都反对采取此类措施。他们认为，如果任命“象征性的女性”或家庭成员，将是任人唯贤这一方式的倒退。他们还认为，可以通过提高对董事会性别多样化的商业案例的认识以及自觉采取的措施来改善女性在董事会中的参与程度。很多女性本身也反对配额措施，她们希望通过自己的努力进入更高的责任层和成为董事会成员，而不是被视作仅仅是为了填补配额空缺而得到任命的。

男性和女性董事会成员之间对配额的看法也大相径庭。对 26 个国家的 721 名董事会成员所进行的调查[126]发现，“大多数（59%）女性董事会成员个人并不支持配额措施，而大多数（53%）认为这些措施看来确实有效”，而只有 18% 的男性董事“同意配额措施对提高董事会多样性有帮助”。该调查还发现，大多数女性董事会成员（70%）认为董事会中任命更多的女性有助于提高业绩，而大多数男性董事会成员（70%）对此却并不同意。

虽然很多组织、政府和商业集团进行了大量的努力，但在自愿采取措施方面的进展却微乎其微。也有人提出了究竟是否需要立法的问题。各种研究表明，已经采取立法的欧洲国家进展显著。2013 年 GMI 评级调查发现，女性在全球规模最大的公司董事会中占有 11% 的席位。比 2011 年 12 月以来，仅仅提高了 0.5 个百分点；比 2009 年仅提高了 1.7 个百分点。其中大部分改变来自于欧洲。如果不将欧洲计算在内的话，自从 2009 年以来，女性在董事会中的比例仅仅提高了 1 个百分点。2009 年后新任命的女性董事，有一半在欧洲的董事会中。

尽管如此，很多国家立法规定配额这一事实已经引起了更广泛的争论，并聚焦于如何选拔董事会成员以及董事会如何运作的问题上。通常都会关注企业治理这一问题以及企业形象和社会责任，性别多样化和其他多样化问题——如种族、人中或年龄——一起成为该讨论的一部分。比如，董事会选拔标准和任职期限等包含在很多国家采用的公司治理准则中。而且，目前也有任命具有多种背景的独立非执行董事会成员的趋势。

香港证券交易和结算有限公司（HKEx - stock exchange）编写的咨询报告[127]中，着重提到董事会多样化带来的诸多益处。其中一点就是可

---

126 哈佛商学院工商管理博士 Boris Groysberg 及哈佛商学院 Deborah Bell 副研究员，《2010 年董事会调查》，Heidrick & Struggles 和女性企业领导者基金赞助，www.heidrick.com/publicationsreports/publicationsreports/2011BoardofDirectorsSurvey.pdf

127 香港证券交易和结算有限公司，咨询文件：懂事多样性，2012 年 9 月 http://www.hkex.com.hk/eng/newsconsul/mktconsul/Documents/cp201209.pdf

以克服“群体思维”，即董事会成员出现同质化，导致创新不足以及缺乏对消费者和股东利益的认识。该报告也关注了更加多样化可能产生的弊端，如“增加冲突，减少群体凝聚力以及限制下属组织的交流”等。报告还指出，“少数合格的候选人非常紧缺，因此少数董事可能在多个董事会兼职，这会影响他们的工作效率。”这一点也反映了很多研究所发现的问题，即在很多国家，相比男性，有更多的女性在多个董事会担任多个董事职位，这在挪威被称为“金裙子”[128]。不过，HKEx 报告总结认为，总的来说，有完全正当的理由来促进董事会多样化。

公司治理准则因此也开始规定对性别多样化政策予以说明，定期报告所达成的目标或指标，并且在没有取得进展的情况下对“为什么没有做到”进行解释。在澳大利亚、中国香港、马来西亚以及英国等国家和地区的主要证券公司已经采取了这一方法。

在**澳大利亚**，澳大利亚证交所（ASX）在其 2010 年公司治理原则和建议中包括了以下内容：

各种研究报告表明，在澳大利亚，越来越多的 ASX 公司正在执行这些建议，女性在 ASX200 中公司董事会的比例从 2010 年的 8.7% 增至 2012 年的 13.0%。[129]

在**法国**，公司治理准则规定董事会的组成必须包括女性和男性，同时要求董事会公布相关政策并汇报所采取的行动和取得的结果。法规还明确规定从 2010 年起，应在三年内实现女性在董事会中占 20% 这一目标，在六年内达到 40%[130]。

在**德国**，公司治理准则要求人员组成必须尊重多样化，并应该“特别注意给予女性适当的考虑。”法规还要求必须制定明确的目标，包括“规定适当的女性比例”。[131]

香港交易和结算公司（HKEx）在其公司治理准则中规定，到 2013 年 9 月 1 日应按规定实现董事会更加多样化。要求公司要在性别、年龄和知识背景方面实现董事会多样化，如果达不到要求，必须予以解释。HKEx 经营当地股票和期货市场。其 13 名董事均为男性，六名由股东选举，其余由政府任命。[132]

在**马来西亚**，政府在 2011 年引入了董事会中女性配额的规定。此外，2012 年马来西亚证券委员会公司治理准则要求公司董事会必须制定政策，正式规定实现董事会多样化的措施。董事会应通过提名委员会以采取措施，确保女性候选人能够参与到招聘工作中。董事会也应该在年报中明确披露其性别多样化政策和目标，以及为了实现这些目标所采取的措施。[133]

建议	如果未能达成，组织必须进行报告
3.2	建立多样化政策。 公布多样化政策或政策摘要。 在多样化政策中纳入规定，要求董事会确定每年可量化的测评目标并积极予以实现。
3.3	在年报中披露有关为了实现性别多样化所确定的可量化目标以及实现情况。
3.4	在年报中披露组织中女性雇员、女性高级主管以及董事会中女性的比例。
3.5	在年报的公司治理声明中对所有的建议背离进行解释。 多样化政策应该予以公布，最好能在组织网站上发布多样化政策，或政策纲要。

资料来源，KPMG，ASX 公司治理原则和多样化建议。2011 年 12 月 31 日至 2012 年 12 月 31 日财年披露信息分析

128 见网页：www. bi. edu/bizreview/articles/golden – skirts – fill – the – board – rooms
129 董事会中的女性：http：//womenonboards. org. au/pubx/bdi/2012/index. htm
130 AFEF 及 MEDEF，上市公司治理制度，2013 年 6 月修订
131 Paul Hastings，《打破玻璃屋顶：董事会中的女性》，2012 年
132 《南华早报》，HKE 向女性董事打开大门，2013 年 3 月 12 日
133 马来西亚证券委员会，公司治理准则，2012 年，http：//sc. com. my/eng/html/cg/cg2012. pdf

马来西亚内阁在2011年通过立法规定，在私人部门法人公司必须达到其决策位置上至少有30%的女性这一要求。各公司有五年时间用以实现这一要求。该立法是对2004年推出的相似政策的延伸。针对公务员提出的该政策，促使在政府部门中工作的女性比例从2004年的18.8%增加到2010年的32.2%[134]。马来西亚证券委员会还提出，包括女性和男性董事的登记册还应该提供公司可能会寻找的潜在候选人名单。[135]

在**摩洛哥**，《公司治理良好实践准则》（2008年3月）规定，除了其他素质外，管理董事会成员在以下方面应该具有多样性——培训经历、专业经验、**性别平衡**、年龄以及民族。尽管如此，摩洛哥女性在董事会的实际比例仍为零。[136]

在**尼日利亚**，根据尼日利亚中央银行（CBN）的统计，女性在商业银行董事会中占有15%的席位。中央银行通过银行家委员会制定了强制性要求，并出台来了一项为期三年的计划来帮助金融体系的女银行家们。委员会制定了从2012年到2014年实现银行中有40%的顶级管理职位由女性担任的目标。在该时期内，还将为女性保留30%的董事会职位。中央银行还鼓励公司监测并汇报董事会中女性的人数，并在其年报中纳入有关他们如何执行政策指标的情况。[137]

在**巴基斯坦**，《巴基斯坦公司治理准则》通过推荐代表少数人利益、贷款方以及集体投资者的，间接促进了公司董事会的性别多样性。[138]

在**南部非洲发展共同体**（SADC），2008年通过的《性别发展议定书》对共同体中的15个国家的私人部门产生了潜在影响。该议定书要求采取确实的行动措施以消除阻碍女性全面参与所有生活领域的障碍，并为此创造有利的环境。到2013年初期，三分之二的成员国已经批准了该议定书并开始执行。议定书制定的性别平等目标包括，到2015年，在公共和私人部门的政治和决策层实现女性和男性各占50%的目标。[139]

在**土耳其**，资本市场董事会在2012年颁布规定，要求上市公司中至少有一名女性董事会成员。[140]

阿拉伯联合酋长国内阁在2012年12月9日强制规定公司和政府机构应在董事会中吸收女性成员。该规定是在迪拜妇女协会（DWE）的建议下颁布的。该协会在2012年11月召开会议，讨论应如何增加女性在董事会中的比例。[141]

5.9 促进女性在公司董事会中的发展所采取的行动

各国际和国家团体都采取了行动以提高董事会中女性的人数。这也是“多样化思考”的一部分，并作为改善公司治理和绩效的关键因素受到越来越多的重视。

国际公司治理网络（ICGN）成员在2013年6月通过了新的董事会性别多样化指导原则[142]。ICGN是一家全球性的会员制组织。其成员为来自50个国家的600名公司治理方面的领导人，该组织的目的在于提高全球的公司治理水平。其成员大部分为机构投资人，所管理的共同资金约18万亿美元。

在德勤全球公司治理中心出版的第三版《董事会中的女性：全球视角》中，着重介绍了25个国家和六个地区旨在为了获得更多样化和包容

---

134 德勤，董事会中的女性，全球视角

135 马来西亚《星报》网络版，《为董事会培养更多的女性》，2011年11月9日

136 Paul Hastings，《打破玻璃屋顶：董事会中的女性》，第二版，2012年

137 尼日利亚，“泛非”网站今日栏目，《银行中女性代表仍很稀少》，2012年8月18日

138 国际私人企业中心（CIPE），http://www.cipe.org/blog/2010/07/01/gender-diversity-of-corporate-boardsin-pakistan/#.UUy1VHDA7ao

139 www.sadc.int/files/8713/5292/8364/Protocol_on_Gender_and_Development_2008.pdf

140 欧盟委员会关于土耳其进入欧盟的进展报告，2012年11月10日，http://ec.europa.eu/enlargement/pdf/key_documents/2012/package/tr_rapport_2012_en.pdf

141 Lianne Gutcher，《阿拉伯联合酋长国董事会中的女性，内阁规定》，《国家》，阿拉伯联合酋长国，2012年12月10日，www.thenational.ae/business/industry-insights/economics/women-on-every-uae-board-rules-cabinet#ixzz2Zgzq8uql

142 见网站：www.icgn.org

性的董事会而采取的平衡行动。[143]

"全球董事会预备女性"是由欧洲商业学院——董事会中的女性特别工作组发起的行动。现在已经扩大成为一项全球性的运动，包括来自全世界领先的商业学院和专业组织。该行动为猎头公司、公司和投资人提供了包括8000名合格女性在内的名单。女性成员可以将她们的资料放入搜索数据库，有意向的聘用者会直接与她们联系。《金融时报》非执行董事局俱乐部负责在全球商业平台——"领英"上管理"全球董事会预备女性"搜索数据库名单。名单中的所由女性都适合上市公司中董事会层面的职位，而且符合由欧洲商业学院/董事会中的女性行动的成员开发并确定的一系列标准。[144]

欧洲女性游说团（EWL）自称是欧盟女性协会最大的保护伞组织。其目的在于促进女性的权利和性别平等。该组织的成员包括欧洲所有成员国和候选国的2000多家组织，以及全欧洲性的组织。EWL倡议应该通过强制立法规定，到2020年女性在董事会中的比例须达到50%，并呼吁采取措施提高女性董事会主席和CEO的人数。该组织还呼吁限制个人兼任董事会职位的数量。同时也建议达到董事会性别平等的公司应该在公共采购中得到优惠。[145]

在**澳大利亚**，"董事会中的女性"（WOB）作为非正式的网络开始于2001年，并在2006年成立公司，以改善澳大利亚董事会中的性别平等情况。该组织的资金来源是收取订阅费以及向寻求提高性别多样化的组织提供服务。WOB与公司、政府和非营利部门合作举办活动，开展项目，并为女性创造机会，同时为她们扮演的职业和董事角色提供帮助。来自所有部门和行业的1.6万名女性注册加入了WOB，已经有1000名女性在该组织的帮助下获得了董事会职位。WOB还为寻求领导和董事职位的女性提供计划和途径，包括分析服务、获得董事会空缺、建立人际关系，与公司董事会和董事接洽，以及为ASX上市公司和其他公司提供猎头服务，多样化咨询、指导和辅导、改善个人简历、展示能力和声音，进行个人品牌推广，以及游说和来宾发言等。[146]

在**加拿大**，"董事会中的女性"[147]有助于女性被任命为加拿大公司的董事会成员。该组织利用网络，将公司与富有经验和能力的女性联系在一起，促进她们进入董事会，培养了更多有经验的潜在女性董事。该组织的导师项目和知识发展计划旨在建立潜在女性董事会成员人才库，帮助项目学员进入公司董事会，强化主要公司在董事会中任命更多的女性的承诺。2003年7月，为了扩大应对挑战，为促进董事会中的性别多样性提供解决方案的服务与研究，Catalyst公司并购了该组织。

在**新西兰**，"百分之二十五团体"汇集了来自私人以及上市公司和跨国公司的董事会主席和CEO们，致力于在高级管理层和董事会中实现思想多样化。该团体相信"思想多样化对于企业的成功和国家利益都至关重要，而自我调整也优于政府干预。"该团体强调，将"坚持采取行动以大幅提高新西兰高级管理层和董事会中女性的数量，以此作为实现思想更加多样化的第一步。"该组织设定了一个自发性的目标，即到2015年，新西兰董事会中女性的比例至少应该达到25%。[148]

在**新加坡**，BoardAgender是作为新加坡女性组织委员会（SCWO）的"女性登记"项目的分支机构在近几年发展起来的。该组织通过论坛来提高大家对性别平衡的企业所带来的好处的认识和理解，并帮助更多女性进入高级领导层和董事会。同时确定董事会预备女性领导，并为女性专业人员提供交流机会，帮助她们互相了解、学习

---

143 见网站：www.corpgov.deloitte.com/binary/com.epicentric.contentmanagement.servlet.ContentDeliveryServlet/Global/Documents/Women% 20in% 20the% 20boardroom% 20March% 202013%20（7）.pdf

144 EUROPA媒体发布，《打破神话和玻璃屋顶："全球董事会预备女性"数据库发布》，IP/12/1385，斯特拉斯堡，2012年12月12日，http：//europa.eu/rapid/press-release_ IP-12-1358_ en.htm

145 欧洲女性集团（EWL），"欧洲董事会中的女性：从蜗牛爬到巨大飞跃？" Women on boards in Europe：From a snail's pace to a giant leap? EWL进展、差距和良好实践报告，2012年2月，www.womenlobby.org

146 http：//www.womenonboards.org.au

147 网站：www.womenonboard.ca

148 百分之二十五团体，网站：www.25percentgroup.co.nz

和支持彼此。[149]

在**英国**，“百分之三十俱乐部”[150] 最初是由一些公司的董事会主席组成的，目前成员约为65人。该公司旨在帮助女性进入英国公司的董事会，而其理想的目标是达到30%的比例。该组织希望能够鼓励公司领导任命更多的女性成为执行和非执行董事，改善董事会之下的渠道，扩大可供企业选择的人才库，并对在上届取得成功的女性提供支持。英国百分之三十俱乐部还帮助其他国家建立了类似的俱乐部。这也是促进积极协作的发展方式，反对立法配额或“无所作为”的措施之一。2012年六月，新西兰成立了“百分之二十五俱乐部”；2013年3月香港成立了“百分之三十俱乐部”；2014年4月，美国成立了“百分之三十俱乐部”并在2014年9月在南非成立了“百分之三十俱乐部”[151]。加拿大、澳大利亚和意大利也表示了对此类俱乐部的兴趣，并将于2015年推出类似的组织。

另外，在英国，还有50多家公司在2013年4月签署了“猎头公司自愿行为准则”。该准则确定了有关性别平等最佳实践的九条原则，包括“继任计划”和编写性别中立的工作说明，以及支持候选人和就职程序等。希望聘用公司可以监测自身的发展，并在网站上或公司其他市场资料上公布承诺遵守该法案。[152]

在**美国**，很多组织开展活动并倡导任命更多的女性进入董事会。自1995年后，“Catalyst调查：财富500强中的女性董事”年度报告追踪了女性在美国规模最大的公司管理层中的人数情况，以衡量女性进入领导层的发展并突出展示了性别多样化差距。为了解决女性董事发展的停滞状况，Catalyst还建立了“公司董事资源”，为各大公司提供了由CEO背书的女性董事会后备人选名录。研究支持中心还与Ernest & Young，彭博，BMO金融公司、雪佛兰、瑞士信贷、戴尔、德勤、Desjardins集团、德意志银行、通用、惠普、IBM、KeyBank、麦当劳、索迪斯集团以及UPS等公司开展了合作。[153]

美国“2020董事会中的女性”[154] 旨在提高人们的意识，并开展全国性运动以求到2020年将女性在董事会中的比例提高到20%。该组织的指导原则是，“思想多样化”对良好的公司治理至关重要。而且公司董事会应该能反映出股东的组成：他们的客户、雇员和股东。“组织间网络”（ION）涵盖了美国的16个地区。该组织倡导公司董事中性别多样化的价值。该组织还建立了董事会候选人网络，以将人才与适当的董事会席位相匹配，并发布年报公布“财富500强”以外，甚至是“财富1000强”的上市公司中女性董事和执行官的情况。[155]“百分之三十联盟”[156] 旨在鼓励公司确保到2015年，其董事会中有30%的女性。

“董事会中的性别多样化已经越来越多地被用来当作良好公司治理的一项指标。如果董事会成员能够积极面对多样化，避免掉入群体思维的陷阱，他们就可以更好地共同支持公司的发展，同时确保获得公平的机会。“

Dr. Marleen Dieleman

新加坡国立大学商业学院治理、制度和组织中心副主任

引自印度尼西亚董事会多样性报告，2013年1月

仅在10年时间里，很多国家就大幅提高了女性董事会成员的比例，而当初这些国家的比例也和那些今天仍然达不到5%的国家情况相似。这说明，跨越式的进步是可以达到的。考虑到当

149 BoardAgender，网站：www. boardagender. org
150 网站：www. 30percentclub. rog. uk
151 南非百分之三十俱乐部，www. 30percentclub. org. za
152 英国商业创新技术政府部门网站：www. gov. uk/government/organisations/department - for - business - innovation - skills
153 网站：www. catalyst. org/knowledge/2012 - catalyst - censusfortune - 500 - women - board - directors
154 2020董事会中的女性，网站：www. 2020wob. com
155 网站：www. ionwomen. org/ion
156 网站：www. 30percentcoalition. org

今全球和地区间的网络以及对商界和管理界先进女性信息的分享程度，必定可以取得更快的进步。现在很多国家已经规定了女性参与政治组织的配额。另外，很多组织和机构也在努力促进女性在商界和管理界中的发展，包括在公司董事会的发展。下图5.8说明了部分国家的上市公司在短短几年内取得的进步。[157]

图5.8 女性董事会席位增加的百分比

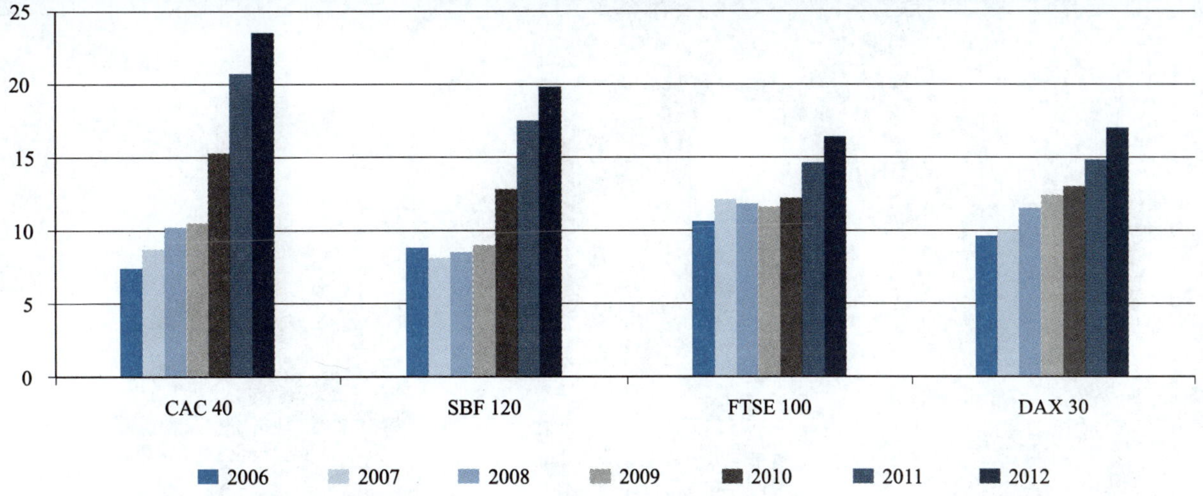

资料来源：EDHEC 商学院，法国尼斯，2013

CAC40 和 SBF120—法国。FESE100—英国。DAX30—德国

157 Stéphane Gregoir，Tristan - Pierre Maury，Frédéric Palomino，EDHEC 商学院，《法国大型企业董事会中的女性化》2013 年 7 月，www. edhec. com/economie

6. 商界中的女性

在全球范围内，女性以企业家、企业主以及管理者的身份不断增加她们所参与的经济活动。今天，女性拥有和管理的企业已经超过了总数的30%。其中既包括自营型（或自雇型）、也包括微小企业和中型企业，乃至大型公司。ILO数据表明，她们在中东及北非地区（MENA）以外的所有地区，已经占据了所有雇主的23% -26%。在中东及北非地区的比例为5%左右。在非洲和中东及北非以外的地区，女性占所有自营劳动者的比例为30% -35%。在非洲地区，该比例为45%左右。而在中东及北非各国，该比例则为2% -11%不等。

在这些全球平均数据背后，同一地区各国之间以及不同地区之间都存在着巨大的差异。在有些国家，只有很小比例的女性正在从事商业活动。而在其他一些国家，女性几乎负责运行着近一半的企业。

确定女性在商界发展的趋势方面所面临的主要挑战来自于缺乏长期广泛的数据。在以连续可比的方式收集、编辑和分析已有数据时所面临的挑战则是术语问题。这涉及对正式和/或非止式经济的覆盖、企业规模以及与男性拥有的企业所在部门进行比较的女性拥有的企业所在的部门等标准问题。ILO在劳动力调查及人口普查的基础上建立了一套有关124个国家的数据。这些调查提供了有关包括正式和非正式经济中不同性别的雇佣情况。因此，可以确定女性作为自雇或自营型工作者以及作为雇主的某些趋势（见下文）。世界银行在大约135个国家开展了企业调查，调查内容包括企业所有人中是否至少包括一名女性（见下文）。世界银行所进行的该项企业调查涵盖了中小型及大型企业。此外，各国所进行的调查也提供了宝贵的数据和我们了解商界女性发展趋势的窗口。但是这些调查内容通常无法用于不同国家之间的比较。

其他一些组织，如经济学人情报部、全球创业监测项目以及国际私人企业中心等，也建立了有关商界中的女性以及她们所面临的问题的相关指标并开展了相应的调查和分析。

ILO的“女性企业家发展项目”（WED）注意到，虽然女性经营的企业已经占到全球正式经济中所有企业的四分之一至三分之一，但是其中绝大部分都是超小型或微型企业，发展潜力很小。女性企业家在所有规模的企业中所占的比例也很少。企业规模越大，其由女性领导的可能性就越小。很多国家女性参与商业的机会与大部分企业为家族企业这一事实有很大关系。

如上所述，ILO按雇主和自雇型工作者的性别收集了相应的数据。因此该报告可以根据现有148个国家的数据确定一些可能的趋势。总体而言，在所有地区，女性作为自营和自雇型工作者的比例要高于作为雇主的比例，这也反映出大部分女性都集中在小微型企业中。

值得注意的是，在管理层曾尤其是高级管理层女性比例较低的国家，通常女性雇主的比例则较高。比如，2011年，日本所有管理者中只有11.1%为女性，但是女性却占所有雇主的16%，占自营工作者的16%。同样，在韩国，2012年，女性只占全部管理者人数的11%，为世界最低。但是该国雇主中女性的比例为22%，自营工作者中女性比例为30%。经济学人情报部[158]也有报告表明，2012年，日本和韩国在女性融资渠道指数方面得分较高：在0－100的得分中，日本为85.7分（在全球仅次于德国和比利时，位居第三），韩国为71.5分（在113个国家的全球指数中，排名19）。这表明，在这些国家，相比于在企业内部，女性作为创业者可以获得更多的发展机会。

6.1 女性雇主

ILO数据表明，根据最近几年（主要是2010/12年）可以获得的统计数据，128个国家中超过一半的国家（68个）女性雇主的比例在20%－29%之间（见表6.1）。有31个国家的女性雇主比例超过了30%，在某些情况下，其比例甚至接近男性所占的比例（见图6.1）。有24个国家，女性占全部雇主的比例为12%或更低（见图6.2）。

最近几年的数据表明，在**非洲**地区，女性雇主的比例在利比里亚高达46%；其次是博茨瓦纳和纳米比亚，为36%；随后是卢旺达，为34%；最低的是毛里求斯（12%）和埃塞俄比亚（14%）。在18个有相关数据的非洲国家中，女性雇主的平均比例为23%（详见统计数据附件中的各国数据）。

在**美洲**，女性雇主的比例最高的是百慕大，为43%；其次是美国（37%）；随后是危地马拉（35%）；最低的为委内瑞拉（17%）和巴巴多斯（19%）。在28个有相关数据的美洲国家中，女性雇主的平均比例为26%（详见统计数据附件中的各国数据）。

在**亚太**地区，女性雇主比例最高的国家是不丹和柬埔寨，为50%；其次是蒙古（38%）和澳大利亚（33）；最低的是巴基斯坦，仅为0.4%；伊朗则为4%。在24个有相关数据的亚太国家中，女性雇主的平均比例为24%（详见统计数据附件中的各国数据）。

图6.1 女性雇主比例达到或超过30%的国家（截至2012年）

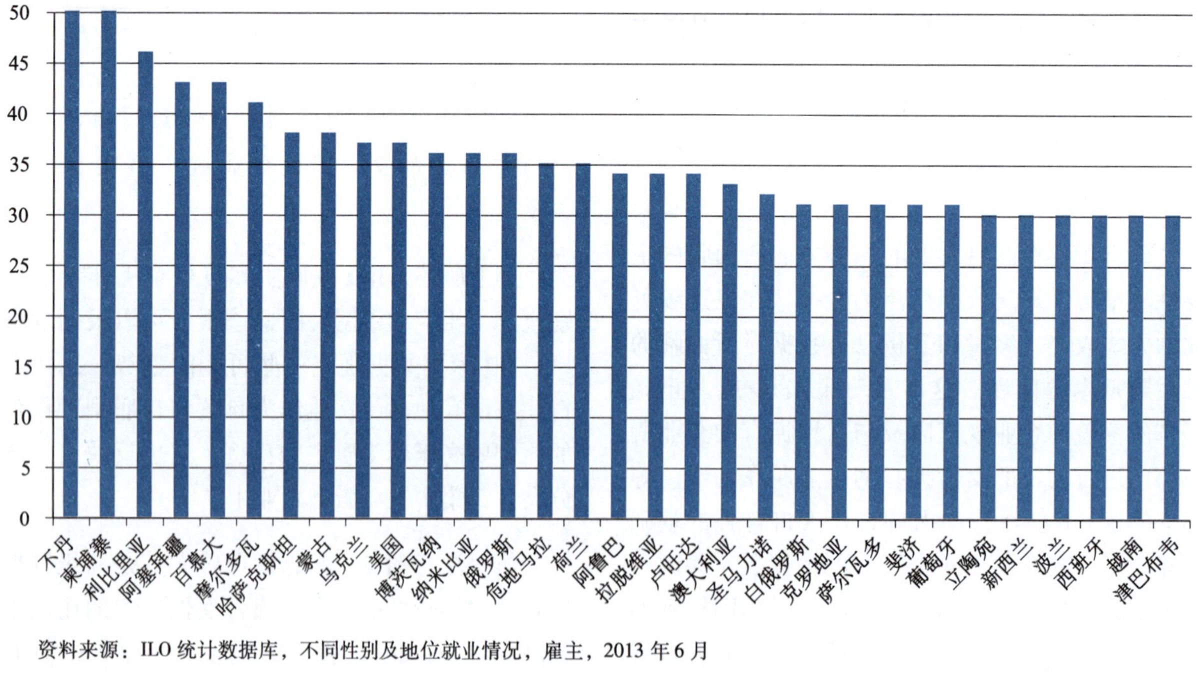

资料来源：ILO统计数据库，不同性别及地位就业情况，雇主，2013年6月

158 经济学人情报部，“女性的经济机会：来自经济学人情报部的全球指数及排名，发现和方法”，2012

表 6.1　女性雇主比例在 20% –29% 之间的国家（ILO，截至 2012 年）

	国家	% 排名		国家	% 排名		国家	% 排名
1	阿尔巴尼亚	29	25	斯洛文尼亚	26	48	瑞士	24
2	巴西	29	26	英国	26	49	比利时	23
3	保加利亚	29	27	亚美尼亚	25	50	贝宁	23
4	瓦努阿图	29	28	孟加拉国	25	51	智利	23
5	匈牙利	28	29	开曼群岛	25	52	多米尼加共和国	23
6	牙买加	28	30	哥伦比亚	25	53	厄瓜多尔	23
7	基里巴斯	28	31	印度尼西亚	25	54	格鲁吉亚	23
8	罗马尼亚	28	32	卢森堡	25	55	爱尔兰	23
9	新加坡	28	33	中国澳门	25	56	捷克	23
10	塞尔维亚	27	34	荷属安的列斯群岛	25	57	芬兰	23
11	泰国	27	35	巴拿马	25	58	伯利兹	22
12	乌拉圭	27	36	秘鲁	25	59	韩国	22
13	阿根廷	27	37	菲律宾	25	60	尼加拉瓜	22
14	吉尔吉斯斯坦	27	38	坦桑尼亚	25	61	瑞典	22
15	马里	27	39	奥地利	24	62	乌干达	22
16	塞尔维亚	27	40	玻利维亚	24	63	布基纳法索	21
17	斯洛伐克	27	41	喀麦隆	24	64	丹麦	21
18	泰国	27	42	法国	24	65	特立尼达和多巴哥	21
19	加拿大	26	43	德国	24	66	加蓬	21
20	洪都拉斯	26	44	希腊	24	67	中国香港	21
21	冰岛	26	45	意大利	24	68	哥斯达黎加	20
22	马其顿	26	46	马达加斯加	24	69	墨西哥	20
23	挪威	26	47	荷兰	24	70	南非	20
24	巴拉圭	26						

资料来源：ILO 统计数据库，不同性别及地位就业情况，雇主，2013 年 6 月

图 6.2　女性雇主比例为 12% 及以下的国家（截至 2012 年）

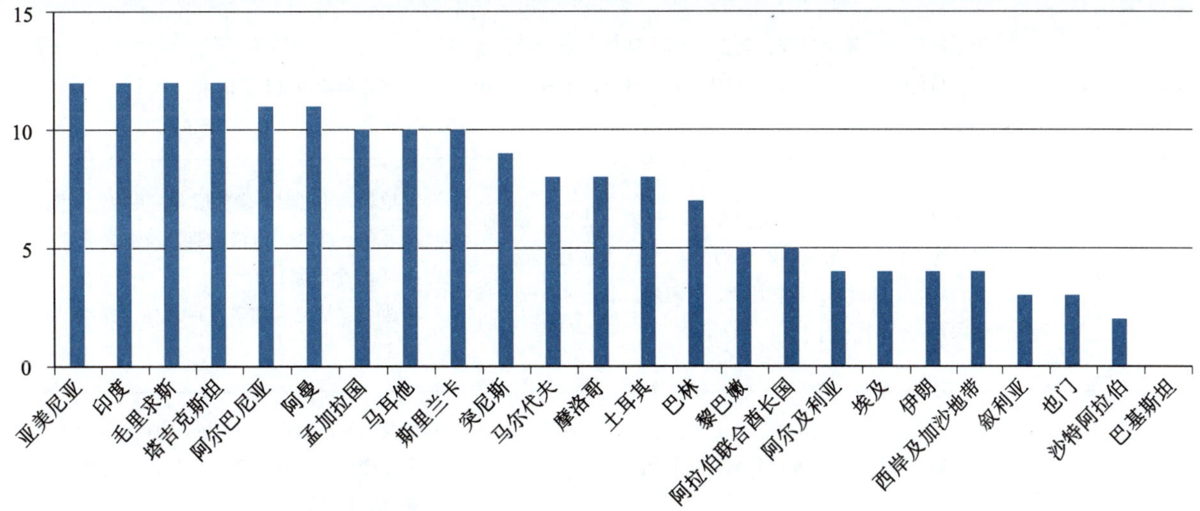

资料来源：ILO 统计数据库，不同性别及地位就业情况，雇主，2013 年 6 月

中东欧和独联体国家中，女性雇主的比例最高的是阿塞拜疆，达到了43%；其次是摩尔多瓦，为41%；随后是哈萨克斯坦，为38%；最低的为土耳其，仅有8%，塔吉克斯坦为12%。在中东欧和独联体具有数据的14个国家中，平均比例为29%（详见统计数据附件中的各国数据）。

在**欧盟和西欧**各国中，女性雇主比例最高的国家是克罗地亚，为31%；比例最低的是马耳他和塞浦路斯，为16%。在欧盟和西欧具有数据的32个国家中，平均比例为24%（详见统计数据附件中的各国数据）。

根据最近几年可以得到的相关数据，**中东及北非**各国中，女性雇主比例最高的国家为阿曼，达到了11%；其次是摩洛哥，为8%；再次为巴林，为7%；比例最低的国家为沙特阿拉伯，为2%，也门为3%。在中东具有数据的12个国家中，平均比例为5%（详见统计数据附件中的各国数据）。

6.2 更多的女性雇主

在99个具有数据的国家中，有63个国家的女性雇主比例有所上升，有34个国家的比例有所下降，还有两个国家保持不变。美洲和亚太地区是女性在商界中所占比例明显提高的两个地区。

表6.2 2000年至2012年女性雇主比例有所增加和减少的国家（ILO）

地区	比例增加的国家	比例减少的国家
非洲	博茨瓦纳，利比亚，纳米比亚，卢旺达（4个国家）	喀麦隆，埃塞俄比亚，加蓬，马达加斯加，毛里求斯，南非，坦桑尼亚，乌干达，津巴布韦（9个国家）
美洲	阿鲁巴，阿根廷，百慕大，玻利维亚，巴西，哥伦比亚，哥斯达黎加，多米尼加共和国，厄瓜多尔，萨尔瓦多，危地马拉，洪都拉斯，牙买加，墨西哥，荷属安的列斯，巴拿马，巴拉圭，秘鲁，特立尼达和多巴哥，乌拉圭，委内瑞拉（21个国家）	巴巴多斯，加拿大，开曼群岛，尼加拉瓜，美国（5个国家） 未改变：智利
亚太地区	孟加拉国，不丹，柬埔寨，中国香港，印度尼西亚，伊朗，韩国，中国澳门，马来西亚，蒙古，新西兰，菲律宾，新加坡，泰国（14个国家）	日本，基里巴斯，马尔代夫，斯里兰卡，巴基斯坦，越南（5个国家） 未改变：澳大利亚
中东欧及独联体	阿尔巴尼亚，亚美尼亚，阿塞拜疆，格鲁吉亚，哈萨克斯坦，马其顿，摩尔多瓦，俄罗斯，塞尔维亚，土耳其（10个国家）	吉尔吉斯斯坦（1个国家）
欧盟及西欧	保加利亚，克罗地亚，塞浦路斯，丹麦，法国，德国，希腊，匈牙利，爱尔兰，以色列，意大利，拉脱维亚，马耳他，荷兰，葡萄牙，罗马尼亚，西班牙，瑞士，英国（18个国家）	奥地利，比利时，爱沙尼亚，芬兰，立陶宛，马耳他，波兰，斯洛伐克，斯洛文尼亚，瑞典（10个国家） 未改变：捷克，冰岛，卢森堡，挪威（4个国家）
中东和北非	摩洛哥，阿曼，西岸及加沙地带（3个国家）	埃及，阿拉伯联合酋长国，也门（3个国家） 未改变：阿尔及利亚，巴林，黎巴嫩，叙利亚（4个国家）

表 6.2 表明了在过去十年中女性雇主比例增加和减少的国家情况。

"统计数据附件"中的表格提供了各地区在该方面更详尽的信息。

6.3 女性自雇佣或自营业者比例

总的来说，在所有地区，女性在自营业者和自雇佣工作者中所占的比例都较高。

ILO 数据表明，在 132 个有数据可查的国家中，2010 年至 2012 年，大部分国家中女性自营业者的比例都达到了 30% 或者更多（见下表 6.3）。在 17 个国家中（11 个非洲国家，两个亚太地区国家，三个中东欧和独联体国家以及一个美洲国家，见图 6.3），该比例达到了 50% 甚至更多。在 50 个国家中，该比例为 30% –40% 之间（见下表 6.3）。在 24 个国家中，女性自营业者比例为 20% –30%。在 18 个国中，女性自营业着比例低于 20%（见图 6.4）。

根据最近几年可查到的数据，**非洲**各国中，女性自营业者的比例最高的是博茨瓦纳，为 63%；其次是纳米比亚，为 61%；随后是加纳和津巴布韦，为 56%。最低的是布基纳法索，只有 25%，毛里求斯为 26%。在 20 个可以查到数据的国家中，平均比例为 47%（各国详细数据见统计数据附件）。

在**美洲**，女性自营业者比例最高的是萨尔瓦多，为 52%；其次是巴拉圭，为 48%；最低的是古巴，为 12%，其次是巴哈马，为 18%。在 30 个可以查到数据的国家中，平均比例为 36%（各国详细数据见统计数据附件）。

根据最近几年可以查到的数据，在**亚太地区**，女性自营者比例最高的国家是马尔代夫，为 57%；其次是不丹，为 49%；最低的是孟加拉国，为 6%，巴基斯坦为 8%，伊朗为 11%。在 22 个可以查到数据的国家中，平均比例为 32%（各国详细数据见统计数据附件）。

根据最近几年可以查到的数据，在**中东欧和独联体国家**中，女性自营业者比例最高的是阿塞拜疆和哈萨克斯坦，为 52%；其次是乌克兰，为 51%；最低的是土耳其，为 17%，马其顿为 19%。在 16 个可以查到数据的国家中，平均比例为 37%（各国详细数据见统计数据附件）。

2009 年至 2010 年，在**欧盟和西欧**地区，女性自营业者比例最高的国家是瑞士，为 46%；其次是拉脱维亚，为 44%；随后是奥地利，为 43%；比例最低的国家是马耳他和爱尔兰，为 19%。在 32 个可以查到数据的国家中，平均比例为 35%（各国详细数据见统计数据附件）。

表 6.3　女性自营业者比例达到或超过 30% 的国家（ILO，截至 2012 年）

排名	国家	%	排名	国家	%	排名	国家	%
1	博茨瓦纳	63	31	奥地利	43	61	保加利亚	36
2	纳米比亚	61	32	伯利兹	43	62	冰岛	36
3	马尔代夫	57	33	危地马拉	43	63	牙买加	36
4	加纳	56	34	马里	43	64	芬兰	35
5	津巴布韦	56	35	立陶宛	42	65	新西兰	35
6	利比里亚	55	36	玻利维亚	41	66	巴巴多斯	34
7	卢旺达	55	37	厄瓜多尔	41	67	比利时	34
8	乌干达	55	38	荷属安的列斯	41	68	法国	34
9	多哥	54	39	乌拉圭	41	69	格鲁吉亚	34

续表

	国家	% 排名		国家	% 排名		国家	% 排名
10	阿塞拜疆	52	40	白俄罗斯	40	70	印度尼西亚	34
11	贝宁	52	41	墨西哥	40	71	马达加斯加	34
12	萨尔瓦多	52	42	摩尔多瓦	40	72	波兰	34
13	哈萨克斯坦	52	43	尼加拉瓜	41	73	西班牙	34
14	喀麦隆	51	44	智利	41	74	阿根廷	33
15	坦桑尼亚	51	45	哥伦比亚	39	75	百慕大	33
16	乌克兰	51	46	加拿大	39	76	柬埔寨	33
17	越南	50	47	克罗地亚	39	77	哥斯达黎加	33
18	不丹	49	48	匈牙利	39	78	巴西	32
19	巴拉圭	48	49	葡萄牙	39	79	塞浦路斯	32
20	卢森堡	47	50	委内瑞拉	38	80	捷克	32
21	加蓬	46	51	以色列	38	81	丹麦	32
22	危地马拉	46	52	菲律宾	38	82	希腊	32
23	瑞士	46	53	塔吉克斯坦	37	83	巴拿马	32
24	瓦努阿图	46	54	澳大利亚	37	84	埃塞俄比亚	31
25	亚美尼亚	45	55	爱沙尼亚	37	85	意大利	31
26	秘鲁	45	56	洪都拉斯	37	86	新加坡	31
27	南非	45	57	泰国	37	87	英国	31
28	拉脱维亚	44	58	德国	37	88	波斯尼亚和黑塞哥维那	30
29	蒙古	44	59	荷兰	37	89	韩国	30
30	俄罗斯	44	60	美国	37	90	斯洛文尼亚	30

资料来源：ILO 统计数据库，不同性别及地位就业情况，自营业者，2014 年 6 月

图 6.3　女性自营业者比例达到或超过 50% 的国家（ILO，截至 2012 年）

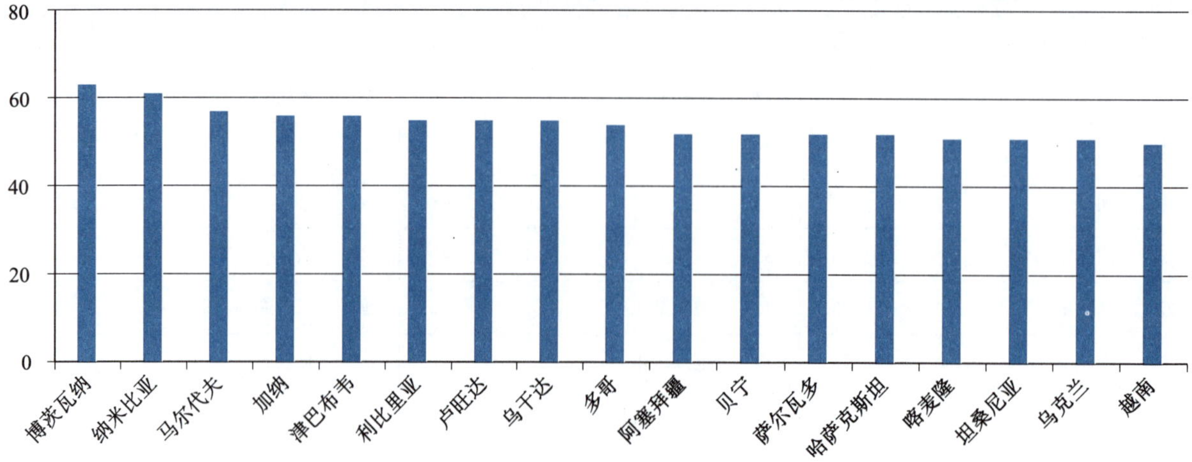

资料来源：ILO 统计数据库，不同性别及地位就业情况，自营业者，2014 年 6 月

图 6.4　女性自营业者比例低于 20% 的国家（ILO，截至 2012 年）

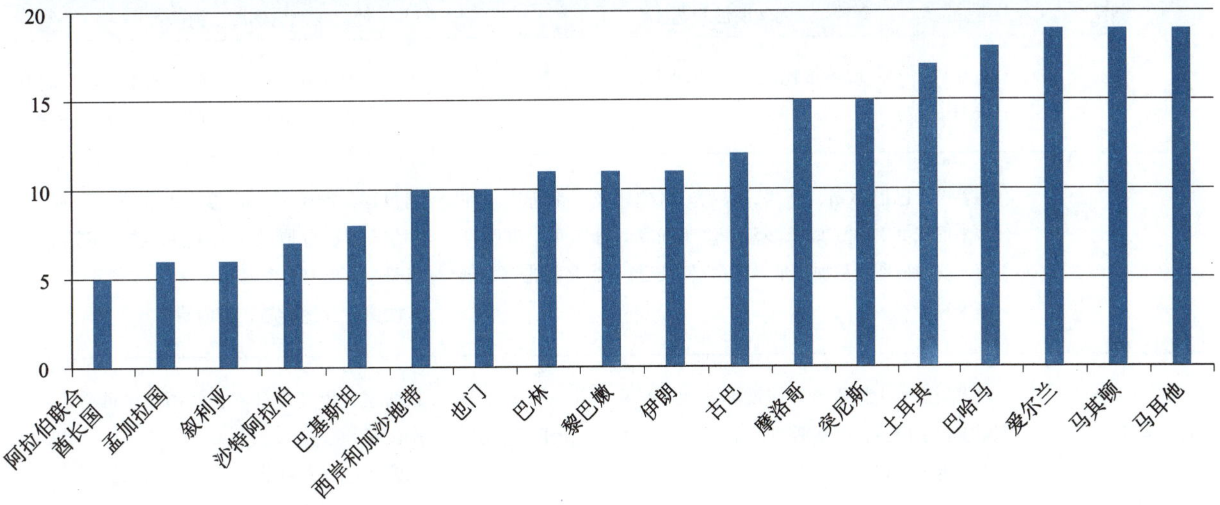

资料来源：ILO 统计数据库，不同性别及地位就业情况，自营业者，2014 年 6 月

根据最近几年可以查到的数据，在**中东和北非地区**，女性自营业者比例最高的是阿曼，为 25%；其次是阿尔及利亚和埃及，分别为 23% 和 22%；比例最低的是阿拉伯联合酋长国，为 5%，叙利亚为 7%。在 14 个可以查到数据的国家中，平均比例为 11%（各国详细数据见统计数据附件）。

6.4　自雇佣者中出现更多的女性

2000 年至 2012 年，在 119 个可查到数据的国家中，有 77 个国家中女性自营业者的比例在增加，但有 36 个国家在减少，有 6 个国家在过去十年中没有发生变化。在美洲、亚太地区以及欧盟和西欧这三个地区，从事小微企业的女性数量在增加。在中东，在可以查到数据的国家中，除一个国家外，女性从事的企业活动都在增加。巴林和阿曼两国在过去十年中，女性自营业者增加了一倍。

解释女性在自雇佣者中的比例下降的原因是非常复杂的。在一些国家，女性作为自雇佣者的比例可能下降了，但是他们作为雇主的比例却上升了（如在规模更大的企业中）。实际上，在 36 个女性自营业者比例下降的国家中，有 21 个国家的女性雇主比例上升了。这些国家为，阿尔巴尼亚、阿根廷、亚美尼亚、百慕大、博茨瓦纳、柬埔寨、萨尔瓦多、格鲁吉亚、危地马拉、伊朗、哈萨克斯坦、拉脱维亚、中国澳门、马其顿、摩尔多瓦、秘鲁、葡萄牙、罗马尼亚、俄罗斯、韩国以及特立尼达和多巴哥。

这可以被视作是积极的改变，因为有更多的女性可以有机会拥有和管理规模更大的企业。而且也说明，相比于领取工资的工作者，作为雇主的女性，获得了更多更好的机会。这在很大程度上，也取决于相关国家的经济状况，政府的劳动力市场政策和计划，以及不断发展的性别规范。

那些女性自营业者比例增加的国家则建议，女性应该利用机会开办和扩大企业，哪怕只是小微企业。这在发展中国家以及发达国家都很普遍。

对于那些正式经济工作数量有限的国家，男性和女性的自雇佣比例都非常高。在很多情况下，如在非洲，女性和男性的比例非常接近。

下表 6.4 说明了过去十年中，各国女性自营业者比例增加或减少的情况。

统计数据附件提供了各地区更详尽的信息。

表 6.4 2000 年至 2012 年女性自营业者比例有所增加或减少的国家（ILO）

地区	比例增加的国家	比例减少的国家
非洲	布基纳法索，埃塞俄比亚，毛里求斯，纳米比亚，乌干达（6 个国家）	贝宁，博茨瓦纳，喀麦隆，加蓬，马达加斯加，南非，坦桑尼亚，津巴布韦（8 个国家）
美洲	阿鲁巴，巴巴多斯，巴西，智利，哥伦比亚，哥斯达黎加，多米尼加共和国，厄瓜多尔，洪都拉斯，牙买加，墨西哥，荷属安的列斯，尼加拉瓜，巴拿马，巴拉圭，乌拉圭（17 个国家）	阿根廷，巴哈马，百慕大，加拿大，古巴，萨尔瓦多，危地马拉，秘鲁，特立尼达和多巴哥，美国（5 个国家） 未改变：开曼群岛，委内瑞拉
亚太地区	澳大利亚，中国香港，印度尼西亚，马来西亚，马尔代夫，蒙古，新西兰，巴基斯坦，菲律宾，新加坡，斯里兰卡，泰国，越南（14 个国家）	柬埔寨，伊朗，日本，韩国，中国香港（5 个国家） 未改变：澳大利亚
中东欧及独联体	阿塞拜疆，克罗地亚，土耳其，乌克兰（4 个国家）	阿尔巴尼亚，亚美尼亚，格鲁吉亚，哈萨克斯坦，吉尔吉斯斯坦，马其顿，摩尔多瓦，俄罗斯（8 个国家） 未改变：波斯尼亚和黑塞哥维那，塞尔维亚
欧盟及西欧	奥地利，比利时，保加利亚，克罗地亚，塞浦路斯，捷克，丹麦，爱沙尼亚，芬兰，法国，德国，希腊，匈牙利，冰岛，爱尔兰，以色列，意大利，拉脱维亚，卢森堡，马耳他，波兰，葡萄牙，斯洛伐克，斯洛文尼亚，西班牙，瑞士，英国（27 个国家）	拉脱维亚，挪威，葡萄牙，罗马尼亚（4 个国家） 未改变：荷兰
中东	阿尔及利亚，巴林，黎巴嫩，摩洛哥，阿曼，叙利亚，阿拉伯联合酋长国，西岸及加沙地带（9 个国家）	也门（1 个国家）

资料来源：ILO 统计数据库，2014

6.5 世界银行企业调查

在所有地区的企业所有者和顶层管理者之间开展的世界银行企业调查[159]，是获得有关企业中女性数据的重要来源。2002 年至 2014 年，共对 135 个国家中超过 13 万家公司进行了调查。该调查包括四个有关性别的指标：有一名顶层女性管理者的公司比例，主要所有者中有一名女性的公司比例，永久性全职女性雇员比例（百分比），以及永久性兼职非生产性女性雇员比例（百分比）。

根据世界银行网站的报告，分别在较大型经济体中进行了 1200 - 1800 次访谈，在中型经济体中进行了 360 次，在较小型经济体中进行了 150 次。制造业和服务业是此次调查最感兴趣的企业部门。根据“全球企业调查”取样方法所建立的调查指标在不同国家之间以及调查年度中都具有可比性否则与其他调查则不具有可比性。

表 6.5 说明了全球及各地区主要所有者中有一名女性的公司的平均比例。总体而言，女性在公司所有者中的参与程度高于她们在公司顶层管理者中的参与程度（见一下章中关于管理界中的女性的报告）。世界平均值表明，女性拥有所调

159 世界银行和国际金融公司，“企业调查：企业经历了什么”，http：//www. enterprisesurveys. org/data

表 6.5　女性拥有所有权的公司所占的百分比（最近年份，全球及各地区）

地区	女性所有权%	地区	女性所有权%
世界	37		
东欧及中亚	33	东亚和亚太地区	55.3
拉丁美洲和加勒比地区	40.4	中东及北非	12
南亚撒哈拉沙漠	18.9	以南非洲地区	35.4

资料来源：企业调查（http：//www. enterprisesurveys. org）。世界银行，http：//www. enterprisesurveys. org/Data/ExploreTopics/gender，2014 年 6 月查询

查公司 36.6% 的份额，但是各地区之间存在很大的差异。东亚和太平洋地区女性参与公司所有权的比例最高，达到了 58.2%；中东及北非地区最低，仅为 6.6%。

在**非洲**地区的国家中，企业主要所有者中有一名女性的公司比例最高的国家是科特迪瓦（61.9%）、马里（58%）、安哥拉（56.6%），以及津巴布韦（56.2）。马达加斯加、利比里亚、博茨瓦纳和中非共和国的比例也超过了 50%。女性拥有所有权的公司所占比例最低的国家是厄立特里亚（4.2%）以及塞拉利昂（7.9%）。布基纳法索、喀麦隆、几内亚、莱索托、毛里求斯以及尼日尔和毛里塔尼亚的比例在 15% – 20% 之间。

在**拉丁美洲和加勒比地区**的国家中，企业主要所有者中有一名女性的公司比例最高的国家是尼加拉瓜（61.9%）、巴西（59.3%）和巴拉圭（51.6%）。比例最低的国家是乌拉圭（23.1%），以及厄瓜多尔（24%）和巴拿马（24.70%）。

在**亚太地区**，企业主要所有者中有一名女性的公司比例最高的国家在太平洋地区——密克罗尼西亚（86.6%）、萨摩亚（79.8%）、汤加（65.3%）、瓦努阿图（51.4%）和斐济（49.9%）。以下国家女性在企业主要所有者中的比例也很高：菲律宾（69.4%）、中国（64.2%）、蒙古（52%）和越南（59.2%）。比例最低的国家是阿富汗（2.8%）、巴基斯坦（6.7%）和印度（9.1%）。

在**中东欧和独联体**的国家中，企业主要所有者中有一名女性的公司比例最高的国家是塔吉克斯坦（60.4%）、摩尔多瓦（53.1%）、白俄罗斯（52.9%）和格鲁吉亚（40.8%）。比例最低的国家是阿塞拜疆（4.7%）、阿尔巴尼亚（10.8%）和科索沃（10.9%）。

世界银行还编写了各国所调查的公司规模的数据（见统计数据附件中的表 16.2），在 57 个国家中，小型企业（5 – 19 名雇员）中女性在其所有者中的参与率高于中型企业（20 – 99 名雇员）和大型企业（100 人以上）。在 34 个国家中，与小型和大型企业相比，中型企业中女性在主要所有者中的参与程度更高。在 46 个国家中，大型企业相比小型企业和中型企业在其主要所有者中拥有更多的女性。而在很多国家，主要所有者中拥有一名女性的公司比例就大、中、小型企业而言，差别不大。但是也有不少的国家中，各种规模的企业主要所有者中拥有一名女性的公司比例则有高有低。但是在相当多的国家都可以看到女性集中在小型企业这一趋势。不过在中东和北非地区、南非以及中东欧地区，很大一部分大型公司的主要所有者中都有女性。

世界银行调查指出，拉丁美洲和加勒比地区女性企业家的比例较高，而且和其他地区相比，女性和男性企业家的比例相差无几。根据拉丁美洲各国代表性家庭调查，大部分女性拥有的公司均为小型企业。女性企业所有者比例最高的公司是拥有五名以下雇员的公司（阿根廷的比例为 33%，洪都拉斯的比例为 50%）。所有国家都存在随着企业规模的增加，女性企业所有者的人数

却在减少的现像。在所研究的国家中，在拥有5－10名雇员的公司中，有18%－31%的公司为女性所有者。雇员在11人以上的公司女性所有者的比例最低，巴西为29%，而墨西哥只有12%[160]。

6.6 全球创业观察（GEM）

全球创业观察（GEM）2012年年度报告[161]表明，和前一年一样，在大多数经济体中，创业中的男性要多于女性。在厄瓜多尔、加纳、尼日利亚、巴拿马和泰国是少数几个女性初期创业活动（TEA）率高于男性的国家。

6.7 各国调查

在各国所进行的调查也有助于我们快速了解女性在商界中的情况，而且也提供了重要的工具以发展宣传运动和项目来克服女性企业家所面临的障碍。不过这样的调查在很多国家开展得还很有限。ILO雇主组织成员在2012年和2013年提供所有地区的国家报告，在确定和分享现有女性在商界和管理界中的国家层面的信息和数据方面发挥了重要作用。就大多数家国家而言，各国雇主组织的报告表明均缺乏相应的数据。很多报告表明女性集中在微型企业部门以及非正式经济和零售及服务业等特定部门。以下为所确定的相关信息的实例。

摩尔多瓦国家统计署2009年所作的调查发现，在所有企业家中（受聘用的管理人员以及企业联合拥有人），有27.5%为女性[162]。在**黑山**，在所有活跃的商业实体中，有19102家公司为男性所有人（90.4%），有2025家由女性所有（9.6%）。女性仅拥有3.1%的中型企业以及2.4%的大型企业[163]。在**塞尔维亚**，在323556家活跃的企业中，大多数为小微型和中型企业。其中有205202，也就是63.4%的企业是由男性所有和管理的。有83490家，即25.8%的企业是由女性所有和管理的。在8570家，即2.6%的企业为男女共有。而剩下的26294家，即8.1%的企业的所有者或管理者的性别为未知。女性在商店经营方面占据明显优势——女性为68%，男性为32%——而男性则在公司管理方面占独到地位——男性为80.5%，女性为19.5%。[164]

在**卢旺达**，女性企业家形成了重要的力量。她们领导着42%的企业。其中58%的企业属于非正式经济部门，占国内生产总值（GDP）的30%。大部分女性企业家都在零售部门（82%）工作。其余的则集中在服务业（16%）和制造业（2%）[165]。在乌干达，女性拥有39%的注册公司[166]。**喀麦隆**国家统计局指出，女性领导四分之一的企业。但是通常女性领导的为小微企业和非正式经济部门中的企业。[167] 在**斯威士兰**，由斯威士兰商业女性论坛出版的《2011/12女性所有企业名录》中，记录了2011－2012年，共有1355家由女性所有的公司。对这一数据的分析表明，85%由女性经营的企业是微型企业，12%为大型企业，3%为中型企业。其中只有40%经过合法注册，并在正式经济部门中运行[168]。在**尼日利亚**，由国家统计局（NBS）和尼日利亚中小型企业发展署（SMEDAN）在2010年开展的调查显示，在所有权结构中（独资），女性占13.6%，而男性则占86.4%。男性主宰着大部分部门，女性则集中在酒店、餐馆、教育和其他社区、社会及个人服务活动中[169]。

---

160 世界银行，《女性在拉丁美洲及加勒比地区正式私人部门中的经济机会，聚焦创业》，2009

161 全球创业观察，《2012年全球报告》

162 摩尔多瓦国家报告，ILO商界和管理界中的女性地区雇主研讨会，2012年11月

163 黑山国家报告，ILO商界和管理界中的女性地区雇主研讨会，2012年11月

164 塞尔维亚国家报告，ILO有关商界和管理界中的女性地区雇主研讨会，基辅，2012年12月

165 卢旺达国家报告，ILO有关商界和管理界中的女性地区雇主研讨会，约翰内斯堡，2012年11月

166 乌干达国家报告在ILO有关商界和管理界中的女性地区雇主研讨会，约翰内斯堡，2012年11月

167 喀麦隆国家报告在ILO有关商界和管理界中的女性地区雇主研讨会，约翰内斯堡，2012年11月

168 斯威士兰国家报告，ILO有关商界和管理界中的女性地区雇主研讨会，约翰内斯堡，2012年11月

169 尼日利亚国家报告，ILO有关商界和管理界中的女性地区雇主研讨会，约翰内斯堡，2012年11月

在巴拉圭，总共27万多家企业中，有90%为小微企业。女性则运营着其中50%的企业。在占总数80%的微型企业中，有75%由女性负责经营。在所有企业中，只有7%的中型企业和3%的大型企业由女性负责经营[170]。在**阿根廷**，在45万家中小型企业中，有一半由女性负责经营[171]。在**墨西哥**，有30%的中小型企业由女性经营[172]。在**尼加拉瓜**，70%参加经济活动女性都在微型企业中工作，这也是她们的主要收入来源[173]。在**智利**，经济就业发展旅游部2012年的研究表明，25%的企业由女性所有或经营。其中，31%为微型企业，21%为小型企业，11%为中型企业，6%为大型企业[174]。

女性拥有**越南**25%的企业[175]。在**印度**，女性企业家在小型部门的比例仅为10%。但这一数字有可能也高于实际情况，因为很多企业虽然注册在女性名下，但在实际中却由男性管理[176]。在**中国**，2004年在全国对女性所拥有的企业进行的调查发现，虽然越来越多的女性开始拥有自己的企业，但占总数的比例却只有20%[177]。

在**美国**，根据美国运通公司的调查，从1997年到2013年，女性所拥有的企业数量全国平均增加了1.5倍[178]。报告认为，“在过去六年中，自从美国经济进入衰退后，总的来说唯一能够提供就业增长的企业，从表面上说是上市公司……实际上大部分是女性所拥有的企业。在所有其他私人企业中，就业在2007－2013年期间一直在下滑。”

6.8 女性企业家所面临的挑战

由于在大多数社会中普遍存在的既有性别规范和性别定式，女性获得包括贷款、创业训练、资源和网络的渠道都很有限。在大多数国家，女性比男性在协调家庭和商业活动时所承担的责任更大。很多发展机构和团体都致力于通过创业培训、微融资计划以及基于抵押品这一非传统形式提供循环贷款来清除以上这些障碍，并协助进行法律改革以确保女性的财产权，消除在企业注册和创业时的障碍。大力进行此项工作的一个原因是由于有研究表明，相比起男性获得的收入，女性获得的额外收入会更多地花在家庭福利中，包括教育、健康及营养等方面。

最近的ILO商界女性国家文件显示，女性高度集中在小微企业中，因此促进女性发展，提高她们经济独立和享受权利方面的努力也集中在改善该部门生产力水平方面。这一方法可以促进全面经济发展并减轻贫困程度。消除障碍固然重要，但ILO也强调投资同样重要。对女性进行投资是改善平等以及促进包容的可持续的经济增长的有效手段。

全球创业观察的特别报告——2010年女性报告[179]总结认为“女性企业家在处于初期发展阶段的经济体中所面临的主要挑战是在度过创业和初期发展后继续维持她们的企业。”该报告还注意到，“相比起男性，女性企业家和企业所有人的关系网络通常较小也缺乏多样性，而且女性更注重个人关系，特别是家庭，而不是其他资源。”

国际私人企业中心（CIPE）的一项调查[180]发现，女性在成立和运行她们自己的企业时所面临的主要法律法规障碍来自于对大量启动资本的要求、低效/复杂的商业注册手续、数额较高且复杂的税收体系、不良合同执行情况以及成本高昂

---

170 APEP－巴拉圭企业家、高级管理人员和专业人员协会，巴拉圭国家报告，商界和管理界中的女性拉丁美洲地区雇主研讨会，利马，2012年11月

171 阿根廷国家报告，商界和管理界中的女性拉丁美洲地区雇主研讨会，利马，2012年11月

172 Expansión，“女性和女性创业所面临的问题”，墨西哥国家报告，2009年11月。商界和管理界中的女性拉丁美洲地区雇主研讨会，利马，2012年11月

173 尼加拉瓜国家报告，商界和管理界中的女性拉丁美洲地区雇主研讨会，利马，2012年11月

174 智利国家报告，商界和管理界中的女性拉丁美洲雇主研讨会，利马，2012年11月

175 越南国家报告，ILO商界和管理界中的女性亚太地区雇主研讨会，2013年5月

176 印度国家报告中引用的Saidapur et. al，2012，ILO商界和管理界中的女性亚太地区雇主研讨会，2013年5月

177 中国国家报告，ILO商界和管理界中的女性亚太地区雇主研讨会，2013年5月

178 美国运通公司，《女性所有企业现状》，2013

179 Donna J. Kellye，Candida G. Brush，Patricia G. Green，及Yana Litosky，《全球创也观察2010年女性报告》，2011

180 女性商业协会，国际私人企业中心，《全球经验：中东欧》，2010年，华盛顿

复杂的许可要求等。

联合国指出，传统的继承法会将女性变成家庭农场中的免费家庭劳动力；或者，当无地家庭和土地多但收入少的家庭不断增加时，女性则会成为雇佣农业劳动力。如果女性由其丈夫进行监护或控制的情况下，她们对夫妻财产的所有权也会落在其丈夫和他们的家庭手中。很多女性在解除婚姻或其丈夫死亡后，都被剥夺了财产所有权。[181]

国际金融公司2011年的报告显示："在新兴市场中有800万到1000万由女性所有的中小型企业（占新兴市场中所有中小型企业的31% - 38%）。"然而，该报告注意到，"女性所拥有的企业的平均增长率远远低于由男性经营的中小型企业的平均增长率。"报告确定了一系列造成女性所拥有的企也增长缓慢的因素。其中包括"制度和规定问题、缺少融资渠道、商业教育水平相对较低或工作经验较少、风险规避、女性所拥有的企业被限制在发展较慢的部门中，以及家庭负担[182]。"

在巴林、约旦、黎巴嫩、突尼斯和阿拉伯联合酋长国这五个位于中东和北非地区的国家所作的一项调查[183]发现，这些国家女性企业所有者的特点与个人背景与世界上其他地区的女性企业家并无二致。中东和北非地区的女性企业家所拥有的企业大多数也集中在服务部门、零售贸易或消耗品制造业中。她们中的大部分都受过良好的教育、已婚并有子女。工作和家庭之间的平衡也是她们所面临的最大挑战。

各国所进行的研究旨在确认女性企业家所面临的挑战就是全球报告中所述内容。在**乌拉圭**，Endeavor基金发现，女性企业家所面临的主要问题包括害怕失败、需要更多的企业管理知识、需要发展网络、企业创立咨询服务、获得贷款以及扩大企业所需要的经济支持。[184]

喀麦隆国家统计局表示，女性所领导的大部分小微企业都属于非正式经济部门。有87%的女性甚至没有地方开展她们的业务。虽然宪法提出男女权利平等，但是仍有很多歧视性法律，如不承认拥有财产或继承土地（甚至包括死去丈夫的土地）的权利。虽然法律承认女性进行专业和经济活动的权利，但是她们的丈夫可以仅仅通过向商业法庭提交一封简单的反对信就可以被取消。[185]

6.9 女性融资渠道

女性为她们的创业活动获取资金一直以来都是研究的一项主要领域。

经济学人情报部（EIU）注意到[186]，"女性有时在获取贷款时会比男性面临更多的困难。因为在很多国家，无论是法律还是传统习俗都禁止女性获得动产和不动产，几乎没有留给她们的资产。而且，传统以及一些国家的法律规定由家庭中的男性长者来决定女性的收入和资产。"

EIU还建立了一个有关融资的指数。同时指出，没有大量有关金融服务中按性别分类的数据。因此，EIU表示，其融资指数中的大部分金融指标的依据是，它们对于女性获取金融服务能力的不匀衡的积极影响。根据EIU的研究，依据这些指标衡量的各国情况的改善，将会对女性获得就业和商业机会产生积极的影响。这一指数包括以下四个指标：

（1）建立贷款历史纪录；

（2）女性融资项目（向女性提供扩大服务项目，从而通过政府工作或私人借贷提供金融服务）；

（3）提供金融服务；

181 联合国提高妇女发展司经济社会事务部，《2009年女性在发展中的角色全球调查》，"女性对经济资源的控制和获得资金来源的渠道"，2010年，纽约

182 国际金融公司，《加强发展中国家女性所拥有的中小型企业的融资渠道》，2011年，华盛顿

183 2007，阿拉伯女性训练和研究中心（CAWTAR）和国际金融公司（IFC）

184 INNMUJERES在拉丁美洲有关商界和管理界中的女性的地区雇主研讨会上的报告，利马，2012年11月

185 喀麦隆国家报告，ILO商界和管理界中的女性地区雇主研讨会，约翰内斯堡，2012年11月

186 经济学人情报部，《女性的经济机会：新的全球性指数和排名》，2010及《女性的经济机会：来自经济学人情报部的全球性指数和排名，发现和方法》，2012

（4）私人部门信贷占国内生产总值的比例。

资金获取指数也是 EIU 为了衡量女性在各国的经济机会所开发的一项综合指数的一部分。该指数的其他组成要素还包括与劳动力政策及实践、教育与培训、女性法律和社会地位以及性别商业环境相关的各项指标。

“统计数据附件”一章中的表 16.1 说明了 2010 年和 2012 年各国在 EIU 指数中的得分情况。需要注意的是，大部分国家在 2010 年到 2012 年期间对女性获得资金的情况进行了改善，但是也有少数国家的情况没有改善，甚至还有国家出现了下滑。2012 年，仍有 28 个国家的女性获取资金的渠道非常有限，在 1 – 100 的评分体系中，只得到了 30 分。在 113 个国家中，约有一半，即 57 个国家的得分超过 50 分，只有 7 个国家的得分超过了 80 分——德国、比利时、日本、意大利、瑞典、美国和法国。

“绿色屋顶”

“尽管在个人能力和公司财务方面都是相同的，但仍有人认为女性创始人/CEO 的能力不如其男性同行。而且由女性创始人/CEO 领导的 IPO 也被认为较缺乏吸引力。就像美国企业中限制女性管理者发展的玻璃屋顶一样，女性企业家在融资时所面临的是‘绿色屋顶’。总的来说，我们的研究结果认为，性别定式仍然广泛存在，更重要的是，这种定式会影响投资决策。”

犹他州 David Eccles 商业学院研究组

《回避问题：IPO 招股说明书评估人中的性别歧视证据》

2012 年 2 月[187]

另一方面，女性在融资时所面临的困难可能不仅仅是因为性别歧视或性别定式，也许涉及一些同样会影响男性创业成功的因素。世界银行的一份报告注意到，女性可能会由于拥有的土地比男性少，因而遇到担保方面的问题。印度尼西亚女性和男性经营的小微企业都认为融资是遇到的最重要的商业约束。而在提出遇到这种约束的公司中，女性经营的企业的比例仅略高于男性经营的企业（30% 对 25%）。“在东亚和太平洋地区九个国家的中小企业中，只有东帝汶和汤加两国，相比男性领导的企业，有更多的女性的企业认为获取贷款是更重要的约束。”该报告还建议，“简化和减少商业注册程序并引入灵活的申请程序以尽可能减少时间约束的影响，可以增加男性和女性企业家遵守注册规定和注册程序的能力，但是对女性企业家产生的影响会更大。”[188]

在**越南**，联合国工业发展组织（UNIDO）与越南工商会（VCCI）联合进行的调查发现，相比起实际商业规定因素，越南女性企业家在创业时遇到的困难更多地来自传统和内部因素。然而一旦开始了经营，而且如果能够减少家庭责任产生的负担，女性企业家在坚韧不拔和必胜的决心方面都可以超越男性[189]。随着注册手续的简化，女性创业的机会也得到了改善。[190]

在**乌干达**，女性拥有 39% 的注册企业，但是她们仅获得了 9% 的商业贷款。这些数字揭示了女性缺乏融资渠道这一相同的事实。乌干达商业女性所面临的主要障碍是有限的土地所有权，这也是传统上所需要的贷款抵押。这会阻碍最有经验的女性申请贷款，从而造成长期缺乏与银行交涉的经验。令这一问题雪上加霜的是，女性获得财务管理培训以帮助她们成功规划和管理企业发展的机会也很少。[191]

---

187 IPO – 新股发行

188 世界银行，2012。《为了东亚和太平洋地区的性别平等：世界发展报告指南——会议版》，华盛顿特区，世界银行，许可证：创作共用归属，CC BY 3.0

189 UNDIDO，VCCI，《越南女性企业家遇到的性别障碍》，技术报告，2012

190 越南国家报告，ILO 有关商界和管理界中的女性地区雇主研讨会，曼谷，2013 年 5 月 18 – 19 日

191 乌干达国家报告，ILO 商界和管理界中的女性地区雇主研讨会，约翰内斯堡，2012 年 11 月 7 – 8 日

6.10 挖掘女性的创业潜力

世界银行2012年世界发展报告建议，在有些国家，如果能够消除针对女性的融资和财产法等歧视性障碍，其生产力可以提高多达25%。

欧盟委员会（EC）2013年认为，女性的创业潜力构成了“经济增长和新工作岗位的未开发资源”。EC指出，女性作为企业家能够获得成功的原因有很多。“首先，已经证明她们是创造力和赋权、进入新市场和部门以及开发创新型产品的真正来源。其次，女性是‘勤勉的冒险者’。由于她们对冒险的审慎态度，女性很少会在偿还贷款时不履行义务。第三，女性具有更好的网络并能建立更长久的伙伴关系。”[192]

研究发现，女性经营的企业正在雇佣越来越多的员工。在美国，在过去二十年中，女性创立的企业已经多于男性。根据《福布斯女性》的报告，预计到2018年新增的972万个小型企业中，一半以上是由女性带来的[193]。据估计，4800万女性企业家和640万确定的女性企业所有人目前均雇佣了一名以上的员工；700万女性企业家和500万确定的女性企业所有人在五年中将在她们的企业中至少增加六名员工。[194]

中东和北非地区很多国家（巴林、约旦、黎巴嫩、突尼斯和阿拉伯联合酋长国）对女性企业所有人进行的调查认为，她们的性别所产生的积极影响要大于对企业所形成的障碍。在这五个国家中，女性企业所有人在其企业中广泛使用信息和通讯技术（ICT），使用率高于世界人均水平。[195]

2013年4月全球创业与发展研究所和戴尔信息技术公司共同宣布开发“性别全球创业和发展指数”（GEDI），作为诊断工具用以广泛确定和分析培养高潜能女性创业发展的条件[196]。性别全球创业和发展指数由30个指标组成，对17个国家进行排名[197]。排名靠前的国家在所有指标中均得分较高。

该指数结合了测评机构和制度的各种变量组成了综合指数，以抓住女性创业发展的多维度的各个方面。数据来源均为国际认可的机构和组织，如全球创业观察（GEM）、世界经济论坛（WEF）世界银行、联合国教科文组织（UNESCO）、联合国开发计划署（UNDP）以及国际劳工组织（ILO）。性别全球创业和发展指数尤其注重确定和评估因素的性别属性，这些问题如能解决，可以帮助具有高潜力的女性企业家获得平等的发展机会。

还有很多投入到女性创业中的行动，以支持女性创业和发展，并帮助消除阻碍她们获得资源的障碍。比如，2013年6月，国际贸易女性组织（OWIT）和国际女性企业联盟（WEConnect International）同意通过网络和市场共同促进女性企业所有人的商业机会[198]。该项合作旨在向各自的会员开放认证、入会、培训以及教育机会。

虽然面临巨大的障碍，但全世界的女性都已经证明了她们的创业能力。就像并非所有的男性都能成为企业家，女性亦是如此。但是，消除性别定式障碍对于释放具备商业才能的女性的潜力至关重要。作为企业创始人，这些女性可以为他人制造工作机会，改善家庭福利，并为其所在国家的经济和社会发展贡献力量。向女性提供培

---

192 欧洲委员会网站，Antonio Tajani委员网页，EC副主席，http：//ec. europa. eu/commission _ 2010 - 2014/tajani/headlines/news/2013/03/20130308_ en. htm

193 Natalle MacNell，《创业是新女性运动》，《福布斯女性》，2012年6月8日

194 《女性和创业全球性报告》，GEM 2012

195 阿拉伯女性培训和研究中心（CAWTAR）和国际金融公司（IFC），2007年

196 全球创业和发展研究所，《性别-GEDI主管报告》，华盛顿，2013年

197 澳大利亚、巴西、中国、埃及、法国、德国、印度、日本、墨西哥、摩洛哥、马来西亚、俄罗斯、南非、土耳其、乌干达、英国和美国

198 国际贸易女性组织（http：//www. owit. org）为非盈利性专业组织，旨在通过建立网络和提供教育机会来为女性增加全球贸易机会。该组织在全世界有25个分会，超过2000名会员。既包括企业家、管理人员、政府代表，也包括服务提供商。国际女性企业联盟（http：//www. WEConnectinternational. org）是由公司领导的非营利性组织，通过帮助女性企业所有人在当地和国际市场取得成功来建立可持续发展的社会。2009年以来，该组织已经向美国以外的企业提供了商业教育、认证以及业务联系。这些企业至少有51%由一名或多名女性所有、管理和控制

训、发展网络以及融资的机会是她们取得成功的基本因素——不仅要建立企业，而且要发展和扩大企业。支持供应链管理也是将女性企业带入经济主流的重要渠道。在很多国家，由于已有的社会和性别惯例，女性的人身活动受到限制，但是网络商业模式和技术无论是在本国还是跨国都已经被证明可以作为有力的工具帮助她们加入到全球经济活动中。

7. 报酬性别鸿沟

男性和女性之间一直存在的收入差距是反映劳动市场中性别不平等的一个重要指标。女性工资全面低于男性工资，而且在某些职业和经济领域尤其明显。虽然在过去几十年中，这种差距在逐渐缩小，但是在很多国家仍具有非常明显的差异，这种差距从百分之几到甚至超过40%。根据欧洲委员会的调查，2011年，在欧盟（欧盟-27国）和欧洲地区（欧洲-17国）中，女性每小时纯收入平均低于男性16%。在其他成员国之间，报酬性别差异的差距也较大，最大相差25

图 7.1 性别工资差异小于 20%的国家（ILO，最近年份）

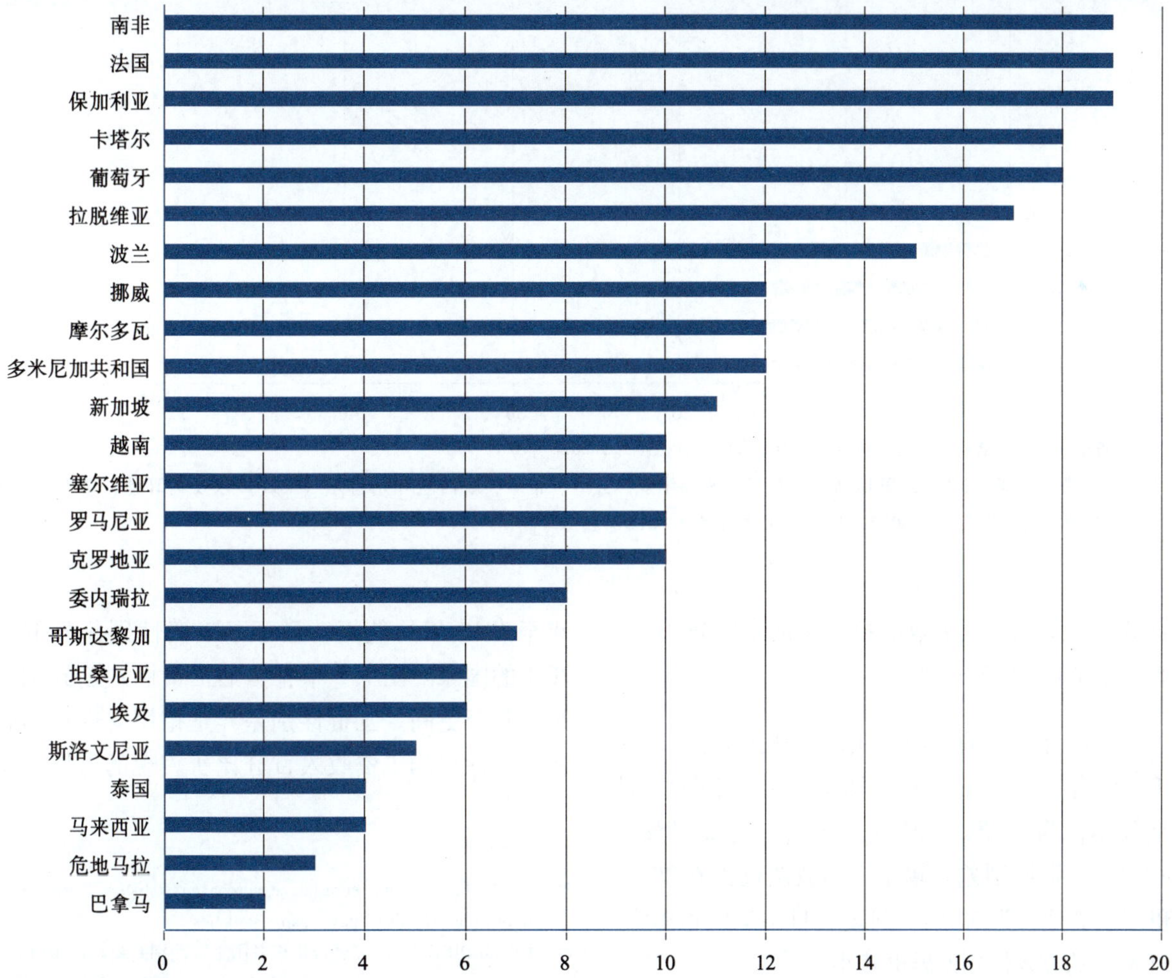

资料来源：不同经济活动的工资性别差异，ILO 统计数据库，2014年6月

除拉脱维亚、挪威、葡萄牙、卡塔尔（2013），保加利亚、克罗地亚、法国、摩尔多瓦、斯洛文尼亚（2011）以及波兰（2010）外的所有国家均为2012年数据

图 7.2　性别工资差异达到或超过 20%的国家（ILO，最近年份）

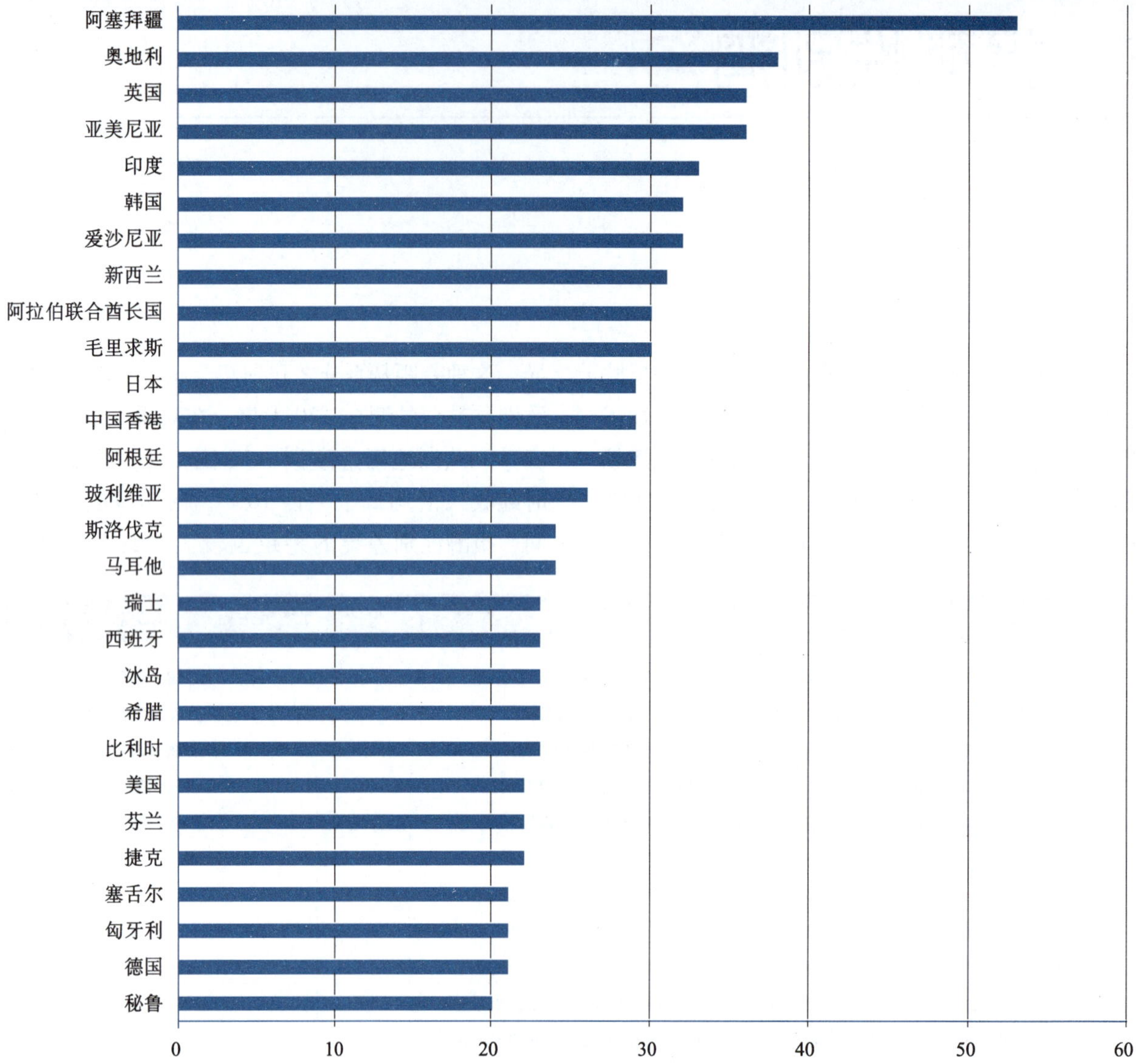

资料来源：按经济活动计算的工资性别差异，ILO 统计数据库，2014 年 6 月

除捷克、爱沙尼亚（2013），奥地利、比利时、玻利维亚、芬兰、希腊、新西兰和塞舌尔（2011）以及马耳他、瑞士、美国（2010）和阿拉伯联合酋长国（2009）以外的各国数据均为 2012 年数据

个百分点。如斯洛文尼亚的报酬性别差异为 2%，而爱沙尼亚则为 27%。[199]

根据经合组织关于经合组织 200 国的报告[200]，2010 年，年均差异在 10% 至 20% 之间。差距最大的是日本，为 28.7%；其次是德国，为 20.8%。东欧国家工资性别差异较小，如波兰仅为 6.2%。西班牙则更低，为 6.1%。丹麦（11.8%）和挪威（8.1%）的收入性别差异也较小。

图 7.1 和 7.2 显示了近几年一些国家男性和女性工资差异的百分比情况。图 7.1 根据 2010 年至 2013 年的数据，显示了工资性别差异低于 20% 的国家。图 7.2 中各国的工资性别差异则为 20% 甚至更高。工资性别差异是指用女性平均收入占男性平均工资收入百分比所表现的男性平均

199　网站：http：//epp. eurostat. ec. europa. eu/statistics_ explained/index. php/Gender_ pay_ gap_ statistics

200　CESifo DICE 报告，《经合组织各国工资性别差距》1/2013（三月），www. cesifo - group. de/ifoHome/facts/DICE/Labour - Market - and - Migration/Labour - Market/Antidiscrimination - Gender/Gender - wage - gap - report/fileBinary/Gender - Wage - Gap _ dicereport113 - db3. pdf

收入和女性平均收入之间的差异。

工资性别差距产生的原因部分是由于女性与男性工作性质的不同。在历史上，女性从事的职业的货币价值就低于男性所从事的职业。相比男性，女性从事兼职工作的比例更高，而且女性会花更多的时间照顾家庭，而非用于工作。然而，尽管有以上因素，研究仍表明，一些工资性别差异完全是由性别歧视所导致的。此外，全球性的研究还表明，女性比男性花更多时间进行没有报酬的劳动，如家务劳动和志愿者服务等。结果是，从事这些劳动不仅获得的储蓄较少，对养老金的贡献也较少。

在很多国家，技术改变了男性和女性所从事的工作所需的体力和脑力上的平衡及强度。过去十年中，在设计客观工作评价的方法方面，进行了大量的工作。其中包括如何衡量工作所需的技能、责任水平以及各种任务的强度及复杂程度等。但将这些方法应用到企业和行业层面仍存在着挑战，需要我们大力进行倡导及协作，从而公平的评判女性和男性工作的价值。“国际劳工组织有关平等报酬的第100条公约”于1951年提前通过，并已由大多数ILO成员国批准通过。该公约的重点在于所从事的工作的“价值”这一复杂的核心问题，而并非只是“同工同酬”问题。公约要求“向从事具有相同价值工作的男性和女性工作者支付相同的报酬这一原则并对所有工作者适用”。而且在条约中还使用了“报酬”一词，不仅仅包括工资或薪水，而且也包括现金或其他形式的额外福利。

7.1 管理者中的工资性别差异

管理职业中的工资性别差异通常也很明显，这可以归结为女性所从事的管理工作的职能和层次的不同。在下表7.1中，ILO有关49个国家各职业的工资性别差异表明，各国间的总体性别差异也存在着较大的不同。差异从危地马拉及巴拿马的百分之几，到埃塞俄比亚的42%和奥地利及瑞士的38%。就管理层面的工资性别差异而言，在有相关数据的国家中，有18个国家高于总体工资性别差异，有26个国家低于总体工资性别差异。同样，对专业人员而言，有24个国家高于总体工资性别差异，有23个国家低于总体工资性别差异。

表7.1 管理及专业领域性别工资差异（ILO，截至2013年）

	国家（或地区）	总体差异	专业人员	管理者
1	阿根廷	29	17	14
2	阿鲁巴	19	18	16
3	奥地利	38	37	35
4	白俄罗斯	26	33	23
5	比利时	23	12	14
6	百慕大	21	32	27
7	巴西	23	43	24
8	加拿大	25	16	19
9	哥斯达黎加	7	20	22
10	捷克	22	27	29
11	多米尼加共和国	12	33	23
12	埃塞俄比亚	42	23	25
13	芬兰	22	17	19
14	德国	21	30	34

续表

	国家（或地区）	总体差异	专业人员	管理者
15	希腊	23	41	19
16	危地马拉	3	34	37
17	中国香港	29	17	7
18	印度	33	24	6
19	印度尼西亚	22	30	0.4
20	以色列	34。	35	37
21	韩国	32	34	23
22	中国澳门	17	15	3
23	马其顿	6	8	6
24	马来西亚	4	22	26
25	马尔代夫	34	32	19
26	毛里求斯	30	33	17
27	蒙古	15	5	16
28	挪威	12	16	20
29	巴基斯坦	37	9	2
30	巴拿马	2	16	3
31	巴拉圭	17	12	17
32	秘鲁	20	34	33
33	菲律宾	n/a	8	2
34	波兰	15	21	28
35	葡萄牙	18	13	30
36	卡塔尔	18	10	16
37	俄罗斯	32	26	31
38	塞舌尔	21	15	24
39	斯洛伐克	24	30	32
40	斯洛文尼亚	5	14	5
41	南非	19	17	17
42	西班牙	23	19	17
43	斯里兰卡	18	31	10
44	瑞士	38	36	33
45	泰国	4	16	n/a
46	阿拉伯联合酋长国	30	22	16
47	英国	36	25	30
48	委内瑞拉	8	n/a	5
49	越南	10	18	11

资料来源：各职业工资性别差异，ILO统计数据库，2014年6月

除挪威、葡萄牙（2013），奥地利、白俄罗斯、比利时、芬兰、希腊、以色列、巴基斯坦、俄罗斯、塞舌尔、斯洛文尼亚、西班牙、斯里兰卡、越南（2011），阿鲁巴、百慕大、德国、印度尼西亚、马其顿、马尔代夫、巴拿马、菲律宾、波兰（2010），以及阿拉伯联合酋长国（2009）以外的各国家（或地区）数据均为2012年数据

以下两张表（表7.2和表7.3）表明了根据ISCO 08和ISCO88的职业分类中不同层次和不同领域的管理者之间的工资性别差异。在15个国家中的6个国家中，首席执行官、高级官员和议员中的工资性别差异高于行政和商业管理人。在7个国家中，上述职位的工资性别差异也高于酒店接待业、零售业和其他服务业的管理者。在比利时、德国、马来西亚和波兰等很多国家，管理领域的工资性别差异都与上述三种情况类似。

在有数据的7个国家中的5个国家，总经理职位中的工资性别差异高于议员、高级官员、主管及首席执行官。

表7.2 不同层次和类型管理者的性别工资差异比例（ILO，ISCO 08，选定国家，最近年份）

	国家	年	首席执行官	行政	酒店接待、零售其他服务业管理者
1	阿根廷	2012	25	66	10
2	阿鲁巴	2010	21	18	13
3	奥地利	2011	37	30	23
4	比利时	2011	10	13	15
5	哥斯达黎加	2012	32	32	40
6	芬兰	2011	11	14	18
7	德国	2010	33	33	37
8	希腊	2011	n/a	42	37
9	印度	2012	26	16	8
10	马来西亚	2012	24	31	24
11	毛里求斯	2012	25	24	4
12	波兰	2010	21	27	28
13	葡萄牙	2013	n/a	26	17
14	斯洛文尼亚	2012	36	25	36
15	南非	2012	7	16	26
16	西班牙	2011	43	13	17
17	英国	2012	33	35	29

表7.3 不同层次和类型的管理者的性别工资差异比例（ILO，ISCO 88，选定国家，最近年份）

	国家	年	议员、高级官员、主管和首席执行官	其他部门经理	总经理
1	白俄罗斯	2011	14	5	37
2	埃塞俄比亚	2012	22	17	31
3	以色列	2011	21	36	37
4	秘鲁	2010	44	36	33
5	菲律宾	2012	1	9	23
6	俄罗斯	2011	31	7	6
7	斯里兰卡	2012	19	54	47

现有对管理业中工资性别差异的研究非常有限，这其中部分原因在于管理者的工资通常都是保密的。有些研究的重点放在解释差异的因素上，其中大部分研究认为，并不能用客观的原因去解释，而是由性别定式导致的。根据经合组织的研究，在高工资收入者中工资性别差异更大。以下就是几个研究发现的具体实例。

英国特许管理学会发现，2011 年，男性执行官比担任相同职务的女性平均多拿 25% 的薪水。但是，似乎有新兴的趋势表明，女性年轻高级管理人员的工资略高于同等层次的男性高级管理人员。[201]

在**美国**，审计总署指出，2007 年，女性管理者的收入低于男性同行 19%。相比其 2000 年的 21%，并无太大改变[202]。另一份报告发现，2010 年，从事管理、专业及相关职业的全职女性的中期平均周收入与男性同行有 26% 的差异[203]。就首席执行官而言，2011 年报告的工资性别差异为 31%；财务经理的工资性别差异为 34%；销售和市场经理为 32%[204]。

澳大利亚的一份研究报告发现，“全职女性管理者比男性同行的收入少 25%，而且很难对其中 70% -90% 之间的收入差距作出解释”。作者认为，“多达 70% 的收入差距原因就是因为女性管理者为女性”。[205]

中国的研究报告调查了造成高级管理人员中工资性别差异的原因，如教育、企业规模和行业等，并确认总体工资性别差异为 32.5%。[206]

在**捷克**对男性和女性之间的管理工资性别差异所作的调查发现，该差异为 20%。[207]

在**智利**，2010 年的美世咨询（Mercer）对 2500 名总经理和 1600 名高级经理进行了调查访谈。根据新闻报道，该调查发现女性经理人比男性同行的收入少 15%。[208]

最近很多研究反映了女性在职业生涯起步时所面临的劣势。在**美国**进行的研究表明，对于私立非营利性综合性大学的毕业生来说，在大学毕业一年后所遭遇的工资性别差异为 25%；对于公立大学专科大学的毕业生来说，差异为 19%；而对于公立综合性大学以及私立非营利性专科大学的毕业生来说，差异为 14%[209]。在**澳大利亚**，澳大利亚毕业生就业协会 2012 年毕业生统计报告表明，男性毕业生全职工作的起始工资中值为 5.5 万澳元（比 2011 年的 5.2 万澳元有所增加），而女性毕业生则为 5 万澳元（与 2011 年相比没有变化）。目前所有职业毕业生面临的工资性别差异均值为 9.1%。毕业生在以下行业所面临的工资性别差异最明显：建筑业（17.3%），牙医业（15.7%），验光业（8.5%）和法律业（7.8%）。但是，在 23 个职业中的 7 个里，女性毕业生的收入略高于男性，其中包括计算机科学、地球科学、制药业和工程业。只有三个职业分类在起始工资上没有性别差异，即教育、人文科学及医疗行业。[210]

7.2 ILO 公司调查

ILO 公司调查中关于女性管理者是否获得与男性管理者相同的工资这一问题的大部分回答者（82%）都表明女性获得了与男性相同的工资。但是，也有 10% 的回答者表明没有获得相同的工资。有些回答者指出，一些女性管理者的收入高

---

201 Simon Goodley，“女性执行官可能要等 98 年才能获得同等报酬”，《卫报》，2011 年 8 月 31 日

202 Andrew Sherrill，《管理届的女性：女性管理者比例、特点及薪酬》，美国审计总署，2010 年

203 Catalyst，《女性收入》，2011 年

204 美国劳动统计局，《2011 年女性收入亮点》，http：//www.bls.gov/cps/cpswom2011.pdf

205 Ian Watson，《管理者中的性别工资差异：使用澳大利亚面板数据所作的调查，2009 年》，HILDA 调查研究大会，墨尔本大学，2009 年 7 月 17 日

206 Lin Xiu，《中国的管理性别工资差异》，2009 年 4 月，www.tammyschirle.org/LGCRPA/Lin_ Xiu_ 090402，pdf

207 Štepáan Jurajda 和 Teodora Paligorova，《中欧女性经理人和她们的工资情况》，劳动力研究所，波恩，2303 号讨论稿，2006 年 9 月

208 Arly Faune，《智利的恶性循环：女性工资差距》，美世调查，美洲经济 MBA 和高级主管教育通讯，2011 年 7 月 1 日

209 Christianne Corbett 和 Catherine Hill，《毕业后的工资差异：大学毕业后一年男性和女性的收入》，美国大学女子协会（AAUW）出版，美国大学女子学会，2012 年 10 月

210 职场性别平等机构（WGEA），《毕业生工资差异骤增：女性收入低于 5000 澳元》，2013 年 1 月 3 日

于男性管理者，有些则低于男性管理者。对此，其中的一些解释包括，历史原因和条件差异，过去的经验和绩效水平以及服务期限等。有一名回答者指出，女性仍无法捍卫她们获得相同收入的权利。另一名回答者则认为，男性在要求更高的工资时表现得更自信，因为他们的责任更大。还有人认为，女性倾向于接受比男性低的工资。有一家公司表示，他们接受男性管理者的工资高于女性，因为男性被视为承担家庭财务责任的人。有一名回答者发现，“问题不在于男性和女性之间的工资差异，而是在任命前，男性在谈条件时展现了拥有更多其所申请工作的行业相关知识。”

就薪酬中绩效工资因素的条件而言，大部分回答者（66%）表示，男性管理者和女性管理者之间另有不存在差异。8%的人指出有很大的差异；7%的人说有一些差异，而另有7%的人则表示差异很小。很多回答者表示，在他们所在的公司，工资是根据绩效而不是性别确定的。对此的解释包括人员的条件、经验、能力以及可靠性。其中一个解释是，会向女性和男性管理者分配不同的关键绩效指标（KPI's），而这也是绩效工资的基础。有一名回答者说，由于女性管理者的基础工资较低，因此他们的绩效工资较高。另一名回答者则指出，男性比女性承担更多的监督责任，所以得到的绩效工资更高。有一名回答者认为，不管她们的绩效如何，女性都很难被提升到更高的职位。另一名回答者指出，如果女性管理者想要继续向上，相比起男性，女性要付出大量的个人牺牲和做出更大的努力。而男性则自然会得到更高的工资、更好的机会和更多的特权。还有人表示，通常情况下缺少平等的机会。

大部分回答者（74%）指出，女性和男性管理者收到了相同的福利（交通补助、车辆、奖金和养老金支出等等）。而指出差异的人则认为存在着普遍的不平等，以及男性会得到更多的培训和发展机会。一名回答者注意到，男性管理者所获得的车辆比女性管理者更昂贵。另一人则指出，由于女性管理者从事的是“室内”工作，因此所获得的交通补助比男性管理者少。所引用的另一个例子是，通常不向女性管理者的家属支付健康保险和交通补助，但是却会向男性管理者的妻子和孩子提供这些福利。

8. 公共部门决策层中的女性

在全世界，女性的进步已经让她们获得了加入立法机关的机会，不过在很多国家，这却是各种性别配额制的结果。另外，由于政府有关机会和待遇平等的政策，以及对协调工作和家庭的考虑，女性通常在公共服务或行政部门获得的机会更多。

8.1 公共服务

表 8.1 提供了女性在所选国家作为高级公务员的比例。该比例通常高于女性在私人部门高级管理者中的比例，有些国家还高得非常多。但是，在比利时和爱尔兰却非常低。

表 8.1 选定国家女性高级公务员比例（2011－2013）

国家	女性% 2013	国家	女性% 2012	国家	女性% 2011
加拿大	44	克罗地亚	30	比利时	17
塞浦路斯	37	匈牙利	77	爱沙尼亚	57
丹麦	22	以色列	32	芬兰	38
爱尔兰	19	荷兰	26	法国	23
哈萨克斯坦	40	挪威	22	瑞典	42
立陶宛	60	西班牙	33		
俄罗斯	62	瑞士	31		
斯洛文尼亚	53	乌克兰	38		
英国	36				

资料来源：UNECE 统计数据库，根据各国官方资料编辑。2014 年 6 月查询

表 8.2 中央银行董事会成员的性别组成（最近年份）

国家	最近年份	男性	女性	女性%	国家	最近年份	男性	女性	女性%
阿尔巴尼亚	2013	6	3	33	立陶宛	2013	5	1	17
亚美尼亚	2013	5	0	0	马耳他	2013	4	1	20
奥地利	2013	4	0	0	摩尔多瓦	2012	3	2	40
白俄罗斯	2013	9	4	18	黑山	2013	4	1	20
比利时	2011	8	2	25	荷兰	2013	7	0	0
加拿大	2006	6	1	17	挪威	2013	4	1	20
克罗地亚	2013	8	0	0	波兰	2013	4	3	43

续表

国家	最近年份	男性	女性	女性%	国家	最近年份	男性	女性	女性%
塞浦路斯	2013	5	0	0	葡萄牙	2013	7	2	22
捷克	2013	6	1	14	罗马尼亚	2013	5	0	0
丹麦	2012	6	1	14	俄罗斯	2013	8	1	11
爱沙尼亚	2013	6	2	25	塞尔维亚	2006	12	3	25
芬兰	2013	3	0	0	斯洛伐克	2013	2	3	60
格鲁吉亚	2013	7	0	0	斯洛文尼亚	2013	4	0	0
德国	2006	7	0	0	西班牙	2013	2	3	60
匈牙利	2008	12	1	8	瑞典	2013	7	2	22
冰岛	2013	8	1	11	瑞士	2011	2	2	50
爱尔兰	2013	2	0	0	土耳其	2013	3	0	0
以色列	2013	8	1	11	乌克兰	2012	7	0	0
意大利	2013	5	1	17	英国	2013	7	3	30
哈萨克斯坦	2013	4	1	20	美国	2006	19	4	21
拉脱维亚	2013	8	1	11		2013	4	2	33

资料来源：UNECE 统计数据库，2014 年 6 月查询

从传统上说，女性一直以来就很难在金融和商业世界找到属于自己的位置。表 8.2 显示了她们已经成功地在很多国家中央银行的董事会谋得了位置。

在**澳大利亚**，女性在澳大利亚公共服务（APS）职员中占大多数——到 2012 年 6 月，占全部雇员的 57.6%。2011 年，在最高行政级别（EL2）中，女性拥有 40% 的职位。但是在同年，在最资深的行政级别（SES 3）中，女性仅占 11.7%[211]。

在**智利**，2010 年女性在中央政府雇员中的比例为 66.9%。在高级管理人员中的比例为 29.5%。[212]

在**中国**，根据人力资源和社会保障部的数据，女性在全国各级政府公务员中的比例为 42.5%，在国有企业和事业单位专业人员中的比例为 45.1%。在享受国家津贴的高级专业和研究人员中，有 11.5% 为女性。根据中华妇女联合会（ACWF）以及国家统计局（NBS）2010 年 12 月进行的调查，只有 2.2% 的职业女性曾经担任过政府部门、国有企业、事业单位的主要领导。该比例为男性比例的一半。[213]

在**法国**，2012 年，女性占 550 万公务员的 61%，在高级官员和主管中的比例为 38.6%。[214]

在**日本**，女性在地方政府部门管理职位中的平均比例为 6.5%。在所有地方政府中，女性比例排名前三的均超过了 10%（最高的是东京市政府，为 14.5%）。女性比例最低的两个地方政府还不到 3%[215]。根据内阁办公室的统计，在日本中央政府中，女性在主管及主管以上级别中的比例为 2.2%。内阁办公室已经列出了为改善平等需要实现的目标。其中最重要的内容包括，到 2015 年，女性在私人部门的部门管理职位中的比例至少应达到 10%，在中央政府管理层中的比例达到 5%。[216]

在**肯尼亚**的公共部门中，相比起男性 2% 的

211 澳大利亚公共服务网站：www. apsc. gov. au

212 公共部门人力资源数据 2001－2010，智利政府预算，2011

213 国务院妇女儿童工作委员会新闻稿，《中国女性专业人员、公务员比例超过 40%》，2011 年 11 月 29 日

214 法国公共服务网站，www. fonction－publique. gouv. fr

215 日本国家报告，ILO 商界和管理界中的女性地区研讨会，2013 年 4 月 18－19 日

216 Lindsay Whipp，《日本：需要文化变化》，《金融时报》，2011 年 12 月 7 日

比例，只有0.5%的女性雇员能够进入最高管理层。在35个部中，女性在国有企业高级管理职位中的比例为1.3%，在地方政府最高管理层（包括部门主管）中的比例为10.2%。[217]

在**毛里求斯**，女性在公共部门高级管理层中的比例从20世纪80年代的20%左右增加到2011年的37%。[218]

在**尼日利亚**，联邦公共服务部门是最大的劳动力雇佣机构，其中76%的公务员为男性，24%为女性。女性在尼日利亚公共部门管理层职位中的比例不足14%[219]。

在**俄罗斯**，女性仅占13%的领导职位。[220]

在**新加坡**，女性在公共服务部门高级官员中的比例为63.3%。在公共服务部门副常任秘书职位中的比例从2009年的20%增加到2012年的30%。[221]

在**斯里兰卡**，国营部门中有大量的女性负责领导各个部门，这主要是论资排辈的晋升体系造成的。但是，却很少有女性被任命为部常务秘书（仅次于部长的主要行政、决策长官）。比如，儿童发展和女性事务部的部长和常务秘书皆为男性[222]。

在很多中东和北非国家，公共部门是女性高薪工作的主要来源。各国统计部门的数据显示，和私人部门相比，女性在公共部门中工作的比例非常可观。比如，在**阿拉伯联合酋长国**，66%的职业女性都任职于公共部门，其中有30%占据着决策职位。

在乌克兰，2010年，女性在公务员中的比例为56.2%，在高级官员的最高级别中，女性的比例为13.3%。[223]

8.2 议会中的女性

根据2014年5月各国议会联盟（IPU）的数据，包括两院在内，女性在全球议会中的平均比例为21.9%。相比之下，2007年的比例为17.3%，十年前为14.7%。2014年5月，亚洲地区的平均比例为19%；太平洋地区为13.4%；撒哈拉沙漠以南非洲地区为22.9%；美洲为25.7%，阿拉伯国家为17.8%；不包括北欧各国的欧洲安全合作组织各国的平均比例为23.7%；包括北欧各国的欧洲安全合作组织各国的平均比例为25.3%。[224]

女性议会两院主席或发言人也是女性政治中的发展的一个指标。IPU在2014年5月注意到，在189个议会中（只有78个为两院制），仅有39名女性担任过两院其中一个的主席。因此，女性在议会或其中一院的271个主席职位中所占的比例仅为14%。

2014年，加蓬、厄瓜多尔、赤道几内亚、斯威士兰和津巴布韦是**非洲**地区仅有的几个由女性担任参议院主席的国家。有6个国家由女性担任下院或仅有一院的发言人——博茨瓦纳、马达加斯加、莫桑比克、卢旺达、坦桑尼亚和乌干达。在**美洲**，有4个国家由女性担任上院主席——安提瓜和巴布达、巴哈马、巴巴多斯，以及智利。有三个国家由女性担任下院主席——安提瓜和巴布达、多米尼克、洪都拉斯。还有2个国家由女性担任一院制的议会主席——厄瓜多尔和苏里南。在**亚太地区**，澳大利亚、孟加拉国、印度、老挝和新加坡5个国家的下院主席（发言人）为女性，但是在12个有上院的国家中，没有任何一个国家是由女性担任上院主席的。在**中东欧和独联体**地区——土库曼斯坦和乌兹别克斯坦曾经由女性担任过下院主席。俄罗斯是唯一一个曾经由女性担任上院主席的国家。在一院制的塞尔维

---

217 肯尼亚国家报告，ILO商界和管理界中的女性地区研讨会，2012年10月

218 毛里求斯国家报告，ILO有关商界和管理界中的女性的非洲地区雇主研讨会，约翰内斯堡，2012年10月

219 尼日利亚国家报告，ILO有关商界和管理界中的女性的非洲地区雇主研讨会，约翰内斯堡，2012年10月

220 Ernest & Young，“女性作为公共部门领导的世界指数”，2013

221 新加坡社会家庭发展部，2012，www.msf.gov.sg

222 到2014年11月，这两个职位分别由Tissa Karalliyadda和E. W. F. Illayapparachchi担任，见网站：http://www.childwomenmin.gov.lk/English

223 乌克兰女性基金会，《乌克兰女性参与政治和决策的情况：战略文件》，2011

224 IPU网站：《议会中的女性》，http://www.ipu.org/wmn-e/world.htm

亚，曾经由女性担任议会主席。在**欧盟和西欧**，有5个国家的上院主席曾经为女性——奥地利、比利时、荷兰、波兰以及英国。在2个国家曾经有女性担任过下院主席——意大利和荷兰。还有4个一院制的国家，曾经由女性担任过主席——拉脱维亚、立陶宛、葡萄牙和圣马力诺。在**中东及北非地区**，女性从未担任过上院或下院主席。

女性部长和大臣也是女性在政府和政治的最高级别参与决策的指标。仅有4个国家的女性在部长中的比例达到或超过了50%——芬兰、冰岛、挪威和瑞典。有9个国家的女性部长比例达到或超过了40%——佛得角、奥地利、尼加拉瓜、玻利维亚、瑞士、比利时、厄瓜多尔、列支敦士登以及南非。有13个国家的女性部长比例达到或超过了30%——丹麦、委内瑞拉、莱索托、布隆迪、哥伦比亚、德国、荷兰、乌干达、卢旺达、冈比亚、贝宁、拉脱维亚和西班牙。在其余有数据可查的162个国家中，女性部长的比例均低于30%，其中有14个国家没有女性部长，有39个国家的女性部长比例在0~30%之间。

下图8.1显示了女性集中在特定的部长职位中，如社会事务。而且在其他职位中的参与非常有限，如国防、信息和媒体以及交通等。

图8.1 部长职位中的女性人数（188个国家的1065个部长职位）

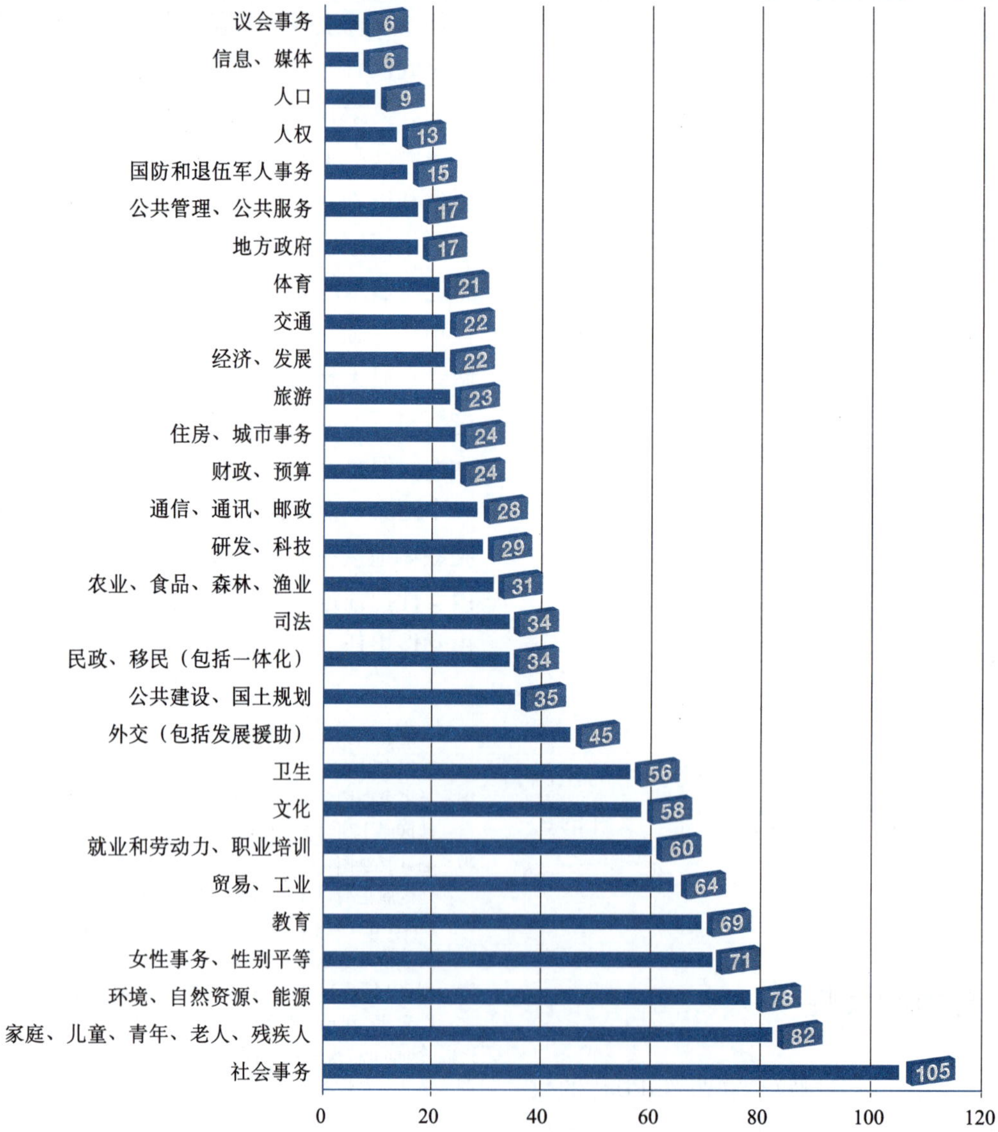

资料来源：联合国妇女署，《2012政治中的女性》，http：//www. ipu. org/pdf/publications/wmnmap12_ en. pdf

8.3 法定配额

利用宪法或法律规定的配额制来提高女性在政治参与程度的措施，在很多国家和地区都非常有效——尤其是在斯堪的纳维亚和拉美、中东欧、东亚以及非洲地区。其中包括对地方领导人以及国家议会成员的选举规定的配额。在很多国家，有些政党也采取了自愿配额制。以下就是从“全球女性配额制数据库”中选出的一些法定配额制的例子。[225]

在**非洲**地区，**肯尼亚** 2010 年宪法规定，国家应采取立法和其他措施，以保证选举或任命机构中，单一性别成员不应该超过总人数的三分之二。在**莱索托**，《2005 年地方政府法案》在地方议会中为女性保留了 30% 的席位。此决定颁布后，莱索托地方议会中女性的比例已经达到了 58%。此外，内阁中女性部长的比例也达到了 32%[226]。在**卢旺达**，80 名下议院成员中有 53 名为直接选举，27 名为间接选举。在间接选举的议员中，有 24 名必须是由各省和基加利市的选举团选举的女性。在上议院的 26 名成员中，则必须有 30% 的女性。在**斯威士兰**，30 个上议院席位中，有 10 个是由下议院间接选举的，而其中必须有一半为女性。在 20 个由国家元首任命的席位中，至少有 8 个应为女性。在**苏丹**，下院中 24 个席位是为女性保留的。而在**索马里**，则有 30% 的席位是为女性保留的。安哥拉、布基纳法索、布隆迪、吉布提、厄立特里亚、毛里塔尼亚、纳米比亚、尼日尔、塞内加尔、南苏丹、坦桑尼亚、多哥和乌干达都立法规定了议会中的女性配额。

在**亚太**地区，**阿富汗**大国民议会（大支尔格）为女性保留了 68 个席位[227]。在**印度**，其宪法规定在市议会中至少应为女性保留 33% 的席位[228]。在**印度尼西亚**，根据众议院 2008 年关于选举的立法规定，各政党候选人名单中，每三人中至少应有一名女性[229]。在**尼泊尔**，宪法规定，议会选举候选人中，至少应有 33% 的女性[230]。孟加拉国、蒙古国、巴基斯坦、萨摩亚以及韩国均为议会选举规定了配额。

在**美洲**地区，13 个国家采取了法定配额法律包括阿根廷、玻利维亚、巴西、哥斯达黎加、多米尼加共和国、厄瓜多尔、圭亚那、洪都拉斯、墨西哥、巴拿马、巴拉圭、秘鲁以及乌拉圭（2014 年开始采用）。这些国家要求政党必须保留一定比例的女性候选人。1990 年，拉丁美洲只有不到 5% 的立法者为女性。2003 年的数字几乎达到了该数字的三倍（美洲开发银行）。但是，一项对拉丁美洲地区议会中性别平等状况的调查[231]发现，很多国家并未能一直达到所规定的配额。这与法律的设计有关系。比如，法律没有规定如果各政党不遵守规定可能会受到的惩罚，也没有规定要进行监督以确保正确运用相关规定。以巴西为例，在国家选举名单中规定的女性配额为 30%，但是 2010 年选后，女性在下议院中所拥有的席位只有 8.9%，在上议院中的比例也仅有 16.1%。在墨西哥，立法规定女性在选举名单中的比例应为 40%。而 2012 年，女性在下议院占 36.8% 的席位，在上议院中占 32.8% 的席位。在 2009 年选举中，女性在议会仅获得了 28.2% 的席位。[232]

在**中东欧和独联体**地区，**吉尔吉斯斯坦**规定了议会下院选举名单中每种性别 30% 的配额。在**马其顿**国家和地方选举中，“在所提交的议会成员候选人名单中，每三名中必须为比例较少的性别保留一个名额”[233]。在**黑山**，各政党在其选举名单中，应有 30% 的女性。在黑山 21 个市中，只有一个是由女性领导的[234]。在**乌兹别克斯坦**，在国家和地方选举中，至少有 30% 的政党候选人必须为女性。波斯尼亚和黑塞哥维那、格鲁吉亚、

225 国际民主和选举协助研究所数据库，斯德哥尔摩大学和各国议会联盟，网站：http://www.quotaproject.org/country.cfm

226 “莱索托国家报告”，ILO 商界及管理界中的女性非洲地区研讨会，2012 年 10 月

227 IPU 网站

228 同上

229 同上

230 同上

231 Jutta Marx 和 Jutta Borner，性别友好的议会，拉丁美洲发展水平 2011，国际民主和选举协助研究所（IDEA）2011，及各国议会联盟（IPU）2011

232 IPU 网站

233 “马其顿国家报告”，ILO 商界和管理界中的女性地区研讨会，基辅，2012 年 12 月 5－6 日

234 “黑山国家报告”，ILO 商界和管理界中的女性地区研讨会，基辅，2012 年 12 月 6－7 日

科索沃以及塞尔维亚都有对议会选举配额的立法规定。

在**欧盟和西欧**，比利时、法国、希腊、爱尔兰、波兰、葡萄牙、斯洛文尼亚和西班牙8个国家都对议会中女性的配额作了立法规定。

在**中东**地区，**约旦**在下议院的125个席位中，为女性保留了15个席位。阿尔及利亚、埃及、伊拉克、利比亚、摩洛哥、西岸和加沙地带以及突尼斯，都为议会选举规定了立法配额。

8.4 公共部门最高层工作中的女性

2014年，有21个国家的最高职位是由女性担任的。其中包括11位女性总统（阿根廷、巴西、中非共和国、智利、哥斯达黎加、科索沃、利比里亚、立陶宛、马拉维、马耳他和韩国）、9位女性总理（孟加拉国、塞浦路斯、丹麦、牙买加、拉脱维亚、挪威、塞内加尔、斯洛文尼亚以及特立尼达和多巴哥），另外还有德国的行政长官。

9. 女性在教育中的进步

根据联合国教科文组织（UNESCO）的性别平等世界图集，“过去四十年中，高等教育在全世界各个地区获得大规模发展，而女性则成为主要受益者。在这四十年中，女性高等教育入学人数的增长几乎是男性的两倍。这其中的原因包括社会流动性、收入潜力增加以及国际社会在缩小性别差异方面的压力。尽管如此，更多女性所获得的高等教育也并没有完全转化为职业机会，如无法在其研究领域使用她们的博士学位知识。”

联合国教科文组织的报告表明，在全球范围内，女性获得学士学位的人数已经超过了男性，而且有越来越多的女性进行硕士学位的学习，已经达到了毕业生人数的57%。

根据联合国教科文组织的报告，女性通过教育的阶梯进入研究职业面临着巨大的障碍。实际上，在所有国家，男性在最高等的教育中全面超越了女性。在博士毕业生中，男性的比例约为55%，在研究员中男性的比例为71%[235]。女性研究员比例最高的是拉丁美洲和加勒比地区，达到了45.2%，其次是欧洲，平均为34%[236]。

9.1 非洲地区女性在高等教育中的情况

根据联合国教科文组织的报告，在过去40年中，撒哈拉沙漠以南非洲地区的高等教育入学人数的增长高于其他所有地区。1970年，该地区高等教育学生入学人数不足20万人，但是到2008年，该数字已飙升至450多万人。增长超过了20倍。实际上，从1970年到2008年，该地区高等教育毛入学率（GER）平均年增长率达到了8.6%，而同期全球平均年增长率仅为4.6%。

虽然增长迅速，但2008年，该地区高等教育适龄人群的入学率只有6%，而全球平均水平为26%。不过，与当初1%的毛入学率相比，该地区自1970年以来已经取得了长足的进步。

与全球趋势相反的是，在撒哈拉沙漠以南非洲地区，女性在接受高等教育方面仍维持弱势。这与南亚与西亚的情况相同。撒哈拉沙漠以南非洲地区的女性高等教育毛入学率为4.8%，而男性则为7.3%。

尽管如此，20世纪90年代，该地区在性别平等方面已经取得了明显的进步。从1970年到1990年，女性毛入学率几乎没有改善，只达到了男性入学率的一半。如果换算为调整后的性别平等指数（GPI）[237]，这20年，为0.45到0.50。不过到2000年，女性已经开始追上了男性，调整后的GPI达到了0.68。此后，该地区高等教育GPI出现了停滞，这也许反映出工作重点转向了实现普及初级教育的目标（UNESCO统计研究所，GED2010）。

在非洲的大约七个国家中，女性高等教育入学人数超过了男性——博茨瓦纳、佛得角、莱索托、毛里求斯、纳米比亚、苏丹和斯威士兰（见

235 UNESCO，Chiao－Ling Chien，《高等教育中的女性》

236 UNESCO，《科学领域中的女性》，UIS情况说明书，2011年8月，No. 14. N. B. 该情况说明书中没有提供北美的数据

237 GPI是用于衡量男性和女性接受教育的相关程度。UNESCO计算时，该指数为各阶段教育中女性入学人数除以男性入学人数所得的商

统计附近中的详细列表）。在以下 9 个国家中，女性入学率很高，达到了所有学生的 40% - 50%，他们包括喀麦隆、科摩罗、吉布提、肯尼亚、马达加斯加、尼日利亚、卢旺达、塞拉利昂和津巴布韦。但还有很多国家没有相关的数据。

很多非洲国家关于高等教育女性毕业生比例的数据都非常陈旧，几乎都是十多年前的数据。虽然如此，也有很多国家的女性毕业生人数达到或超过了毕业生总人数的 30%。只有在冈比亚、莱索托、毛里求斯、纳米比亚和苏丹，女性毕业生人数超过了男性。在很多国家，女性毕业生的比例超过了女性的入学比例。这也许表明，女性比男性投入多，学习也更加成功。但在有些国家女性入学人数更多，毕业比例却较低。这也许说明，随着时间的变化，每年都招收了更多的女学生，但是她们在完成学业方面遇到了困难。

除了在毛里求斯，在高级学位的毕业生中，各国的男性人数均超过了女性。但是在马达加斯加和莫桑比克等国，近几年女性毕业生的人数达到甚至超过了 40%。

虽然在很多国家，女性在高等教育入学人数和毕业生人数方面正在迎头赶上，但是在高等教育各学科之间差异仍然很大。尽管该地区不同国家之间略有不同，但是在一些国家传统上被视作属于男性或女性的学习领域中，差距正在缩小。

仅在 4 个国家——贝宁、纳米比亚、斯威士兰和津巴布韦，女性在教育专业方面的毕业生超过了男性。

在 7 个国家——科摩罗、加纳、马达加斯加、莫桑比克、纳米比亚、斯威士兰和津巴布韦，女性在卫生和健康专业方面的毕业生超过了男性。

在 6 个国家——加纳、马达加斯加、莫桑比克、纳米比亚、斯威士兰和津巴布韦，女性在人文及艺术学科的毕业生超过了男性。

在 3 个国家——马达加斯加、纳米比亚和斯威士兰，女性在商务与法律专业的毕业生超过了男性。尽管如此，在大多数国家，教育、卫生与健康、社会学、人文与艺术、商务与法律以及服务业学科方面的女性毕业生都多于在农业、理科、工程学、制造和建筑方面的女性毕业生人数。

在安哥拉，工程学、制造以及建筑方面的女性毕业生比例达到了 53%。其次是斯威士兰，为 33%。但是，在大多数国家，比例都非常低。有 5 个国家甚至低于 10%。只有纳米比亚女性理科毕业生超过了男性，达到 60%。其次是斯威士兰，为 41%。

9.2 美洲地区女性在高等教育中的情况

除了玻利维亚，在其他所有位于拉丁美洲和加勒比地区的国家中，女性高等教育入学率都高于男性，在墨西哥为 50%（见统计数据附件中的详细表格）。

在高等教育毕业情况方面，根据最近几年所有拉丁美洲和加勒比地区国家可查询的数据，除了危地马拉，女性毕业生的比例都达到或超过了 50%。

在很多国家，女性高级学位毕业生比例也超过了男性。比如，在巴巴多斯为 89%，在萨尔瓦多为 64%，阿根廷和乌拉圭为 59%，哥斯达黎加为 57%，特立尼达和多巴哥为 56%，美国为 54%，巴西为 51%。

拉丁美洲和加勒比地区的女性博士生比例超过了 45.3% 的世界平均水平。在有资料可查的国家中，该比例为 49.8%。一些国家中——阿根廷、巴西、哥斯达黎加、巴拿马和委内瑞拉，女性博士生录取比例超过了男性。

虽然女性高等教育入学率和毕业生比例在逐渐超越男性，但是各国在高等教育学科领域的差异仍很明显。在某些女性通常会超越男性的领域中，可能会出现女性过多的情况。虽然该地区各国之间情况不同，但在传统上被视为属于男性或女性的学习领域中，很多国家的性别差异正在缩小。比如，在 4 个国家——阿根廷、危地马拉、巴拿马和委内瑞拉，女性理科专业的毕业生已经超过了男性。在6个国家中，女性在工程、制造和建筑专业方面的毕业生比例排在了世界前30位——洪都拉斯（第五位）、乌拉圭（第6位）、委内瑞拉（第10位）、巴拿马（第14位）、阿根廷（第19位）和哥伦比亚（第21位）。虽然这些国家仍未实现性别平等——比例最高的洪都拉斯在工程、制造和建筑专业方面的女性毕业生比例为47.9%，但已经比20年前的比例高出了很多。

该地区的大部分国家中，在社会科学和商务及法律专业方面的女性毕业生比例超过了男性。在农业方面男性毕业生比例持续高于女性。该地区各国女性农业毕业生比例在全球范围内处于中等水平，其中巴拿马的女性农业专业毕业生比例最高，为47.5%，在全球排第39位。

女性在健康和卫生领域的高等教育毕业生比例大大高出男性，其中最低的是危地马拉，为64%；最高的萨尔瓦多则达到了80%。拉美各国在健康和卫生领域的女性毕业生比例也高于其他国家，在大多数有数据可查的国家中，都超过了70%。一些中美国家以及厄瓜多尔在服务学科中女性毕业生比例较高，与其他国家相比，排名最高的为洪都拉斯（第9位），其次是厄瓜多尔（第14位）。在很多国家，男性毕业生比例则高于女性（阿根廷、智利、哥斯达黎加、古巴、墨西哥、乌拉圭和委内瑞拉）。

女性在传统上一直在人文和艺术学科占据主导，但是拉美各国已经在向中间范围迈进，很多国家已经接近了性别平等。而且在委内瑞拉和洪都拉斯，该领域男性录取比例已经超过了女性。但在很多国家，女性的这一比例仍很高。比如在阿根廷和乌拉圭，均超过了70%。

9.3 亚太地区女性在高等教育中的情况

在亚太地区的30个有近年可查数据的国家中，有3个国家的女性高等教育入学率超过了男性。在中国、伊朗和新加坡三国中，女性高等教育入学率为50%（见统计数据附件中的详细表格）。在24个有可查数据的国家中，有一半也就是12个国家的女性高等教育毕业生比例高于男性。中国为50%。在很多国家，女性毕业生比例超过了入学比例。这可以反映出女性比男性更重视教育投入，因此成功完成学业的动力也更大。但是在21个国家中，只有6个国家（文莱、马来西亚、蒙古国、缅甸、新西兰和菲律宾）的女性高级学位毕业生比例超过了男性。在澳大利亚和泰国两国中，女性和男性高等学位毕业生人数相同。

虽然在很多亚太国家，女性在高等教育入学率和毕业生人数方面正在赶超男性，但是在学习领域方面的差异仍很明显。不过，虽然该地区各国之间情况不同，但在传统上被视为属于男性或女性的学习领域中，该地区很多国家的性别差异正在缩小。

在大多数国家，女性在教育领域的毕业生人数都超过了男性。在有些国家，女性毕业生比例甚至达到了总毕业生人数的80%。只有在柬埔寨和孟加拉国，教育学科的男性毕业生人数超过了女性。同样，在大多数国家，女性在卫生和健康专业的毕业生人数超过了男性。很多国家女性毕业生的比例超过了70%。在所有国家中，人文和艺术学科的女性毕业生人数都超过了男性。

男性在工程、制造以及建筑领域的毕业生人数多于女性。女性毕业生的比例从4.9%（柬埔寨）到61.2%（缅甸）之间。在15个有数据可查的国家中，11个国家农业领域男性毕业生人数多于女性。

总的来说，在亚太地区大多数国家中，在理科、工程、制造和建筑以及农业以外的学科中，女性毕业生比例均高于男性。

9.4 中东欧及独联体国家中女性在高等教育中的情况

在中东欧及独联体国家有数据可查的17个

国家中的13个国家里（见统计数据附件中的详细表格），女性高等教育入学率超过了男性。阿塞拜疆的女性入学率为50%。只有塔吉克斯坦、土耳其和乌兹别克斯坦的男性入学率高于女性。

在17个国家中的14个国家里，女性高等教育毕业生比例高于入学率。2012年，阿尔巴尼亚、亚美尼亚、白俄罗斯、波斯尼亚和黑塞哥维那，以及吉尔吉斯斯坦的女性高等教育毕业生比例达到或超过了60%。这可以反映出女性比男性更重视教育投入，成功完成学业的动力也更大。

在中东欧和独联体地区的10个国家中，女性高级学位录取率高于男性。6个国家的男性录取率高于女性——亚美尼亚、阿塞拜疆、俄罗斯、塔吉克斯坦、土耳其和乌兹别克斯坦。

虽然在中东欧和独联体的很多国家，女性在高等教育入学人数和毕业生人数方面正在迎头赶上，但是在高等教育各学科之间差异仍然很大。尽管该地区不同国家之间存在差异，但是在一些国家，在传统上被视作属于男性或女性的学习领域中，性别差距正在缩小。

在教育学科方面，女性毕业生比例在所有国家均高于男性，在大多数国家超过了80%。在卫生和健康学科中，所有国家的女性毕业生比例均高于男性，在大多数国家都超过了70%。人文和艺术学科方面，所有国家的女性毕业生比例均高于男性。

在8个国家中，女性在社会科学以及商务和法律方面的毕业生比例高于男性。其中，白俄罗斯比例最高，为75%；其次是塞尔维亚，为67%。只有土耳其（48%）和乌兹别克斯坦（23%）的男性毕业生比例更高。

在有可查数据的11个国家中的6个国家里——阿尔巴尼亚、阿塞拜疆、白俄罗斯、克罗地亚、吉尔吉斯斯坦和乌兹别克斯坦——理科女性毕业生人数多于男性。在亚美尼亚和格鲁吉亚2个国家中，男性毕业生（51%）和女性毕业生（49%）比例基本持平。

在工程、制造和建筑领域，男性毕业生比例高于女性。女性毕业生比例在11%（乌兹别克斯坦）到40%（马其顿）之间。男性在农业学科的毕业生比例也高于女性。但土耳其除外。土耳其女性农业毕业生比例达到了52%。在服务业学科中，除塞尔维亚外的各国男性毕业生比例均高于女性。塞尔维亚在服务学科毕业生中，女性占51%。

总的来说，在大多数中东欧和独联体国家中，女性在教育、卫生与健康，以及人文与艺术学科中的女性毕业生比例均高于男性。在有数据可查的国家中，有一半国家女性毕业生比例在商务、法律和社会科学领域中已经赶上并超过男性。但是在工程、制造和建筑学科以及农业和服务业领域，男性毕业生比例仍高于女性。

9.5 欧盟和西欧地区女性在高等教育中的情况

2011－2012年，在该地区33个国家中，只有3个国家（希腊、列支敦士登和瑞士）的女性高等教育入学率低于男性（见统计数据附近中详细表格）。在高等教育毕业生比例方面，女性在33个国家中的30个国家里均超越了男性。而且，除列支敦士登、卢森堡和瑞士外，女性毕业生比例也高于入学率。在33个国家中的20个国家中，男性高级学位毕业生比例高于女性。在塞浦路斯、罗马尼亚和斯洛文尼亚，男性和女性高级学位毕业生比例基本持平。尽管如此，在20个国家中的大部分国家（17个），女性毕业生比例均超过了40%。

教育学科方面，在有数据可查的29个国家中，所有国家的女性毕业生比例均高于男性。在大多数国家中，女性毕业生比例均高于70%，爱沙尼亚甚至达到了94%。

在上述29个国家中，女性在卫生和健康学科中的毕业生比例均高于男性。拉脱维亚达到了94%，爱沙尼亚为93%。

在上述29个国家中，女性在人文和艺术学

科的毕业生比例均高于男性。比例最高的是匈牙利和拉脱维亚，达到了82%。

在29个国家中的28个国家，女性在社会科学以及商务和法律的毕业生比例高于男性。比例最高的是爱沙尼亚（75%），其次是拉脱维亚和立陶宛（73%）。只有瑞士的女性毕业生比例低于男性，为48%。

根据现有数据，在上述29个国家中的25个国家，男性理科毕业生比例高于女性。仅在保加利亚、意大利、葡萄牙和罗马尼亚四国中，女性理科毕业生比例高于男性。

根据现有数据，在上述全部29个国家中，男性在工程、制造和建筑学科的毕业生比例高于女性。在20个国家中，女性在这些学科中的毕业生比例维持在四分之一到三分之一之间。女性毕业生的比例在13%（瑞士）到40%（冰岛）之间。

在14个国家，女性农业学科毕业生高于男性。在另外12个国家中，女性农业学科毕业生比例达到或超过了全部毕业生的40%。在服务业学科，29个国家中有16个国家的女性毕业生比例高于男性。在立陶宛和斯洛文尼亚两个国家，该比例为50%。

9.6 中东和北非地区女性在高等教育中的情况

近几年，在18个国家中的10个国家，女性高等教育入学率达到或超过了50%。阿曼的女性入学率为50%。在有可查数据的15个国家中的9个国家，女性毕业生比例高于男性。不过在9个有可查数据的国家中的5个，男性获得高级学位的比例高于女性。

在教育学科中，11个国家中有8个国家的女性毕业生比例高于男性。比例最高的是阿拉伯联合酋长国，达到了88%；其次是阿尔及利亚，为78%。只有约旦、巴林和摩洛哥的男性毕业生多于女性。

在11个国家中的9个国家，女性在卫生和健康方面的毕业生比例高于男性。其中比例最高的是阿拉伯联合酋长国，达到了88%，其次是巴林，为83%。只有伊拉克和约旦的男性毕业生比例高于女性。

在所有有可查数据的11个国家中，女性在人文和艺术学科的毕业生比例均高于男性。其中比例最高的是卡塔尔（89%），其次为巴林（85%）。

在11个国家中的8个国家，女性在社会科学以及商务和法律学科的毕业生比例高于男性。其中比例最高的为巴林，达到了71%，其次是卡塔尔，为69%。排在第三位的阿尔及利亚为67%。只有巴勒斯坦（47%）、伊拉克（35%）和约旦（42%）的女性毕业比例低于男性。

在11个国家中的9个国家，女性理科毕业生比例高于男性。只有摩洛哥（44%）和巴勒斯坦（39%）的女性理科毕业生比例低于男性。

在有数据可查的全部11个国家中，男性工程、制造和建筑学科毕业生比例均高于女性。但是在7个国家中，女性比例已经达到了四分之一以上。女性在这3个学科的毕业生比例在8%（沙特阿拉伯）到36%（阿尔及利亚）之间。在有数据可查的8个国家中，有一半国家的女性农业学科毕业生比例高于男性。在服务业学科中，11个国家中有6个国家的女性毕业生多于男性，仅在摩洛哥为50%。

9.7 教育领域中的性别差异在缩小

在大部分地区，女性毕业生在教育、人文与艺术以及卫生和健康领域仍旧占主导地位。而且在其他领域也在奋起直追。女性在理科方面已经取得了进步，但是在工程师和研究人员方面仍然落后（见下图9.1和9.2）。

这些差异也反映出了劳动力市场由于男性和女性所扮演的传统社会和家庭角色而导致的性别差异。然而，他们的角色都在发生转变。随着女

图9.1　工程、制造和建筑专业女性毕业生的增长情况（选定国家，2000－2012）

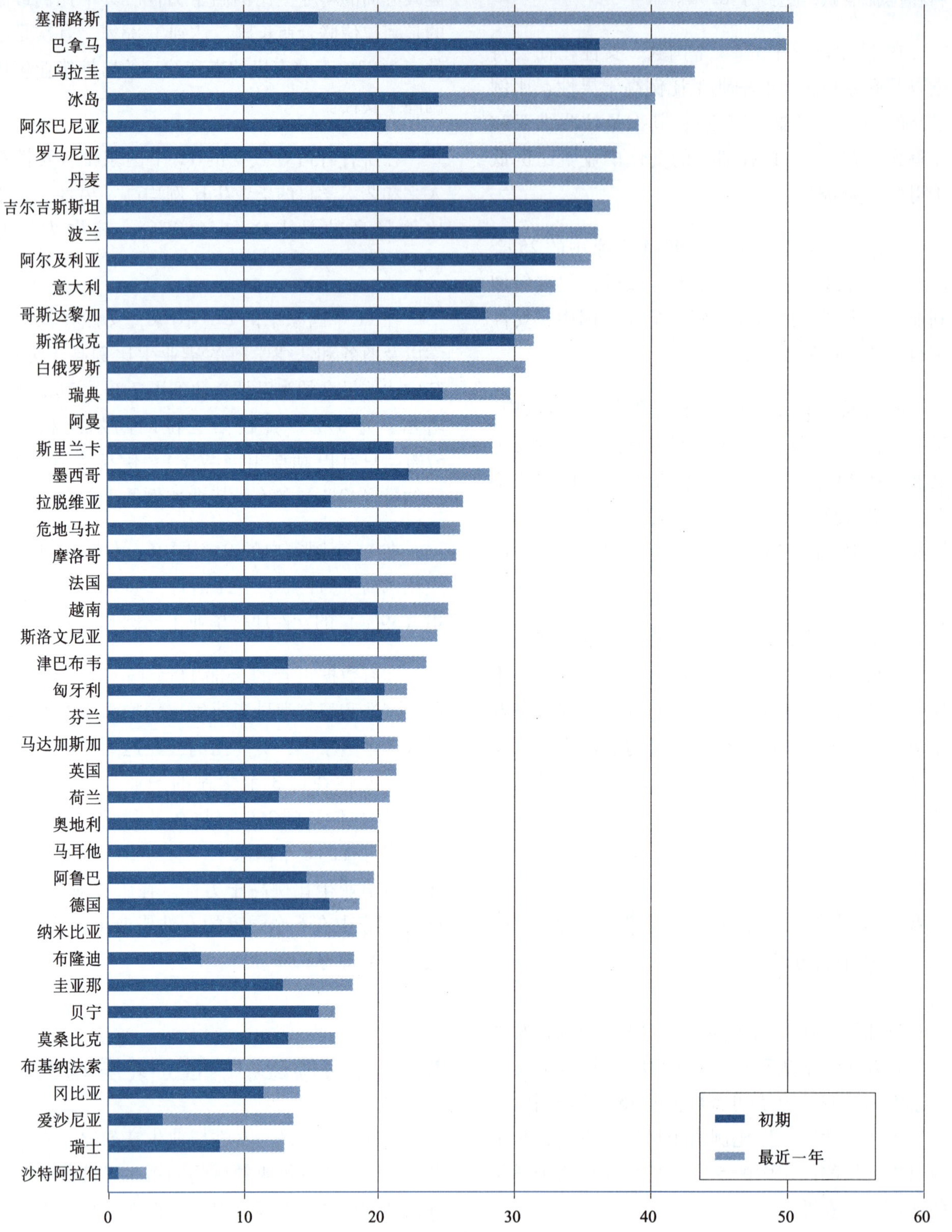

资料来源：UNESCO 统计研究所，2014

性能够获得更多的教育机会，她们的变化也许会更大。

信息和通信和技术（ICT）是另一个性别差异明显的重要技术领域。根据欧洲委员会的报道，女性在该领域的所有层面，尤其是决策层中所占的比例均较少。这也被称为“硅屋顶”。同样，对于女性来说这不仅仅是培训方面的问题，而且也是职业问题。正如 Facebook 首席运营官谢丽尔·桑德伯格所说，“在欧洲每一千名拥有学士学位的女性中，只有 29% 获得的是 IT 学位。而在这 29 名女性中，只有 4 名在 ICT 部门工作[238]。委员会预测，欧洲在 2015 年会空缺 70 万 ICT 技术工作人员。鼓励更多的女性进入该部门工作是解决人才短缺的一个途径。为此，欧洲委员会推出了“加强数字文化技能和包容性”的计划。[239]

9.8 女性性别差异

工程学是女性仍然落后于男性的最后几个领域中的一个，但是情况也很复杂。很多国家在过去十年中已经取得了进步，越来越多的女性毕业于工程学专业（见图 9.1）。10 年间很多国家的女性工程师毕业生比例已达到了较好水平，但是少数一些国家这一趋势却出现了明显的下滑（见下图 9.2）。另外一些国家则保持着较好的水平。

鼓励更多女性成为工程师是缩小这种教育差距的积极措施。但是，促进职场进一步向女性工程师开放仍面临挑战。根据一篇媒体文章的报道[240]，工程业将对英国经济起到决定性的作用，但是目前紧缺专业技能人才：到 2016 年，英国需要培训 9.63 万名新工程师和科学工作者以接替退休人员。同时，该文章还报道很多女性离开了工程领域的原因包括工作时间较长、企业文化以及因为家庭责任而需要的兼职职位等。另外，女性也觉得“相比其男性同事，她们的意见并没有得到充分的重视和尊重，而且在组织内部的职业晋升也像打仗一样。”增加女性工程师人数可以帮助公司解决技术短缺问题。此外，更好的性别组合以及将女性在沟通和团队协作方面的能力带入工程世界可以增加公司的效益。英国已经成立了建筑服务工程部门女性网络（WiBSE），以鼓励更多的女性学习工程专业并为女性在工程领域的职业发展提供支持和建议。

图 9.2 工程、制造和建筑专业女性毕业生的减少情况（选定国家，2000－2012）

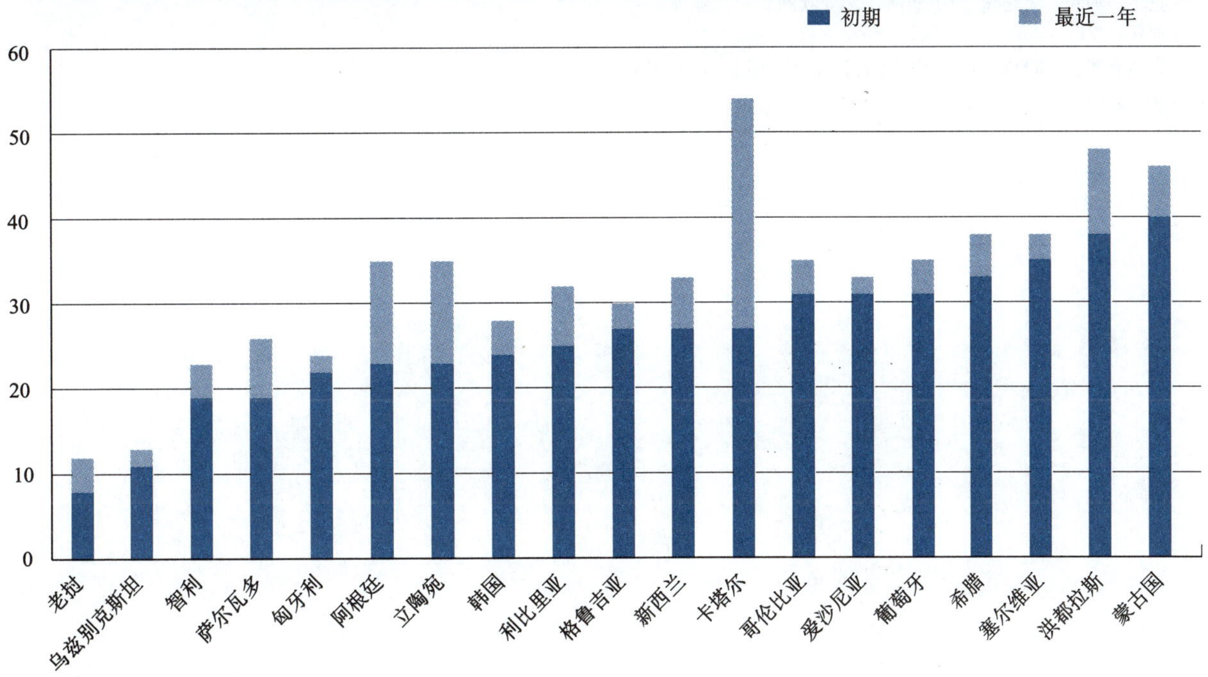

资料来源：UNESCO 统计研究所，2014

238 欧洲议会新闻，“打破硅屋顶：为何欧洲需要更多女性在 ICT 工作”，聘用政策，2013 年 4 月 2 日

239 欧洲委员会，欧洲数字议程，“ICT 中的女性”，新闻稿，2013 年 4 月 25 日

240 Susie Diamond，《应严肃开展的斗争：工程学中的女性》，《卫报－专业》，2013 年 4 月 26 日

9.9 女性研究人员

在研究人员中的比例方面，女性在大多数国家仍然落后于男性。联合国教科文组织对研究人员的定义为：从事新知识、产品、过程、方法和体系的形成和创造及管理上述项目的专业人员。下图9.3说明了各地区女性研究人员的比例，其中拉丁美洲和加勒比地区的比例最高。

女性研究人员所占百分比（2009）

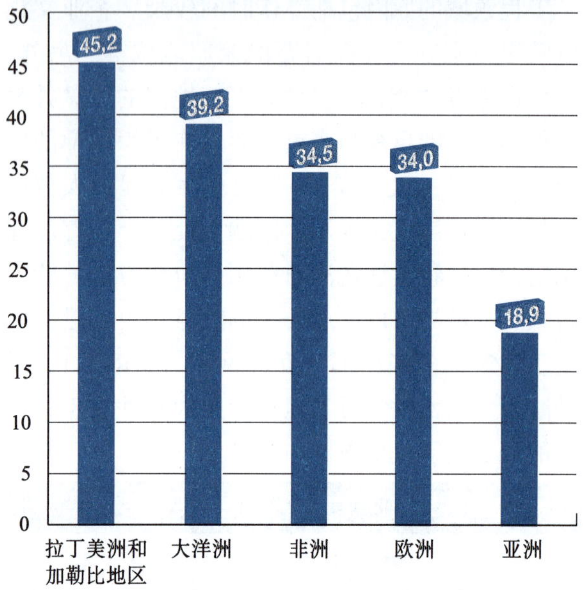

资料来源：UNESCO，《科学中的女性》，情况说明书，UNESCO统计数据研究所，2011年7月（没有北美洲的数据）

10. 女性通往领导层的障碍

在很多国家，即使没有两代，至少也有一代女性接受过较高程度的教育，并在毕业后在职场接受过培训。但是，本报告中的数字表明，她们仍未能打破数量可观的玻璃屋顶和围墙，成功获得最高管理层的工作和董事会中的职位，以及领导其所属国家中规模最大的企业。目前，商业世界面临变革的边缘，越来越多的女性被任命为CEO，并进入董事会。随着女性在一个又一个领域以及教育水平上不断超越男性，女性组成的巨大人才库已经引起了人们的广泛关注。

但是在过去十年以及现在，是什么阻碍了女性的发展呢？对于今天希望真正获得与男性相同的职业机会的女性来说，究竟需要解决哪些障碍呢？

大多数对这些问题的解释工作集中在两个方面：（1）与人们对女性的角色和能力的观点有关，其中既包括女性自身，也包括其他主体（家庭、社会等）；（2）与不利于女性发展的管理结构以及机构、组织和公司的体系有关。

一直以来，有很多人撰写了关于女性领导层障碍方面的文章，既包括大众杂志以及社会和金融媒体专栏，也包括学者的研究文章和博士论文等。这些文章大部分都集中在老生常谈的性别定式问题上，即人们通常期望男性和女性扮演不同的社会和经济角色。家庭责任和由男性主导的公司文化是两个另外需要关注的问题。虽然工作情况和社会已经发生了巨大的变化，但是几百年前的文化、宗教以及社会规范对人们产生了广泛的影响，而且在所有地区仍根深蒂固的存在于人们思想里。在历史上，这些规范就让人们想当然的认为哪些职业更适合男性，而哪些职业则更适合女性。这些规范还决定了几十年来的教育课程以及聘用和升职政策。虽然为了消除性别歧视，正在慢慢解决这些问题，但是任何性别都并非具有同质性，这些规范还是深深植根在所有领域的男性和女性心中。

10.1 ILO 公司调查

ILO 雇主活动局 2013 年在发展中地区各公司进行的调查按优先顺序列出了 15 项调查应答者认为的影响最大的障碍。下表综合了 941 名调查应答者对于调查中该问题的观点。

综合排名也许掩盖了各地区之间重要的不同。尽管如此，所有地区所确定的相同的前六项障碍一方面与女性和男性的社会及生育角色有关，另一方面也反映出了职场结构问题，如企业文化，以及女性没有获得足够的各级管理经验以帮助她们获得最高级的管理职位。此外，所有地区也认为劳动法和反歧视法的不足也构成了严重的障碍。在对女性晋升构成障碍的问题中，缺少灵活的解决方案排在 15 个问题中的第 10 位。不过，在大部分亚洲国家以及牙买加，该问题分别排在第 6 和第 2 位。处于工业化进程中的亚洲缺乏有关照顾儿童、工作和家庭的公共政策，这也被 2013 年亚太地区雇主研讨会确定为对职业父母和他们的雇主形成的挑战。虽然大部分地区将男性和女性的社会责任确定为最大的障碍之一，但中东欧各国却在 15 个问题中将其排在第 9 位。中东欧国家将女性比男性承担更多的家庭责任作

阻碍女性进入领导层的因素
1. 女性比男性承担的家庭责任更多
2. 社会赋予女性和男性的权利
3. 男性企业文化
4. 女性宏观或各级管理经验不足
5. 女性榜样少
6. 不鼓励男性为了家庭责任请假
7. 缺乏公司平等政策或计划
8. 不利于女性的思维定式
9. 女性缺乏领导力培训
10. 缺乏灵活的工作解决方案
11. 没有保留经验丰富的女性的策略
12. 在聘用和提升中的内在性别歧视；通常将管理视为男性的工作（排名相同）
13. 已有性别平等政策没有得到执行
14. 劳动法和反歧视性法律不足

为阻碍女性发展的最大障碍，并把不鼓励男性为了家庭责任而请假作为第二大障碍。排在第3位的是缺乏有助于保留经验丰富的女性的战略。

也有很多受访者宣称，公司内部不存在阻碍女性晋升至最高管理职位的障碍。也就是说晋升完全是根据业绩而非性别决定的。还有一些人给出了女性领导他们所在公司的实例。一名受访者指出，其所在的公司为女性担任领导者提供了机会，而且鼓励性别平衡。还有人指出，培训、资历以及发展等阻碍女性晋升的障碍，对于男性也同样存在。与此形成对比的是，一名受访者认为对女性的偏见确实是个问题，因为女性在晋升中即使比男性竞争者更符合条件，但仍会被忽视。还有人指出，由于女性的首要责任是家庭，因此她们对工作没有男性执着。有一家公司指出，即使女性愿意承担领导职务，公司高层也总是怀疑她们是否能长期坚持下去。还有受访者说，由于男性已经掌握了领导职位，所以他们不接受或信任女性的领导。

很多意见都集中在活动性和旅行问题方面。女性也许会拒绝离家太远的工作。其中的原因包括家庭责任，出行需要获得丈夫许可，以及食宿安全等问题。

另外一组意见则针对的是女性自身对于晋升至管理层的行为和态度问题。有人说，女性缺乏自信而且不愿意发展关系机会；她们对晋升没有兴趣；她们受到了社会规范的影响或者她们不认为管理职位对她们有吸引力，以及她们会由于高级职位中没有其他女性而感到担忧等。

提到的其他障碍还包括，女性作为领导人缺乏相应的支持。如缺乏或没有利于她们将家庭和工作结合在一起的政府政策或福利。而且女性自身的家庭也可能并不支持她们工作和开展职业生涯。

还有一些受访者指出了女性缺乏一定的技能，如工程学和技术知识等。在建筑业等领域，确实缺乏足够的女性人才。但是，一名受访者也指出，缺乏鼓励聘用女性进入非传统任务和工作的政策。

很多上述提到的障碍是综合了各种有关女性或管理者的意见后写下的。无需认为所有女性都是一样的或都会遇到相同的情况，也无需认为所有的管理者或公司对于领导层中的女性都持有相同的态度或采取相同的方法。

10.2 性别角色和定式

在所有地区，随着越来越多的女性参与到经济和政治生活，包括决策活动中，性别规范也在不断发生变化。然而，在很多国家，包括女性自身在内的很多人仍认为女性的性别角色首先是妻子、母亲和主妇。不过，女性已经更多的将这些角色与她们积极参与劳动市场和经济活动结合在一起。比如在欧洲和美洲，男性也开始承担更多照顾子女和家务的责任。这种情况在年轻一代尤为明显。很多公司，特别是发达国家的公司，在逐渐采取措施以帮助平衡工作和生活，作为发展和留住生产劳动力的一种手段。

在非洲，尽管女性提供了约70%的农业劳动力，并生产了90%的食品，但是她们仍然面临严重的性别障碍。按惯例指定的继承法在对女性财产权的认可程度上也不尽相同。男性继承体系可以降低女性地位，把她们变成免费的家庭或家庭农场的劳动力。甚至随着无地户和少地户的增加，女性还会变成农业雇佣劳动力。如果把女性视为受其丈夫的监护，甚至是控制，那么婚姻财产的所有权通常也属于其丈夫或丈夫的家族。很多女性在离婚或丈夫死亡后都被剥夺了财产权[241]。而女性缺少财产权也就缺少附属物担保品，会极大地影响她们为创业活动而申请贷款。在非洲的很多发展计划中，克服盛行的性别规范所导致的制度性障碍是赋予女性权利一个非常关键的战略。

最新出版的《亚洲女性管理者的全新面貌》一书，讨论了亚洲女性在管理层中没有得到充分的利用和比例较少的情况，在多大程度上是受到了文化和传统的影响。该书认为“我们今天所了解的女性管理者的情况，大多来自于发达国家的研究。但我们很少知道亚洲女性的情况，以及女性在亚洲国家所面临的问题。此外，我们也有待听到女性管理者的‘声音’，尤其是来自儒家思想盛行和由男性统治的社会中的女性。而这正是大多数亚洲国家的情况。”对9个国家所作的案例研究得出的其中一个结论是，“政策和立法的变化可能在一定程度上有助于女性的职业发展，但是根深蒂固的文化观念和传统仍对女性在组织中的发展形成了障碍。”[242]

“自信、受过教育且具有相当资历的女性彻底改变了印度的人才现状。但是同时，她们也面临会影响她们职业发展的根深蒂固的社会和组织障碍。这些障碍也会剥夺公司为了维持发展所需要的人才和动力。因此，组织、政府和协会需要共同努力为女性提供跨越这些障碍的机会。通过创造方法和实践以帮助有抱负的女性大展宏图，组织和国家作为整体一定会从中获得长久的优势。”

《印度国家雇主报告》[243]

在拉丁美洲，有很多关于“男子气概”的资料，这也说明了性别规范的情况。虽然很多公司的企业文化仍强烈反映出拉丁文化的性别定式，女性仍然利用受教育的机会在逐渐改变她们的经济和政治角色。

在中东和北非地区，虽然各国情况不尽相同，但根植于传统文化和宗教中的性别定式一直限制着女性的活动性。而这也是职业晋升和发展所需要的条件之一。在很多国家，未经家庭男性成员的允许和没有男性陪同的情况下，女性不能在国内外旅行。尽管如此，女性的教育水平在明显提高，而且很多女性利用现代信息和通信和技术开办了自己的业务。

在欧洲和北美地区，虽然受到女性运动的影响，而且越来越多的女性获得了经济独立，但传统性别定式也依然挥之不去。女性仍然面对男性网络的藩篱，将她们隔离在商界和职场之外。虽然男性也承担了更多的家庭事务，而且与过去相比，也有更多照看儿童的机构，但是女性仍然比

---

241 联合国妇女发展局经济和事务部，2009年关于女性在发展中的角色世界调查，“女性对经济资源的控制及融资渠道，包括小额贷款”

242 Chris Rowley和Vimolwan Yukongdi，编辑，《亚洲女性管理者的全新面貌》，劳特利奇出版社，2009

243 印度国家报告，ILO亚太地区商界和管理界中的女性雇主研讨会，曼谷，2013年4月18－19日

男性承担着更多的家务和家庭责任。与发展中国家的女性相比，她们无法获得大家庭的照顾。而且发展中国家的女性还可以获得价格较为低廉的家政服务。

因此，与工作中“露脸时间”的要求相比，灵活的工作时间和以结果为导向的绩效制将有助于女性克服职业障碍。

值得注意的是，在日本和韩国等发达经济体中，传统性别规范严重限制着女性在职场，特别是决策中的参与程度。这直接导致女性在这些国家的管理层中的比例居于世界最低。在聘用外来工作者还受到限制的情况下，利用女性的才干和技能来保持经济发展，已经在为解决这一问题做出了贡献。不过未来的路还很长，还有很多与公司和企业内部传统聘用和晋升体制有关的结构性障碍需要克服。

麦肯锡公司所做的调查[244]建议，当很多公司已经确定了通过家庭友好措施和网络来帮助女性发展职业生涯后，“下一个课题就是解决看不见的障碍：男性和女性管理者广泛持有的思维方式。虽然很少有人承认，但这确实是横在路中间的阻碍。”

在与公司主管和女性的访谈中，研究人员发现“主管们认为女性进入高级职位的风险更大，因此很少与她们进行强硬的沟通来帮助她们进步，并很少向有孩子的女性提供经常出差或压力更大的工作机会。”另一方面，“虽然大部分进入高级管理层的女性渴望成为领导，但是很少有人认为她们得到了实际的帮助，甚至很少有人认为她们有机会向上迈进。”

为了克服性别定式，麦肯锡的研究人员建议，“应该采取严格的措施推动体制的转变，包括制定能够确保女性至少会被考虑晋升的目标，并在绩效谈话中严格使用数据以克服阴暗的思维方式，以及真正的担保制。”

ILO 公司调查将各级管理经验不足列为严重影响女性向最高管理层发展的障碍之一。已经有很多文章论述过“打破”和“插漏”管道的论点[245]。Catalyst 报告，《打破管道的承诺》发现，“代替男性和女性平等的是，除了在教育和公司多样化及包容性计划中的平等，他们的职业轨迹完全无视于性别的不同。不平等仍根深蒂固。在来自于精英 MBA 专业、具有高潜力的毕业生中，女性从开始工作就在职业发展和薪酬方面落后于男性，而且对自身的职业也更不满意。”

为了克服女性在工作中遇到的障碍，从聘用阶段到工作和任务分配以及培训机会上一直给予更多的关注，从而确保女性能够获得最高层职位所需要的各种经验和知识。

“组织领导必须也是引领变化的人，是传教者。打破存在了几个世纪的偏见并非易事。”

K. V. Kamath

Infosys 技术公司主席，

印度工业信贷投资银行前 CEO[246]

10.3 企业文化

一方面，很多资料都在研究公司和组织的企业文化所反映出的社会性别定式问题。有人认为，公司没有义务改变从出生开始就由家庭、教育体系和社会给人们灌输的态度、想法和行为。但另一方面，随着社会和劳动市场的演变和性别定式的改变，出于公司的利益，也需要研究如何有效地吸引和留住占劳动力储备一半的人才，即女性。这也是研究消费者偏好工作的一部分。2013 年，在英国就有消费者投诉，投放市场的科技玩具只适合男孩儿，而不适合女孩儿。2011 年，英国哈姆雷斯玩具店撤下了传统的性别标签，取而代之的是粉色和蓝色以及代表中性的红

244 Joanna Barsh 和 Lareina Yee，“改变公司关于女性的想法”，麦肯锡季刊，2011 年 9 月

245 Catalyst，“未来领导的承诺：管道中的高才能雇员”，对美国、加拿大、欧洲和亚洲顶级商业学院毕业生所做的调查，以及“打破管道的承诺”报告，2010 年 2 月

246 Earnest & Young，《作为英雄的企业发起人：促进女性扮演领导角色》，2011

色和白色标签。玩具现在也根据类型进行分类，如艺术品和手工艺品，装扮类和娃娃等，但不会特意指出是给男孩儿还是女孩儿的。2012 年，伦敦哈罗德百货推出了“玩具王国”卖场，也未给玩具指定性别。乐高公司宣布将在 2014 年推出全新的女性科学家人物系列。该系列包括带着望远镜的女天文学家、拿着恐龙骨骼的女古生物学家、以及在实验室中的女化学家等。所有这些任务将完全避免使用粉红色[247]。这说明，演变所产生的影响也在改变着商业世界、顾客以及社会的性别规范。

这对于改变企业文化有什么意义呢？研究建议，企业文化应该在员工和管理者中实现更“包容”的多样化，也包括性别多样化。这样也许可以发展更有创造力和创新力的团队，同时吸引和留住富有经验的员工。更具有包容性不仅关乎团结协作的工作实践，而且也关乎榜样的力量。如果公司或组织的所有层级都有女性员工，这就会向包括消费者和股东在内的所有人传递出这样才是常态的信息。确保如此需要最高层管理者明白多样化的商业案例，并确保人力资源管理体系从聘用那一刻起就向对待男性员工那样对女性员工提供支持并负责。

10.4 管理和领导风格

有丰富的文献对成功的管理者的特质和领导风格进行过探讨。其中一些还调查了是否男性和女性领导人会给管理带来不同的特征以及他们是否有独特的领导风格。有些人认为女性的管理方法不同于男性，并引用了诸如女性关系更多、更有同理心以及可以同时执行多项任务等特质；而男性则更倾向于线形思考，更喜欢冒险和更武断等。比如，合益集团在哈佛商业评论博客[248]报告的研究发现，“女性更愿意把同情当作力量，在处理矛盾时展示出强大的能力，熟练展示出技能，并具有自知之明。”合益集团全球领导力和人才管理主管认为，“女性通常在整个职业生涯中都会遇到障碍，因此需要她们掌握这些技能来表现自己，并在组织中获得发展。”此外，“从个人成绩起决定性作用的等级制组织结构转变为团队说了算的矩阵型组织结构后，更加重视女性所掌握的这些技能。”

如果确实如此，那么新的问题是女性的特质是否有助于提高组织业绩，以及这些特质是否具有市场价值。或者说这些所谓的女性特质又是否构成了阻碍她们发展的障碍。

这种将男性和女性领导进行分类的方法可能反而会强化传统的性别定式。实际上，有一系列男女皆可使用的领导风格和技巧[249]。有些人认为，把男性和女性的特质结合在一起也可形成好的管理风格。但是，有组织、有抱负、能够授权他人，会倾听、会交流以及具有同理心和知识，都不是男性或女性本身所特有的。

有人认为，男性所谓的领导方法是一直以来都受到肯定的。正如麦肯锡《女性事关重大》[250]中所指出的，这些男性领导力模式包括，“永远可以找到以及全地理位置活动性。”因此，除非女性具有男性特征，否则将无法在商界和管理届取得成功。这也被视为女性成为管理者和领导者的一个障碍。在很多情况下，女性并没有采取男性特征以获得发展，但是越来越多的女性领导者认为，她们通过固有的风格和知识获得了更多的自信，并在商业和董事会中运用这些风格和知识，而不是受他人期望的影响，而实现了目标，提高了效益。

Elsesser 和 Lever's（2013）[251] 对美国 60470 名男性和女性进行了调查，以了解他们对于他们现

---

247 http：//www. iflscience. com/technology/lego - approves - production - female - scientist - set

248 John Baldoni，“鲜有总监有自知之明，但是女性具有优势”，哈佛商业评论博客，2013 年 5 月 9 日

249 见创新力领导中心《伸缩式结果解释指南》，改编自：Kossek，E. &Lautsch，B. 2008，《我的 CEO，创造生活，在灵活工作时代工作》，新泽西上鞍河，沃顿商学院出版社，www. ccl. org

250 麦肯锡公司，《女性事关重大，性别多样化，企业绩效的助推器》，2007，http：//ww1. mckinsey. com/locations/paris/home/womenmatter/pdfs/Women_ matter_ oct2007_ english. pdf

251 Kim M. Elsesser 和 Janet Lever，《针对女性的性别歧视是否一直存在？来自大型调查的定量和定性数据》，人力关系杂志，2011 年，64：15555，2011 年 11 月 14 日，Sage 出版社

在管理者的看法，和他们对男性和女性管理者的偏好。在评价调查对象的男性或女性领导时，性别差异很小，或根本不存在差异。绝大部分调查者声明他们对老板的性别并无偏好。研究人员总结认为，现在人们越来越接受女性领导，而且随着女性领导的增加，人们的偏见也减少了。作者建议，随着女性进入领导职位的人越多，定式也会减少甚至消失。换句话说，随着时间的推移，“成功的领导人所需要的一个特性就是被视为在性别上是中立的。”

10.5 榜样

很多文章都讨论了关于女性领导榜样不足以及女性缺乏自信心的问题。随着越来越多的女性进入由男性主导的领域并获得高层次的职位（如国际货币基金组织任命了该组织第一位女性领导人），这一问题也有所缓解。但是很多调查和访谈都直指一种现象，即女性通常不会“走上去”承担更多的责任，在政治和商业中皆是如此。其中的原因通常包括家庭责任以及女性不认为自己适合面对挑战。正如沃顿商学院前副院长[252]所说，“得到晋升机会的女性通常觉得她们需要对现在的工作有 80% 到 90% 的了解后，才会觉得自己准备好承担新的角色了。但是，男性却不会有这种感觉。男性在开始接到晋升后，会马上开始想下一步的晋升。”

Facebook 首席运营官谢丽尔·桑德伯格发起的“向前一步”的讨论[253]直指问题的核心。她呼吁女性自身要打破阻止她们超越别人的定式。“她们需要在桌子旁有个位置。她们需要在真正离开前防止让精神先离开。”她所传递的信息是，女性自己“由于缺乏自信、不敢举手以及需要向前一步的时候反而退缩了而在或大或小的事情中犹豫不决。”她说：“女性一生都在内化她们所收到的消极信息。这些信息告诉她们不应该直言自己的想法，不应该表现的太积极，也不能比男性更强。结果，女性降低了对于自己所能实现的成绩的期望。”对这种态度的批评认为，这给女性强加了比实际情况更多的责任，因此需要改变社会和企业的结构和实践，来赋予女性更多的机会。

桑德伯格认识到，女性所面对的真正障碍是“无耻而狡猾的男性至上主义，歧视以及性骚扰。”她断言，“女性必须证明她们比男性强得多”。在 2013 年世界经济论坛上[254]，桑德伯格说：“各组织必须解决我们众所周知的体制障碍，包括公开和非公开的歧视以及缺少灵活性。但是除此之外，我认为现在真正需要解决的是，应该进行更开放的性别对话，因为根深蒂固的性别定式影响了我们，判断着我们，阻碍着我们。而且人们很少进行这种对话——公司中更无人进行这种对话。”

很明显，这种辩论是在不断发展的。作为女性首席运营官先锋的桑德伯格呼吁应该进行公开的对话，讨论为何女性在受过高等教育、投入大量的努力，并具有巨大的潜能，但仍无法进入高层的根本性原因。

10.6 家庭责任

一个最具争议的问题是，如何平衡工作和家庭生活。认为女性可以“同时拥有”，和认为完全不可能的想法都引起了激烈的争论。研究表明，女性管理者看起来比男性同行牺牲了更多的个人生活。很多女性管理者没有伴侣或子女就是很好的佐证。

有大量的研究说明了成功的女性领导和管理者是如何“应对”这一问题的。其中一项研究描述了三种方法。[255]

（1）优先和限制，假设不能拥有一切。

---

252 沃顿商学院，《女性羞于晋升?》，2012 年 6 月 23 日，（http://knowledgetoday.wharton.upenn.edu/categ）

253 谢丽尔·桑德伯格，《向前一步：女性、工作和向前的愿望》，2013

254 Melissa J. Anderson，达沃斯，《女性和领导差距，玻璃锤子》，2013 年 2 月 13 日，纽约

255 Connie J. G. Gesick，《拥有一切，拥有的太多，拥有的太少：女性如何成熟的实现平衡》，工作文件，耶鲁管理学院，2013 年 1 月

(2) 给工作和家庭责任排序，明白一个人可以拥有一切，但不可能同时拥有。这意味着，比如推迟生育子女，或提早生育。

(3) 在照顾家庭方面委托他人或获得其他方面的协助。

研究发现，在这三种方法中，不存在最佳的折中方案，每个女性必须进行某种形式的交换。

关注男性努力将事业与家庭结合在一起的研究[256]提出了新的问题——男性能否拥有一切。这一问题涉及那些希望能有更多时间在家陪伴子女的男性。这又一次将问题带回到关于社会政策和企业措施能否让人们既对所在国家的经济生活做出贡献，同时又兼顾家庭的问题。换言之，这不仅仅是女性需要处理的问题，而且也涉及确保社会福利和凝聚力，以及如何通过有效的工作时间和关怀措施提高雇员生产力的大问题。

值得注意的是，在很多国家，工作和家庭的问题已经成为时代问题，而不仅仅是性别问题。此外，大部分地区女性生育率减少，而老龄化问题则成为越来越多国家所要面临的挑战。美国一项对年轻男女进行的调查发现，“80后男女的态度和志向越来越趋同。男性和女性都越来越趋向于家庭生活，并追求工作以外的个人生活。由于女性仍未获得与男性平等的态度，调查结果建议，促进女性在美国公司发展的最佳途径，是将该问题视为时代问题，而不仅仅是女性问题来解决。因为现在无论男女都在寻找让他们可以实现真正自我的工作。如果公司不能帮助员工在完成工作的同时实现个人和家庭价值，那么将很有可能同时失去女性和男性人才。”[257]

---

256 见 Brad Harrington, Fred van Deusen, Beth Humberd,《新爸爸：关心，责任与矛盾》波士顿大学工作和家庭中心，2011，及 Sheelah Kolhatkar,《阿尔法爸爸：男性开始认真对待工作话生活的平衡》，彭博商业周刊生活方式栏目，2013年5月30日，www. businessweek. com/articles/2013 - 05 - 30/alpha - dads - men - get - serious - about - work - life - balance

257 本特利大学女性和商业中心，《工作中的80后》，2012

“这个问题关乎社会平等，而且对我们的成功而言也是绝对必要的。让更多的女性加入最高层，会让我们经营得更好。”

Rene Obermann

德国电信CEO，2010

11. 促进女性在商界和管理界发展的政策与措施

全世界很多公司，尤其是大企业，已经执行了十多年相关政策和措施来确保为女性提供平等的机会。因此，我们也可以看到大量有关成功留住经验丰富的女性以及女性成功进入管理层的实例。而且采取了平等机会和多样化政策后，很多公司也提高了对消费者的服务，取得了让股东满意的绩效。

然而，当很多女性仍旧面临职业中的障碍时，面临人才和经验短缺问题的公司也在努力吸引和留住女性员工。此外，很多公司也不得不面对女性因为家庭或更好的机会而离开公司的情况。2013 年 ILO 公司调查显示，表示留住女性"在很大程度上"是个问题的公司（363 家）多于表示这"根本不是问题"的公司（302 家）。另外还有 174 家公司表示这多少是个问题。而还有 118 家公司表示这只是一个小问题（见表 11.1）。

很多受访者表示，留住有经验的男女员工都是挑战。由于机会较多，因此留住卫生保健专业人士和护士非常困难，不得不去其他国家招募。但是采取挽留政策措施在一定程度上非常有效。不同国家的情况也不尽相同。比如，有受访者表示，因为可以很容易雇佣到侨民，因此并不担心能否留住男性或女性员工。

表 11.1　女性职位保留问题

	拉美及加勒比地区	亚太地区	非洲	中东欧	中东及北非地区	总计	占总数%
严重	18	81	5	230	29	363	34%
一般	6	81	7	38	42	174	16%
不严重	12	57	3	17	29	118	11%
不是问题	30	139	13	85	36	302	29%
无	12	41	11	24	16	104	10%
无回复	77	399	39	394	152	1061	

资料来源：ILO 公司调查，2013

其他原因包括，女性在结婚或生育后不会再继续工作而花更多的时间和家人在一起；随丈夫搬家；她们的丈夫不允许她们继续工作；以及女性由于工作时间太长和缺乏灵活性的行业文化（如法律专业）而选择其他职业。有受访者表示，有些女性处于健康、紧张和绩效压力等原因而辞去管理职位。还有受访者表示，女性会因为工资较低而辞职。

很多受访者还指出，女性在会计、信息通讯技术和工程等某些非传统技术领域没有得到认真对待。甚至在这些专业都没有首先被挽留的女性。另外也有人指出，女性离开 IT 业是因为在这行中很少有职业机会。

最后，也有受访者指出，公司缺少相关政策，也不利于留住有经验的女性。

11.1 离职谈话

在讯问是否会进行离职谈话以确定员工，尤其是女性员工为什么离开公司时，1064 家接受调查的公司中有 450 家表示会对所有将离开公司的员工进行离职谈话。另外有 230 家公司表示有时会进行离职谈话，还有 254 家公司表示不会进行离职谈话。进行离职谈话的原因包括，了解员工的经验、公司是否符合他们的期望以及收集他们对薪酬、条件和职业发展的意见。对于那些“有时”会进行离职谈话的公司，标准包括，员工在辞职时愿意进行离职谈话；员工因为冲突而离职；以及公司希望了解优秀、可靠和有价值的员工或在中级或高级管理层工作的员工和在公司工作时间较长的员工的离职原因的。

绝大部分受访者（996 个中的 756 个）表示，不会在谈话中提出性别问题。有些则表示不确定是否会提到性别问题，只有 4% 的受访者表示会在离职谈话中提到性别问题。谈话中所涉及的这方面的问题包括工作时间和工作需求是否能与家庭需求兼顾。但是女性也确实是因为结婚、生育或为了有更多的时间与家人在一起而自己选择离职。他们也提到女性由于无法满足工作调动方面的要求，不能改变工作场所，使女性无法获得职业晋升。需要注意的是，在公司总部以外职位工作的男性与女性相比更有机会得到升迁。

有一名受访者认为，“在性别平等问题上，年纪较大的同事比年轻同事的偏见更大，而且在日常业务中非常突出，特别是在工程师之间。即使女性工作更加努力更加投入，她们接到更多的任务也只能拿到与男性同事相同，甚至还要低的工资。”

由于涉及保密问题，有些公司不能详细描述在离职谈话中提到的性别问题的类型。最终，有一家公司表示，他们没有积极追究过性别问题是否是导致女性离开的原因，但是从现在开始他们会这样做。

11.2 公司政策

ILO 公司调查发现，大部分参与调查的公司（1069 家中的 73%）都表示，他们建立了平等机会政策。有 10% 左右的公司表示，他们不知道什么是平等机会政策，或是说并不适用以及不知道如果公司采取这样的政策会怎么样。

一方面，规模越小的公司越不可能采取平等机会政策，但是大部分——并非全部——跨国公司都有这样的政策。另一方面，有比来自大公司更多的中等规模的公司的受访者表示他们的公司有平等机会政策。但是也有例外，比如在黑山，有 80% 的大企业、68% 的中型企业以及 67% 的跨国公司有平等机会政策。

有一个很好的例子是斐济的麦当劳采取了平等机会政策，并着重强调了性骚扰的问题。

所以什么样的政策可以促进女性在商界和管理界的发展呢？表 11.2 显示了公司在回复 ILO 公司调查中所述的 20 项不同政策的执行情况。

绝大部分受访者表示，他们有执行表中前 10 项措施的政策。最常见的政策是产假，其次是接受技能培训的渠道，以及对于聘用、保留和提升女性的措施。

Equal Employment for All Policy

A respectful workplace starts with you

McDonald's is committed to providing all employees with a harmonious work environment. Right from your first day with McDonald's you are entitled to a workplace which is enjoyable, safe and equitable (fair). Working at McDonald's involves working with others as a team. We believe in employee satisfaction and development.

We must all work towards creating and maintaining an enjoyable and respectful workplace. From crew to senior management, it is everyone's responsibility to discourage any behaviour which may embarrass others or make them feel uncomfortable. No one appreciates being ridiculed or being the basis of other people's jokes.

Discrimination could be on the basis of areas such as as age, race, colour, sex, appearance, religion, marital or parental status, sexual preference, disability, impairment or national origin. It may be as simple as the opportunity to learn a particular station or being given the opportunity for advancement into management. Everyone should be evaluated on their performance.

Equal Employment Opportunity (EEO)

Equal Employment Opportunity simply means providing a workplace where decisions are based on individual performance and ability. For instance, equal access to jobs, promotions and training is everyone's right. It is not determined by such things as age, race, colour, sex, appearance, religion, marital status, sexual preference, disability, impairment or national origin. It may be as simple as the opportunity to learn a particular station or being given the opportunity for advancement into management. Everyone should be evaluated on their performance.

Equal Employment for women in the workplace has always been supported by McDonald's to ensure that female employees are not limited to so called female roles. However this in no way suggests that males will be disadvantaged. Males and females will compete equally for jobs and promotions and decisions will be based on individual performance. McDonald's believes in putting "aces in their places" which is what EEO is all about.

What is Workplace Harassment?

No-one should be harassed or bullied in the workplace because of their age, race, colour, sex, appearance, religion, marital or parental status, sexual preference, disability, impairment or national origin.

Everyone has their own understanding of what constitutes harassment. The way each of us perceives another person's comments or actions is important in deciding what is or is not harassment.

In general, harassment is any form of behaviour that is not wanted and:

- **humiliates you (puts you down), or**
- **offends you, or**
- **intimidates you.**

Sexual harassment is any verbal, written or physical behaviour of a sexual nature that is unwelcome and uninvited.

Harassment is a type of discrimination!

Depending on the circumstances, each of the following kinds of behaviour may be harassment:

- *Material that is racist, sexist, sexually explicit, homophobic (anti-gay) and is displayed in the workplace, circulated or put in someone's belongings.*
- *Verbal abuse or comments that put down or stereotype people because of their age, race, colour, sex, appearance, religion, marital or parental status, sexual preference, disability, impairment or national origin.*
- *Jokes about someone's appearance, body shape, or any other personal matter that may cause embarrassment and make people feel uncomfortable.*
- *Staring or leering in a sexual manner (looking someone up and down) can be very disturbing to the person being stared at. This of course also applies to our customers.*
- *Repeated sexual invitations when the person invited has refused similar invitations before. It's OK to ask someone out, if you like them and think they like you. But if they say no - leave it at that. No means "no". Don't pester people. Our "No Fraternisation Policy" however strongly discourages managers asking crew out.*
- *Intrusive questions about sexual activity.*
- *Even once you're away from work, bothering someone with letters or phone calls may be considered sexual harassment.*
- *Sexual or physical contact, such as putting your arm around someone, slapping them, kissing or touching them at work is unacceptable - don't do it.*
- *Respect another person's space. Standing too close to someone or brushing them as you walk past can be embarrassing and intimidating.*
- *Offensive gestures and 'wolf' whistling.*

13

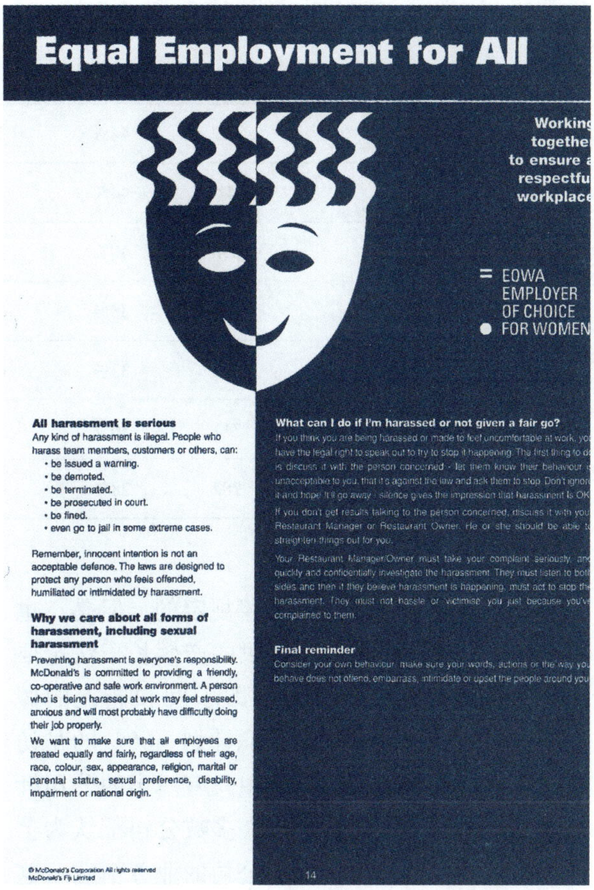
Equal Employment for All

Working together to ensure a respectful workplace

EOWA EMPLOYER OF CHOICE FOR WOMEN

All harassment is serious

Any kind of harassment is illegal. People who harass team members, customers or others, can:

- be issued a warning.
- be demoted.
- be terminated.
- be prosecuted in court.
- be fined.
- even go to jail in some extreme cases.

Remember, innocent intention is not an acceptable defence. The laws are designed to protect any person who feels offended, humiliated or intimidated by harassment.

Why we care about all forms of harassment, including sexual harassment

Preventing harassment is everyone's responsibility. McDonald's is committed to providing a friendly, co-operative and safe work environment. A person who is being harassed at work may feel stressed, anxious and will most probably have difficulty doing their job properly.

We want to make sure that all employees are treated equally and fairly, regardless of their age, race, colour, sex, appearance, religion, marital or parental status, sexual preference, disability, impairment or national origin.

What can I do if I'm harassed or not given a fair go?

If you think you are being harassed or made to feel uncomfortable at work, you have the legal right to speak out to try to stop it happening. The first thing to do is discuss it with the person concerned - let them know their behaviour is unacceptable to you, that it's against the law and ask them to stop. Don't ignore it and hope it'll go away - silence gives the impression that harassment is OK.

If you don't get results talking to the person concerned, discuss it with your Restaurant Manager or Restaurant Owner. He or she should be able to straighten things out for you.

Your Restaurant Manager/Owner must take your complaint seriously, and quickly and confidentially investigate the harassment. They must listen to both sides and then if they believe harassment is happening, must act to stop the harassment. They must not hassle or 'victimise' you just because you've complained to them.

Final reminder

Consider your own behaviour, make sure your words, actions or the way you behave does not offend, embarrass, intimidate or upset the people around you.

14

表 11.2　公司政策措施执行情况

政策措施	有	%	无	%	不适用	不知道是什么	总回复者数量
1. 产假	879	84%	106	10%	58	8	1051
2. 技能培训	811	75%	190	18%	73	1	1075
3. 聘用、保留和晋升	752	70%	200	19%	104	13	1069
4. 高管培训	688	66%	259	25%	99	3	1049
5. 工作生活平衡	595	62%	214	22%	130	18	957
6. 工作辅导	609	59%	277	27%	146	3	1035
7. 灵活的工作时间	590	56%	333	31%	121	14	1058
8. 聘用时的性别平等目标	530	51%	312	30%	195	1	1038
9. 育婴假	501	51%	304	31%	176	5	986
10. 性骚扰	503	50%	306	30%	198	6	1013
11. 陪产假	461	44%	403	38%	182	13	1059
12. 照顾子女	465	44%	383	36%	186	16	1050
13. 兼职工作时间	459	44%	420	40%	161	5	1045

续表

政策措施	有	%	无	%	不适用	不知道是什么	总回复者数量
14. 照顾生病的家人	457	44%	373	36%	204	4	1038
15. 保荐计划	47	44%	23	21%	37	0	107
16. 重新入职计划	396	40%	350	35%	247	37	993
17. 停薪留职	356	38%	337	36%	239	8	940
18. 专为女性进行的高管培训	316	33%	446	47%	160	36	958
19. 远程办公或电话办公	311	30%	463	45%	247	6	1027
20. 照顾老人	282	28%	480	48%	242	3	1007

资料来源：ILO公司调查，2013

在很多国家，产假是法律规定的。但是，也有受访公司表示，他们所提供的产假长于法定要求。但是很少有公司提供照顾子女和老人的假期，以及停薪留职和重新入职计划。66%的受访公司会提供高管培训，但其中只有一半的公司针对女性提供这方面的培训。大多数公司都认为上述很多政策并不适用于他们公司的业务情况。这可能表示没有相关信息，信息未知或这些政策不符合公司的运营性质或公司职员的情况特点。

除了上述政策外，还有很多受访公司指出了女性的交通安全问题，包括公共交通可能会受到性骚扰，女性员工的家人和伴侣对女性出行，特别是晚间出行的担心等。因此，在发展中地区，公司通常还为女性员工提供交通。在有些地区，如果有法律和法规的规定，女性会利用公司提供的交通提前下班。

还有一些受访公司提出了其他政策，如食堂、哺乳室和女性单独的洗手间等。有些受访公司表示他们遵循的是其国际公司的全球多样化政策。也有一部分受访公司表示，由于他们的公司“绩效是由技术驱动的，因此知识和经验构成了区分因素。不同性别和国籍的员工都会受到平等的对待。”

11.3 公司促进女性发展措施排序

ILO公司调查也询问了受访公司，如果把以下19项措施作为推动女性进入管理层的手段，会如何按优先顺序进行排位。表11.3就是595家受访公司对以上措施的排位情况。需要注意的是，排在前几位的包括，让女性参与公司所有的运营和职能；提供针对女性的高管培训；以及将明显困难的任务分配给女性管理者。这也肯定了文献中的发现，即促进女性进入最高管理层的关键问题是，需要更近距离的观察女性的职业道路与男性职业道路的区别，从而堵住女性才能的“泄漏管道”。

发展中地区的受访公司不太重视保荐计划以及以绩效管理为基础的结果和多样化培训。其中部分原因可能是由于缺乏对这些方法的了解，因为这些措施大多是在发达经济体中实行的。尽管如此，也有不少受访公司指出，如果对每个公司的情况进行相应的评估，并综合采取这些措施，那么所有这些方法都是切实可行的。

平均排位可能会掩盖地区与国家之间的重大差异。尽管如此，所有地区的公司确定可采用的最有效和最不重要的措施都是类似的。除了柬埔寨和菲律宾（在19项中排在第10位），所有地区都把向女性提供高管培训排在很靠前的位置。这可能是因为菲律宾的女性管理者的比例在全球最高。在大部分地区，促进更包容的企业文化的排位也很靠前，但中东欧地区除外。该地区该项措施只排在第11位。

表 11.3 促进女性在管理界发展的措施
1. 让女性参与公司所有的运行和职能
2. 针对女性的高管培训
3. 将明显困难的任务分配给女性管理者
4. 导师计划
5. 最高管理层对性别平等战略的支持
6. 认可并支持女性
7. 促进对女性和女性都更加包容的企业文化
8. 对高层管理者进行培训，以促进他们对更多女性进入管理层的商业案例的认识
9. 灵活的工作安排（时间和地点）
10. 确定目标并跟踪发展情况
11. 保留和重新入职计划
12. 为女性提供清晰的晋升途径和职业发展前景
13. 任命女性进入董事会
14. 重视高层和中层女性
15. 任命女性担任 CEO
16. 任命提倡性别平等的男性进入高级管理层和公司董事会
17. 保荐计划
18. 按员工绩效而不是工作时间的评估结果
19. 对所有管理者进行多样化培训

资料来源：ILO 公司调查，2013

参加调查的公司反映了不同的观点，有的公司没有采取特殊措施以促进女性的发展——如晋升是根据平等对待、绩效和技能确定的——有的公司则表示它们执行了上述所有措施和更多的相关措施。受访公司所执行的其他促进女性发展的措施包括，领导力培训、建立女性的自信心以及对性别定式的认识。有一家受访公司认为，在男性统治的职场中，建立女性的团结可以有助于抵制女性的嫉妒问题。另外一家公司表示，它们提供了晚间和周末的业余培训机会。也有公司指出，虽然没有针对女性的特别培训，但是公司也能识别具有管理潜能的女性员工，并鼓励她们参加管理方面的研讨会。

何谓保荐制？

“与导师不同，导师通常局限于偶尔的会面和辅导课程，保荐制是一个在实践中长期进行的责任，用以鼓励具有较高潜力的个人，并为他们争取和创造发展机会。”[258]

Ernest & Young

“……保荐人会以被保荐人的名义利用机会提议对他（或她）进行提升，并至少做到以下中的两点：扩大对被保荐人能力的认识；建立与高层领导的联系；扩大他（或她）的知名度；拓展职业机会；提供有关展现个人能力和进入高管的建议；与公司外部建立联系；以及提供各种建议。导师提出的都是善意的意见。保荐人将你拉入更高的级别。”[259]

Sylvia Ann Hewlett,
Harvard Business Review Blog

258 Ernest & Young，《像英雄一样的公司保荐人：推动女性进入领导层》，2011

259 Sylvia Ann Hewlett，《找到保荐人的真正益处》，哈佛商业评论博客，2011 年 1 月 26 日

11.4 法律体系

法律体系和体制的作用也很关键，因为这可以反映出一个国家对性别平等的看法，并有助于在该领域取得成效。为此，193 个国家中已经有 187 个批准了《联合国关于消除对女性所有形式的歧视公约》（CEDAW）。大多数国际劳工组织成员国也批准了《国际劳工组织工作中的根本原则和权利宣言》中关于平等的四个主要公约中的两个。这两个公约分别为，关于职业和工作中的歧视的第 111 号公约（1958 年通过）和关于同工同酬的第 100 号公约（1951 年通过）。

也有一些国际劳工组织成员国通过了另外有关性别平等的公约——关于孕期保护的公约（第 3 号公约——1919 年通过，以及第 103 号公约——1952 年通过，和其修正案，第 183 号公约——2000 年通过）；以及关于负有家庭责任的劳动者的公约（第 156 号公约——1983 年通过）。近 100 个国家已经批准了三项已经生效的有关孕妇的公约中的一个。43 个国家批准了有关负有家庭责任的劳动者的第 156 号公约。在非洲，贝宁、布基纳法索、喀麦隆、中非、科特迪瓦、赤道几内亚、加蓬、加纳、几内亚、马里、毛里塔尼亚和赞比亚等 12 个国家批准了关于孕妇保护的公约；埃塞俄比亚、几内亚、毛里求斯和尼日尔 4 个国家批准了第 156 号公约。在拉丁美洲，除了 7 个国家（哥斯达黎加、多米尼加共和国、萨尔瓦多、洪都拉斯、墨西哥、巴拉圭和秘鲁）以外，都批准了孕妇保护公约。10 个国家（阿根廷、玻利维亚、智利、厄瓜多尔、萨尔瓦多、危地马拉、巴拉圭、秘鲁、乌拉圭和委内瑞拉）批准了第 156 号公约。伯利兹是加勒比国家中唯一一个批准了关于孕妇保护和负有家庭责任的劳动者两项公约的国家。在亚太地区，只有蒙古国和斯里兰卡两国批准了孕妇保护公约。也仅有澳大利亚、日本和韩国三个国家批准了第 156 号公约。在中东欧和独联体地区，除了亚美尼亚、格鲁吉亚、土耳其和土库曼斯坦四国，其他各国都批准了孕妇保护公约。有 8 个国家（阿塞拜疆、波斯尼亚和黑塞哥维那、克罗地亚、马其顿、俄罗斯、塞尔维亚和乌克兰）批准了第 156 号公约。在中东及北非地区，只有阿尔及利亚、利比亚和摩洛哥三国通过了孕妇保护公约。只有也门一国批准了第 156 号公约。

这些国际文件也是现有各国法律的反映。无论各国是否批准这些公约，它们都会对各国的法律产生影响。这些法律和国际责任束缚着在该国开展经营活动的公司。在过去几年中，很多国家已经签署了其他有关性别问题的国际劳工组织公约。其中包括禁止女性夜间工作的公约（第 89 号）；1994 年关于兼职工作的第 175 号公约；1996 年关于家庭工作的第 177 号公约；以及 2011 年通过的关于家务工作的第 189 号公约。其中最后三项公约与女性的关系非常大，因为在各种工作形式中，女性承担的比例比男性大。

11.5 联合国全球性协议

在全球很多公司都是联合国全球协议的成员。这是一项战略性政策行动，参加的企业均承诺其经营和战略必须符合 10 项被广泛接受的原则。这些原则涉及人权、劳动力、环境以及反腐等问题。关于劳动力的原则包括了《国际劳工组织关于工作的基本原则和权利宣言》所涵盖的四个领域：协会和劳资谈判的自由；取缔童工；取消强制劳动及反对工作及职业中的歧视。在全球 8700 家公司以及来自 130 多个国家的股东的参与下，该行动已经成为全世界最大的公司志愿性责任行动。除了个体公司外，商业协会也参与了该协议。

联合国妇女赋权原则[260]提供了一系列参考，以帮助私人部门关注促进职场、市场以及团体性别平等中的关键因素。这也是联合国性别平等机构与女性赋权机构（联合国妇女署）与联合国全球协议合作的结果。

该协议的副标题为“平等对商业的重要性”。这些原则突出了促进性别平等和女性赋权的企业行动的商业案例，而且提供了实际的商业实践并收集了来自全球的相关信息。七条“女性赋权原

260 信息来自于网页：http：//weprinciples. org

则”旨在通过描述企业责任中的性别维度、联合国全球协议以及可持续发展中企业的作用来指明最佳实践的方法。

这些原则如下：

平等对商业的重要性
女性赋权原则
原则1：为性别平等建立高水平的企业领导层
原则2：在工作中平等对待所有女性和男性——尊重支持人权，反对歧视
原则3：确保所有女性和男性劳动者的健康、安全和福利
原则4：促进女性的教育、培训和职业发展
原则5：执行有利于发展女性的企业发展、供应链和营销实践
原则6：通过社区活动和宣传活动促进平等
原则7：衡量并公开在实现性别平等方面所取得的进步

12. 促进女性在商界和管理界发展的行动

所有地区的公司和商业组织都认识到促进女性在商界和管理界中的发展所带来的优势，并开始支持女性担任领导。各国的公司及跨国公司都聘用了、提升了更多的女性。为了促进女性在商界和管理界的发展，一些商会和雇主组织采取了政策行动并提供咨询服务。此外，女企业家们也自发的组织起来加强经济活动，其中也包括全球性的贸易活动。女性管理者搭建起网络并分享各自的职业经验。下面就将介绍一些主要由发展中地区的公司、企业会员制组织、女性组织和学术机构展开的活动。

12.1 公司行动

下述很多公司的行动是由跨国公司在国家范围内进行的。这样比在多个国家采取行动更容易确定。并且 ILO 公司调查显示，很多国的大部分大中型公司都制定了平等机会政策，并采取相应措施对女性雇员提供支持。

在**埃及**，很多公司参加了由政府与联合国以及其他国际组织联合开展的“性别平等埃及模式”（GEME）行动。该行动为私有公司提供行动，帮助它们记录性别差异，在特殊情况下进行纠正，并将性别平等制度化。公司都是自愿加入该行动的，但是 GEME 要求这些公司的人力资源部门必须拥有充足的资源来确保能够执行性别平等政策，并对结果进行监督。最后，还会由第三方审计人员对公司的人力资源实践进行监督，并进行影响评估，确保埃及全国使用的都是最佳实践。

在**西亚和北非**地区，大约有 260 家本国和国际公司在致力于通过他们在联合国全球契约的会员身份来促进性别平等。很多国家的商业组织也是联合国契约的成员，如开罗商会、埃及商业女性协会、伊拉克商业委员会、约旦年轻企业家协会、叙利亚代尔祖尔商会等。

在**西亚**地区，很多公司制定了特别计划来负责和促进女性的领导地位。Datamatix 是一家全球性的知识、会议、活动管理服务提供商。该公司每年都会负责组织海湾合作委员会（GCC）的女性领导力会议[261]。2013 年在**迪拜**举办的会议发布了“未来最佳 GCC 女性领导”。WOIBEX 女性领导组织是 Datamatix 集团的分支机构，其目的在于促进女性在 GCC 的公民社会以及公共、政治、经济、教育和文化生活中发挥作用，并举办各种会议、培训研讨会以及商业社交活动为女性所有的企业提供竞争优势。WOIBIX 女性中小企业协会旨在为女性建立一个相互见面、分享经验和互相学习成功之道的环境。

索迪斯 CEO 米歇尔·朗德尔承诺，到 2015 年，集团最高层管理人员中女性的比例将达到 25%[262]。渣打银行作为联合国全球契约成员之一，

---

261 GCC 成员国包括巴林、科威特、阿曼、卡塔尔、沙特阿拉伯和阿拉伯联合酋长国

262 索迪斯网站：http://www.sodexo.com/en/corporateresponsibility/diversity-inclusion/priorities/women.aspx

索迪斯

索迪斯高度重视性别平等，坚信必须促进女性的发展，培养人才并发展多样化。为实现这一目的，集团开展了很多积极的行动，包括培训、监督和为女性搭建网络，以及提高人们关于多样化相关问题的认识。

女性在索迪斯的比例

占董事会的38%

占全球执行委员会的25%

占300名高级主管的23%

占中层管理人员的42%

占全部员工的54%

在2007年成立了集团女性委员会，以推动银行的性别多样化战略。该委员会发起了“领导层中的女性”发展计划，为有才能的女性员工在银行内部发展方面提供指导和帮助。2009年，这些计划开始在中东地区开展。女性目前在渣打银行所有员工中的比例已经达到了46%，在全球高级管理层中的比例为20%。该银行全球毕业生招收人数中有51%为女性。同时，该银行黎巴嫩、赞比亚和泽西的CEO均为女性。

在**喀麦隆**，跨国公司，尤其是来自英国的跨国公司都在开始考虑性别问题。目前所有行动才刚刚启动，还在对禁止歧视的法律条文的适用性进行研究。不过一些招聘公告已经提出鼓励女性申请。有些公司也已经定期对女性进行培训，鼓励她们承担更高水平的责任或进入传统上为男性“保留”的职位。[263]

在**塞尔维亚**，各跨国公司都在为促进性别平等原则而努力。这些公司通过各种宣传活动正在逐渐向国内资本和中小型公司推广良好实践的范例。活动的举办方既包括各大公司、国家、国家机构及研究所（特别是教育机构），也包括非盈利组织，如塞尔维亚雇主协会、公会以及关心妇女权利的组织，还有媒体等。所倡导的原则包括：提高人权并禁止任何形式的歧视和性骚扰；在填补空缺职位的公开竞争中禁止任何与性别有关的歧视；晋升平等；培训机会平等；培训费用由雇主承担；性别敏感语言以及为有子女的母亲所做的工作安排。[264]

德国电信

目标：到2016年年底，将中高管理层中的女性职位翻一番

- 德国电信计划到2015年年底，将女性在中高管理层中的比例提高到30%
- 2008年，女性在中高管理层中的比例为13%
- 公司将延长育婴假时间并实行子女照顾和灵活时间计划。德国电信是DAX30指数的30家公司中第一家推行此配额的公司

“这个问题关乎社会平等，而且对我们的成功而言也是绝对必要的。让更多的女性加入最高层，会让我们经营得更好。”

Rene Obermann

德国电信CEO，2010

“在德国60%的毕业生为女性的情况下，公司计划通过确定配合和汇报进展，在公司内部制造动力和压力。这绝不是为了聘用女性而聘用女性，而是为了通过挖掘更多的人才以获得更大的竞争力。”

公司发言人

《明镜》，2010年3月16日

在**马其顿**，跨国企业在马其顿的子公司均执行总部的企业程序。如T－Mobile，帝国烟草公司和可口可乐均是如此。马其顿当地公司在执行有关促进女性在商界和管理界发展的政策和计划时各不相同。总的来说，这些公司还需要加强在高层聘任、培训以及晋升标准方面的政策应用。但是，由于失业率较高以及劳动力市场不发达，在把女性作为有价值的资产，而需要在职场中平

263 喀麦隆国家报告，ILO商界与管理界中的女性非洲地区雇主研讨会，约翰内斯堡，2012年11月7－8日

264 塞尔维亚国家报告，ILO商界和管理界中的女性地区雇主研讨会，基辅，2012年12月5－6日

等对待方面，公司没有感到任何压力。[265]

“对于女性来说，在认可所展示出来的能力方面还有很长的路要走。以我所在的公司为例，我们的员工中80%均为阿曼人，最高管理层中只有三分之一为女性。”

Fatma Al－Kharus

阿曼首位女性认证ACCA会计师（国际会计机构），该国最大的石油开发和生产公司——阿曼石油开发公司财务总监

AMEchinfo. com，2012年3月7日

印度联合利华有限公司（HUL）

为性别平衡建立HUL空间

自从作为“与人共赢”的一部分被无条件纳入公司愿景后，多样化一直是HUL的工作重点。再过去几年中，我们看到在这方面取得了可观的动力并开展了大量的活动。这些工作都已经转化为公司总体性别比例提高的数字。

2011年以后，我们在多样化方面取得了重大的进步。我们目前提高的速度是前几年的五倍。按现在的趋势，在前五年累计5%的基础上，我们将在两年内再提高2%。

近几年的平衡改变情况

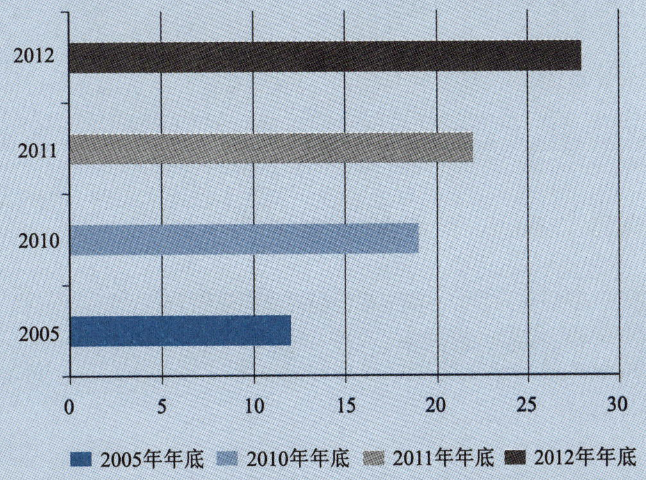

虽然，在印度我们已经达到了当地/行业性别平衡的标准，但我们的目标是继续提高标准，为实现我们宏伟的公司愿景提供强大的动力。实现公司2015年的愿景，成为一个真正性别多样化的组织是我们的关键任务之一。换言之，我们需要为性别平衡建立完全的空间。这可能意味着很多事，包括彻底修改政策和计划，制定在组织金字塔结构中发展和留住女性的清晰路径图，以及更重要的是，吸收更多的女性进入组织，并创造对她们的发展和成功更有利的文化。

这样做的结果就是建立一个所有员工（男性和女性）均能充分发挥自己的潜能，并让他们感觉到自己所展示出的独特的能力得到了平等的重视。为此，我们确定了以下几个关键促进因素：

a. 增加提供女性人才

b. 建立领导一致性

c. “职业选择”和灵活工作

d. 性别平衡网络和委员会

e. 监督

f. 对外交流（提高我们的多样化水平）

265 马其顿国家报告，ILO商界和管理界中的女性地区雇主研讨会，2012年11月

印度联合利华有限公司（HUL）

为了增加提供女性人才，我们增加了 WL1 的人才提供和工人领导。为此，我们为生产制造职能的供应链在印度聘用了 26 名 WL1D 工程师，并培训他们加快成长，以承担 WL2 的角色。据此，我们与父母进行交涉，并加大支持力度和提供招待所和客房等设施，用于吸引更多的女性人才。同时，我们还积极为女性绘制了市场行情，并在进行聘用和人才决策时重点执行性别平衡规定。

由于女性认为灵活的工作时间是她们在职场长期发展的重要因素，我们制定了灵活工作政策，如灵活工作时间、在家办公以及兼职工作（工作分担/工作拆分）等措施。同时还推出了工作－生活平衡措施，如停薪留职，6 个月的产假和育婴假等。这些都是根本性的改变，而且如果把这些改变当作机会的话，也非常容易执行。这为创造全新的工作场所，也就是全新的性别平衡空间，带来了机会。

我们下面就来看一看建立这个全新空间的各个阶段，以及每个阶段所进行的活动。

总的来说，这些阶段包括：

准备场所

检查现有的环境、关键促进因素和阻碍因素。

浇注地基

性别平衡的含义是什么——让领导层“相信”并“确认”性别平衡是企业发展的关键杠杆之一。

搭建框架

为企业各部门确定明确的性别平衡目标和期望。

安装设施

性别平衡计划的因素将有助于我们实现我们的目标。

安装屋顶

治理和检查部门可以批准资源、解决问题并监督进展。

设计内饰

性别平衡计划的可见因素包括，雇员交流、联系和多样化之门。

景观美化

性别平衡“联系”行动——我们将与行业、学术机构和社会共同努力。

印度联合利华有限公司（HUL）

以下是我公司性别平衡计划的主要构成因素：

工作分享

该理念用以确定哪些灵活性的工作可以由两个人共同承担。工作分享并不是直观可视的，即使参与工作分享的女性仅仅利用部分时间工作，她们也可以在拉近组织与女性消费者的关系中全程提供服务。在 2016 年、2017 年两年中，我们会在确定的岗位上采取工作分享措施。

职业选择计划

独特的再聘用计划可以为女性寻找“真正的”灵活的和兼职的工作提供平台。该计划将在 2016 年 4 月开始实行。我们已经在“AreUtheWoman. com”上收到了 3000 个注册。27 名女性已经通过职业选择计划加入了我们。其中有 10 名是员工推荐的。

积极市场绘图

我们绘制了不同行业和职位的女性人才情况。

点金术

南亚的导师计划被命名为“点金术”。导师指导是发展领导者和建立包容的工作场所中很关键的一项措施。“点金术”意味着转变。通过指导过程，我们将有能力的个体转变为优秀的领导。目前我们在亚洲建立了大约 160 对导师和学员。

性别平横章节

需要在路径和性别平横计划之间建立大量的联系。因此在多样化中将有专门的性别平横章节，其小标题为“联合利华内部”。

性别平衡网络

年初，我们推出了性别平横网络（GEN－NET）和“第三只眼”——这是我们为了获得看待性别平衡问题的全新视角而进行的长达一周的庆祝活动。我们的下一步措施是确保 GEN－NET 的初步方案能够行政整体。由于今年会涌入大量的女性，GEN－NET 的主要重点将围绕着吸收、支持和发展劳动力中新加入和现有的女性工作者而展开。

12.2 奖励良好实践

全世界有各种地区性、全国性和国际性的活动，对在促进性别多样化中做出成绩的公司以及出色的女性企业领导予以奖励。这些奖励是为了鼓励公司继续努力取得更大的成绩，并获得公众的认可。在吸引媒体报道时，他们也明确提出了关于女性在商界和管理界的问题。提供奖励的组织及包括政府，也包括女性协会、商业组织、行业协会和学术机构。

“卡地亚女性创业家奖”就是其中一例[266]。该项女性国际商业计划评选是由卡地亚公司和女性论坛（国际经济社会女性网络）于2006年创立的。并得到了麦肯锡公司和英士国际商学院的支持。每年，来自不同大洲的共6名女性将会得到为期一年的商业指导、两万美元的奖金以及由卡地亚设计的奖品作为奖励。评选分为两个环节：每年六月根据候选人的简短商业计划挑选参评选手，再根据她们的详细商业计划在十月选出获奖选手。

南非等很多国家都设立了“年度商业女性”这一奖励，为其他女性确定榜样。各奖项所确定的分类也不尽相同。在澳大利亚，政府职场女性平等机会机构每年所颁发的商业成绩奖分以下六个类。这是从很多相关领域和范例中挑选出来的，其中包括：

1. 在促进女性发展方面进行的杰出平等机会行动或取得的杰出成果。
2. 在促进女性在非传统领域或职能方面的发展所进行的杰出平等机会实践。
3. 促进女性发展的多样化领导。
4. 在促进女性发展方面居于领先位置的CEO。
5. 在促进女性发展方面居于领先位置的组织（员工人数不超过800人）。
6. 在促进女性发展方面居于领先位置的组织（员工人数800人以上）。[267]

12.3 各国商会和雇主组织采取的行动

商业组织和商会通过各种活动为男性和女性企业家提供支持。如，在**洪都拉斯**，工商会（La Cámara de Comercio e Industria de Tegucigalpa - CCIT）从2007年起，成功推出了有关女性领导的企业的项目。并举办了三次女企业论坛，帮助与会的企业家们增加了销量，扩大了新市场，获得了新客户以及新工艺、新技术和生产方法。

在**智利**，生产和商业联盟（Confederación de la Producción y del Comercio-CPC）促进了《企业反歧视良好劳动实践指南》的分发。该指南是由智利政府女性事务办公室（SERNAM）与生产和商业联盟共同编写的。指南内容广泛，包括对聘用和选拔过程、职业发展、接受培训、高级管理职位中的性别平衡、工作条件、生育和养育责任、工作与家庭平衡以及预防和处罚性骚扰方面的建议。2011年2月，生产和商业联盟及其成员与SERNAM达成协议，共同提高女性在劳动力市场的参与程度，共同促进有利于女性和女性平等的劳动实践，以及促进工作与家庭之间的和谐关系。这也是首次为了确保女性能参与到各个不同的行业部门及决策层而对生产和商业联盟成员公司的男性和女性员工人数进行计算和监督。

在**喀麦隆**，喀麦隆雇主组织（Groupement Inter – Patronal du Cameroun - GICAM）详细制定了在其成员企业中整合男性女性平等原则的项目计划。该项目目前尚未执行。执行后将对企业中的性别平等情况进行分析，了解企业对性别平等的认识，说服合作者提供支持，并致力于提高人们对性别问题的认识。[268]

在**日本**，日本商业联盟（Keidanren）倡导在职场中最大程度发挥女性的能力和才能，以提高公司的竞争力并克服劳动力减少带来的挑战。但同时也在尽力阻止对职场女性比例的数字目标进

---

266 http：//www. womens – forum. com/initiative/cartierwomen – s – initiative – awards/detail#sthash. QhMuZVrg. dpuf

267 http：//www. wgea. gov. au

268 喀麦隆国家报告，ILO非洲地区关于商界和管理界女性的雇主研讨会，约翰内斯堡，2012年11月7－8日

行立法规定。在其年报——“致力于管理和劳动政策”中，日本商业联盟鼓励其成员公司和商业联盟采取积极行动和有关平衡工作和生活的措施。日本商业联盟编写并在 2013 年 3 月出版了《关于平衡工作与生活的措施的报告》，里面列举了 66 个成员公司的案例[269]。日本还成立了公共和私人部门行政主管促进工作与生活平衡委员会，并联合了来自各省和地方政府以及经济和劳动界的代表。委员会在 2007 年 12 月制定了非强制性的《工作与生活平衡宪章》和《促进工作与生活平衡行动政策》（2010 年 6 月修订）。现在正在与公共和私人部门共同努力以改进这些文件。日本雇主组织也积极参与了宪章的编写工作。[270]

在**莱索托**，雇主协会和莱索托商会与成员公司共同努力以促进女性在商界和管理届的发展，并说服政府采取行动，通过设立青年就业、女性创业以及性别平等项目、农村金融中介项目和部分担保计划促进创业，以加强所有公民在所有部门的经济能力。[271]

毛里求斯雇主联盟（MEF）鼓励私人部门企业执行相关政策，以促进女性获得平等的机会，并参与到所在企业的所有级别。雇主联盟行业规则规定，“企业在人员选拔和晋升方面应该明确制定任人唯贤和机会平等的政策。”雇主联盟还积极参与促进加强女性经济权利的活动，其重点在于鼓励女性创业。1982 年，雇主联盟成立了通过咨询、指导和培训以协助小型企业的部门。另外还开展了创业发展和管理培训，使上百个小型企业家，也包括女性从中受益。2006 年以来，雇主联盟还向中小企业提供指导服务。近年来，雇主联盟帮助很多女性企业家更有效地建立和管理她们的企业。2011 年，联盟培训了 100 名女性企业家。雇主联盟还为毛里求斯女企业家协会积极提供支持。该协会将女性企业家团结在一起，旨在协助建立网络，改善融资渠道，并通过培训鼓励自我发展。

在**黑山**，黑山雇主联盟（MEF）努力创建创业文化以鼓励女性创业以及加强女性的经济权利。2005 年通过的《雇主道德规范》要求雇主联盟成员尊重《联合国全球契约》和联合国前计划目标的原则，并向黑山女性企业家协会及其活动提供支持。根据所开展的研究，雇主联盟提出了有关消除障碍，促进女性在商界人数的增加等建议。2011 年，雇主联盟在公司成员中进行了调查，用以确定和促进雇主在为女性提供良好工作条件和鼓励女性在职场增加权利方面的良好实践。雇主联盟还与女性雇主协会，《今日女性》以及黑山工会同盟签订了合作协议。此外，雇主联盟还参加了名为“黑山个人收入性别差异”项目的顾问委员会。该项目是由欧洲国际运动组织 2010 年在黑山开展的。[272]

在**巴基斯坦**，巴基斯坦雇主联盟（EFP）与劳动和人力资源部（MOLM）以及巴基斯坦工人联盟（PWF）和来自社会的合作者一起在 2009 年开展了女性就业创造（WEC－PK）项目。该项目旨在为工作女性创造支持环境，为女性获得体面的工作提供建议，并努力促进私人部门就业中的性别平等。工人联盟与国际劳工组织合作，在巴基斯坦主要城市开展了 6 个培训项目，对管理层中的女性进行教育和培训。重点为管理和领导技巧，以及对如何打破限制他们职业发展的无形的障碍提供建议。2009 年发布了名为“引领：发展女性管理职场中的玻璃屋顶”的报告。根据全行业的调查结果以及对性别平等最佳实践的研究，工人联盟与国际劳工组织一道推出了针对私人部门组织的性别平等和工作场所中的公正的政策。[273]

在卢旺达，私人部门通过提供办公室和工作人员以及资金和技术支持，帮助女性企业家建立了自己的商会。商会的活动包括各种会员计划，比如有成功的女企业家指导其他女性进入正规部门；能力建设和对女企业家进行有关创业、商业

269 http://www.keidanren.or.jp/policy/2013/022.pdf./only，仅有日语

270 日本国家报告，ILO 亚太地区关于商界和管理界女性的雇主研讨会，曼谷，2013 年 4 月 18－19 日

271 莱索托国家报告，ILO 非洲地区关于商界和管理界女性的雇主研讨会，约翰内斯堡，2012 年 11 月 7－8 日

272 黑山国家报告，ILO 商界和管理界中的女性地区研讨会，基辅，2012 年 11 月

273 巴基斯坦国家报告，ILO 商界和管理界中的女性地区研讨会，曼谷，2013 年 4 月 18－19 日

管理、制定商业计划、贷款管理、使用ICT技术发展电子商务和营销方面的培训；并针对特定部门特点进行培训，如现代农业加工技术；以及商业发展服务和商业计划竞争等。[274]

在**塞尔维亚**，塞尔维亚雇主组织协会一直在积极促进性别平等原则，并出台很多新的标准，来提高女性在企业中的地位以及促进她们进入所有的岗位和管理职能。并尽可能促进更多的企业加入联合国全球契约。[275]

在**南非**，南非联合总商会（BUSA）积极参与有关《女性赋权和性别平等法案》的讨论，包括与国家经济发展和劳动委员会（NEDLAC）的讨论。联合总商会支持建立优秀女性数据库，为公司的选拔和任命提供候选人。同时商会还建立了入口网站，帮助小企业主，尤其是为准备好供应链的女企业家的发展提供帮助。[276]

在**斯里兰卡**，锡兰雇主联合会（EFC）从十多年前开始，就与国际劳工组织合作，通过宣传、培训和出台政策公文等方式促进斯里兰卡的职场性别平等。联合会还与其他商业组织或商会共同积极发放这些文件。同时也支持这些组织的成员对其工作人员进行这方面的培训，并建立自己公司的政策。比如，联合会在2008年与锡兰商会和联合国开发计划署合作，在其成员中促进实现千年发展目标中有关性别平等的目标。该行动包括重新执行《ILO/EFC解决工作场所性骚扰问题的行动和程序规范》。为此，联合会要求私人部门公司正式签署该文件，并由联合会对其主要成员的员工进行内部培训。联合会还开展了有关性别平等以及防范性骚扰和其他形式的性暴力的培训和能力建设计划。并应成员公司要求开展内部活动。提倡对性别更友好和更包容的工作环境也是一项长期的工作。[277]

乌干达的年轻女性创业计划（GEP）是为了在中等学校以及高等教育机构和大学建立对商业和创业的认识所展开的活动。成功的女企业家会亲自到学校分享她们的经验，鼓励年轻女性。项目的合作方包括乌干达投资机构（UIA）、乌干达私人部门基金（PSFU）、乌干达女律师协会（FIDAU）、乌干达女企业协会（UWEAL），乌干达女性网络（UWONET）、非洲女性经济政策网络（AWEPON）和马凯雷雷大学（坎帕拉），马凯雷雷商学院，乌干达理工大学和穆克诺大学。[278]

12.4 企业会员组织中的女性和性别平等部门

在各地区的商会和雇员组织中，都设立了女性部门、委员会或工作重点是支持商业女性和促进性别平等的工作岗位。但是对这些机制的效力却存在争议。一方面，一直以来，它们在商业组织内部或与这些组织一起为女性提供一个“空间”，让她们可以分享经验、交换信息和想法，并开展有关如何面对在商业世界遇到的挑战的项目和活动。同时也利用这个空间为女性，特别是女企业家提供实际的建议、政策制定和支持。另一方面，也有大量关于这些特殊的部门是否会将女性和“女性问题”边缘化，使这些问题成为与商会或雇主组织平行的活动。有人认为，更多的女性需要成为组织政策和建议活动以及董事会或管理委员会中的“主流”，提供她们的看法、经验和角度。尽管如此，但问题在于如何在没有任何形式的机制、程序、以及负责人的情况下来开展这些活动。因此，如果雇主组织决定选择建立这样的部门，很重要的是先明确其目标和权力范围，以避免可能产生的孤立情况。而对于已有的女性部门，也应该对它们的作用进行审核，确保性别平等问题的“主流性”。以下提供一些这方面的实例。

在巴尔干商会协会框架下的女性企业家协会（WEC）成立于2010年。**阿尔巴尼亚、波斯尼亚和黑塞哥维那、保加利亚、塞浦路斯、希腊、马其顿、黑山、罗马尼亚、塞尔维亚和土耳其**各国

---

274 卢旺达国家报告，ILO商界和管理界中的女性地区研讨会，约翰内斯堡，2012年11月7－8日

275 塞尔维亚国家报告，ILO商界和管理界中的女性地区研讨会，基辅，2012年12月5－6日

276 南非国家报告，ILO商界和管理界中的女性非洲地区研讨会，2012年10月

277

278 乌干达国家报告，ILO商界和管理界中的女性非洲地区研讨会，2012年10月

商会均派出三名企业家代表参加了该协会。该协会的目的是为了进强女性企业家对国家和地区经济的贡献，并增进巴尔干地区间的贸易。WEC 还致力于提高女企业家的技能，并通过巴尔干商会协会在巴尔干地区的商业界发出“女性的声音”。[279]

在**阿根廷**，中型企业联合会于 2008 年成立了商界女性部（CAME）[280]。其目标为与国内外同业组织一起促进女性加入公司的行政管理层。并每年组织全国女企业家会议。CAME 每年还会向杰出的女企业家颁奖。

在**巴西**，隶属于巴西商业贸易协会联合会（CACB）的国家商界女性委员会（CNME）成立于 2002 年。其主要工作是鼓励、支持并建立国家层面上的类似协会的组织，以促进“完美的企业家”和加强全国的企业家网络。委员会致力于整合女性领导资源并扩大与巴西和其他国家各种商业组织的联系。此外，在巴西，矿业商业企业协会也设立了女性企业家委员会。该委员会的工作在于开展讨论和各种活动，以鼓励和支持女性在决策层扮演更重要的角色。同时加强女性的作用和发展、维护和代表她们的利益并促进女性企业家和商界女性之间的往来。

印度的三个主要雇主协会——全印度雇主协会（AIOE）、印度雇主联盟（EFI）和公共企业常务会议（SCOPE）都在促进女性在企业的发展中起到了重要的作用。1990 年，成立了公共部门女性论坛（WIPS）负责创建全国网络和支持体系。印度工业联合会（CII）也在 20 世纪 90 年代末成立了全国女性赋权委员会。并举办了互动研讨会以提高人力资源主管在促进职场性别平等方面的能力并了解应该如何建立有利于性别平等的环境。女性企业领导论坛也是印度工业联合会中一个活跃的部门。印度的全国软件和服务公司协会（NASSCOM）以及信息技术和业务流程外包（IT－BPO）行业商会在 2006 年启动了“性别包容计划”。全国软件和服务公司协会还推出了性别奖励以鼓励公司制定性别包容政策和计划。[281]

萨尔瓦多最具代表性的商业组织是在 2012 年 8 月成立的性别委员会。委员会由不同的商业组织组成，包括萨尔瓦多美洲商会（AMCHAM）、全国私人企业协会（ANEP）和女企业家的社会责任组织（EMPREPAS）。委员会组织了由商业组织、公司和专家参加的会议，讨论企业应如何负担起在平衡工作与家庭方面的责任。

在**日本**，很多当地商会都有自己的女性企业家委员会，其目的在于支持女性企业家之间的交流，而非提供商业发展服务。[282]

在中东地区，很多国家的商会中都有女性部门。比如，**迪拜**商业女性理事会（DBWC）是隶属于迪拜工商会的。在**沙特阿拉伯**，沙特商会联合会在全国各商会都设有女性部门。**巴林**商会在 2001 年选举了第一位女性董事会成员。此后建立了商业女性委员会，以进一步发挥女性在经济中的作用，并辅助巴林女企业家协会的工作。在**海湾国家**，海湾商会联合会会定期在各商会举行会议。在联合会内部，有专门的女性企业家论坛。2012 年年底，还在海湾国家举办了女性商业领导会议。[283]

黑山商会（PKCG）在 2006 年成立了女性企业家委员会，旨在通过教育、参加欧盟项目、确定商业障碍、以及促进建立有利于女性创业的气候、增加女性发展的机会[284]。黑山商会和创业及经济发展中心（CEED）在 2011 年共同建立了全国女性企业家导师网络。在为期 12 个月的时间里，女性导师会提供建议和分享经验，以帮助开始创业或遇到问题的女性企业家。女性企业家（至少 10 名）每个月会有一次机会参加不同主题的实践培训，内容包括沟通技巧、制定商业计划、家族企业管理和市场研究等。商会还参加了“亚德里亚－伊奥尼亚行动”，组织有关女性企业家发展的培训、圆桌会议和研讨会，为女性企业家分析商业环境，并帮助她们建立当地和区域性

---

279 http：//www. rcci. bcci. bg/abc－wec

280 http：//www. redcame. org. ar/section/mujeres

281 印度国家报告，ILO 商界和管理界中的女性地区研讨会，曼谷，2013 年 4 月 18－19 日

282 日本国家报告，ILO 商界和管理界中的女性地区研讨会，曼谷，2013 年 4 月 18－19 日

283 ILO 商界和管理界中的女性地区研讨会上的报告，贝鲁特，2012 年 5 月 15－17 日

284 黑山国家报告，ILO 商界和管理界中的女性地区研讨会，基辅，2012 年 12 月 5－6 日

的联系网络。[285]

尼加拉瓜的私人企业高层会议性别委员会（COSEP）正在制定性别政策，以实现在更大程度上整合商业组织和各商会董事会中的女性。COSEP 下属 9 个商会和 8 个专业及行业协会，以及一个发展研究所。

在**尼日利亚**，尼日利亚雇主顾问协会（NECA）与挪威商业工业联合会（NHO）自 2004 年开始开展“与中小企业为了发展和可持续性共同努力”的项目。作为项目的一部分，协会为企业家们组织了一系列的研讨会，但是与会者中只有 2% 为女性。随后组织了全部由女性参加的研讨会并建立了 NEC 女性企业家网络（NNEW）。该网络目前在拉各斯和阿布亚有 300 名成员。尼日利亚工商、矿业和农业商会协会（NACCIMA）也成立了名为全国工商、矿业和农业商会协会商业女性组织的女性工作部门（NAWORG）。[286]

在**巴勒斯坦**，伯利恒商会在 2011 年选出了首位巴勒斯坦所有商会中第一位女性董事会成员。商会同时决定成立女性部门。同样采取这一行动的还有纳布鲁斯商会。该商会也成立了女企业家协会。巴勒斯坦商界女性协会（ASALA）支持各商会的活动，并与巴勒斯坦工商业和农业商会联合会（FPCCIA）以及 ASALA 签订了协议，为巴勒斯坦小微企业中的女企业家技工支持和帮助，并降低费用为商会的成员提供帮助。[287]

在**卢旺达**，卢旺达私人部门联合会共有 10 个商会，其中也包括女性企业家商会。该商会的任务是，通过开展企业诊断、能力建设、资源调动、制度建设、营销、建立网络和宣传活动等，帮助女性为社会经济的复苏战略做出贡献。商会还增进了女性企业家对现有建议和咨询服务的认识，并帮助她们获得相关的知识和管理及技术技能，从而更有效地开展业务。[288]

在**斯威士兰**，斯威士兰商业女性论坛（BWFS）是在雇主和商会联合会的支持下运行的。该论坛支持对女性的经济赋权，而且为商界和企业部门的女性提供支持、信息、关系网络、领导、和酬劳方面的帮助。2011 年 11 月，论坛举办了第二次年会，以促进女性所有的企业进入本地市场。论坛还举办了采购对话，帮助女性通过大公司的采购程序开发她们所渴望的市场。[289]

乌干达雇主联合会（FUE）在 2010 年成立了乌干达雇主联合会女性主管分会（FUEWEC）。其目的在于解决商业世界中女性在最高层决策职位中的边缘化问题，并促进成员企业遵守有关平等机会的立法。2010 年，FUEWEC 在 5 个地区进行了可行性研究，以确定女性在职场获得晋升很困难的原因。在参与调查的女性中，有 61% 的人希望能够通过参加项目来改善自己的职业；有 65% 的人不认为身为女性是她们晋升的障碍。虽然有 39% 的人在其所在组织的资助下参加过各种培训，但只有 19% 的人非常肯定她们所做的组织希望为她们的职业发展投资。雇主联合会还参加了挪威商业工业联合会的“女性未来计划”。该计划旨在加强女性的领导能力，帮助更多女性进入最高决策职位和董事会。从 2011 年 7 月到 12 月，该计划第一批共吸收了来自不同公司和组织的 16 名女性。她们接受了有关领导能力和董事会能力的培训，以提高她们的办公室管理能力，并可以有效行使领导职能，进行良好的发言，并为董事会提供建议。[290]

在**越南**，越南工商会（VCCI）在 2001 年成立了女企业家委员会。工商会还开展了很多活动，为女企业家成员更好的管理企业提供支持，如关于如何平衡工作与家庭责任的信息运动。并不断增加培训项目，以提高女企业家的技能和能力，其中也包括软能力。就女性而言，软能力包括如何建立有效的社交网络、成功谈判，以及如何获得新的客户和处理下班后不必要的非正式社

---

285 黑山国家报告，ILO 商界和管理界中的女性地区研讨会，基辅，2012 年 12 月 5 - 6 日

286 尼日利亚国家报告，ILO 商界和管理界中的女性非洲地区研讨会，约翰内斯堡，2012 年 11 月 7 - 8 日

287 巴勒斯坦国家报告，ILO 商界和管理界中的女性地区研讨会，贝鲁特，2012 年 5 月 15 - 17 日

288 卢旺达国家报告，ILO 商界和管理界中的女性非洲地区研讨会，2012 年 10 月

289 斯威士兰国家报告，ILO 商界和管理界中的女性非洲地区研讨会，2012 年 10 月

290 乌干达国家报告，ILO 商界和管理界中的女性非洲地区研讨会，2012 年 10 月

交活动等。工商会还计划为女企业家建立专门的网站，并邀请其他企业家或相关政府机构回答女企业家们提出的问题。工商会也在不断说服政府让其认识到女企业家的重要性。[291]

津巴布韦商业协会女性联盟（WABAZ）成立于2011年7月。该联盟是由津巴布韦国家商会（ZNNC）主办的。旨在建立女性企业家与所需资源之间的联系，并将她们融入主流经济中。女性联盟作为女性的商业组织的联合组织，其目的在于帮助这些组织建立统一的声音，通过集体活动呼吁政策改革，并鼓励更多的普通人加入到改善津巴布韦经济民主的活动中来。[292]

12.5 商会和雇主组织中的女性比例

女性在雇主组织和商会决策层中的比例在不断增加，但仍然是个挑战。收集这方面的相关数据将有益于追踪进展情况并向公司成员提供榜样。以下就是一些雇主组织提供的有关其组织结构中女性比例的统计数据。

在**约旦**，商会董事会中只有一名女性，但商会与全国25家女性组织建立了良好的工作关系。[293]

在**马拉维**，雇主委员会高级职位中，共有63名男性和14名女性。[294]

在**马其顿**，马其顿雇主组织（OEM）成立于2004年，是该国最大的雇主组织。在21名董事会成员中，有6名女性。该国经济和社会委员会共有12名成员，其中4人来自马其顿雇主组织，包括1名女性。在联合咨询委员会中，两名来自马其顿雇主组织的代表中，有1名女性。雇主组织聘用的所有工作人员均为女性。该组织中没有女企业家协会这样专门为女性成立的部门。[295]

在**沙特阿拉伯**，商会聘用了很多女性，其中也包括管理层。在沙特阿拉伯各地区，共有28家商会，每家商会都为女性成立了专门的部门，并任命了自己的女性主管，同时聘用10－12位女性工作人员。约旦商会董事会中共有4名女性，且董事会副主席为女性。商会还与学术机构合作，对条例和规定进行审查，以更好的促进女性的发展。[296]

还有其他一些女性在管理职位任职的实例。如在**乌拉圭**，2012年出口商会的副主席就由一位女性担任[297]。在**委内瑞拉** FEDECAMARAS 由42位成员组成的董事会中（包括指定成员），有3位为女性（8%）。在担任管理和行政职位的29人中，有14名为女性。包括8名主管和部门经理。在相同职位工作的男性为5名。在委内瑞拉工业联盟（CONINDUSTRIA）32个商会主管中，有19位为女性（60%）。在工业联盟所属的16家地区商会中，有12位女性主管，占全部主管级人员的75%。委内瑞拉工商服务委员会（CONSECOMERCIO）一共有230名工作人员。在32名主管中，有7名为女性，占22%。在历届17位主席中，只有1名为女性。在20名顾问中，有2名为女性。在办公室行政人员中，有5个主任、经理和协调员的职位，其中4个职位由女性担任。在其所属的商会和协会中，共有156名管理者，其中有85名董事会成员。在董事会成员中，有13位为女性。在71名行政主管中，有46名为女性，占行政主管级人员的64%。[298]

以下是雇主组织在促进女性在商界和管理界发展时可以考虑采取的措施和行动。这些措施是由ILO自2012年到2013年间在非洲、亚洲、拉美、东欧及独联体国家举行的地区研讨会中产生的。参加研讨会的人员包括来自57个国家的雇主和私人部门的代表，以及性别研究方面的专家。

---

291 越南国家报告，ILO商界和管理界中的女性亚太地区研讨会，2013年4月18－19日

292 津巴布韦国家报告，ILO商界和管理界中的女性非洲地区研讨会，2012年10月

293 ILO商界和管理界中的女性地区研讨会上的报告，贝鲁特，2012年5月15－17日

294 马拉维国家报告，ILO商界和管理界中的女性非洲地区研讨会，2012年10月

295 马其顿国家报告，ILO商界和管理界中的女性基辅地区研讨会，2012年11月

296 ILO商界和管理界中的女性地区研讨会上的报告，贝鲁特，2012年5月15－17日

297 INNMUJERES在ILO乌拉圭报告中的内容“商界和管理界中女性状况”，2012年9月

298 “委内瑞拉商界和管理界中女性状况”报告，2012年9月

雇主组织在促进女性在商界和管理界中发展方面都能做什么

- 增加雇主组织工作人员对性别多样化和性别平等商业案例的了解
- 设计并执行有关性别平等的内部政策
- 增加雇主组织工作人员对公司促进女性在管理层中发展战略的了解
- 雇主组织员工中的性别平衡——树立榜样
- 考虑在雇主组织内部建立机制/部门以开展与性别相关的活动
- 考虑在雇主组织内部进行参与式性别审计，以确定基线和发展方向
- 指导所属会员机构和公司促进女性在管理层中的发展，并帮助公司对自身的需求进行自我评估或审计
- 建立与女企业家协会的稳固联系，以了解她们的经验和战略，并为她们的目标提供“声音”
- 宣传解决女性创业障碍的政策（获得贷款、设施资源、企业发展服务及培训等）
- 宣传促进女性进入私人部门决策层的立法体系
- 与学术机构合作开展研究，并与媒体合作为商界和管理界中的女性做宣传
- 颁发年度奖励、举办展览会，吸引公众和媒体的注意

12.6　地区和国际女性组织

近几年，女性组织在地区和地区间展开的活动蓬勃发展。各种组织举办了大量的会议、讨论和见面会，分享有关女性在商界中的经验和知识，同时还有各种领导力奖励活动。各国女企业协会向女性企业家和主管提供各种支持服务。很多国家组织还加入了全球网络，如世界女企业家协会、伊比利亚美洲女企业家联盟（FIDE），国际专业和商界女性联盟、以及“重要声音”等组织。

世界女企业家协会（WAWE）的目的在于建立对女企业家的认识，提高人们对她们的关注度。协会还积极在公众、私人机构、政策制定者和政府中开展说服和宣传活动。此外，协会还努力促进团结、友谊、文化了解、经验和观点的交流，帮助企业和贸易发展，以及建立合作关系，并培养专业进步、提高经营技巧，以及鼓励女性建立自己的企业。[299]

“重要声音”全球联盟是一家美国非政府组织，其目的主要是确定、培训和赋权给新崛起的全球女性领导及社会企业家。很多跨国公司都参与了与该组织的合作。“重要声音”帮助女性获得管理、企业发展、营销以及沟通方面的技巧和能力，以扩大她们的企业，并帮助她们的家庭在所在社区获得和创造工作。

地区层面

各地区也建立了很多这样的网络，如拉丁美洲和加勒比地区的女性管理者网络[300]。该组织是由来自14个国家的成员共同成立的。该组织为交换意见提供了空间。参加者包括致力于研究和解决与性别、领导力和女性管理者在组织中发展的相关问题的人群，也包括积极促进拉丁美洲和加勒比地区平等性别关系的人群。主要目标是为了加强网络，通过培训和咨询服务提高管理界中女性的能力和机会。

2011年，“重要声音”在墨西哥的墨西哥城成立了拉丁美洲和加勒比地区商界女性网络（LACBWN）。最初在阿根廷、危地马拉和尼加拉瓜展开3个试点项目后，该网络计划鼓励和联系了更多的女性专业人士和企业家，通过培训、指

299　http：//www. fcem. org/home. php？lang = en

300　www. wim - network. org

导和能力建设项目促进了经济发展，加强了有利于女性进行经济活动的营商环境。

有很多组织都在为阿拉伯世界的女性提供支持，其中包括2001年在伦敦成立的**阿拉伯国际女性论坛**（AIWF）。该组织鼓励女性在商界、公共生活和社会团体中的所有部门担任更高的领导职位。论坛为阿拉伯世界的女性提供能力建设和培训，目的在于通过合作、增加联系、创新和协作提高阿拉伯世界女性的能力。该组织的一项关键战略就是建立全球网络，并与所有部门的跨国公司结成联盟。2011年，阿拉伯国际女性联盟启动了名为“建立桥梁，建立企业：新兴经济，新兴领导层”的计划。该计划强调女性和年轻人的教育、领导力培训、能力建设和自我完善的重要性，并敦促政府和私人部门共同努力以建立有利于提高女性经济能力的政策环境。

另外一个同类型的网络是**中东及北非地区商业女性网络**。该组织于2012年4月12－13日在迪拜举行了开幕论坛。由ExxonMobil提供赞助，重要声音全球伙伴提供支持。中东及北非地区商业女性网络由10个商业女性组织组成，共有约2500名成员。这些组织构成了网络在各国的“枢纽”，他们的领导都致力于提高女性在中东和北非地区的经济能力[301]。中东及北非地区商业女性网络主席Afnan R. Al Zayani介绍说：“我们的主要目标是通过提供所需的实践技能帮助女性发展自己的企业。”该组织已经帮助建立了约500家新兴企业。

经合组织—中东及北非地区女性商业论坛（WBF）集合了来自商界、政府和社会团体的150名为促进和支持提高中东及北非地区和非中东及北非地区的女性经济能力而努力的人士。该论坛成员包括来自中东及北非地区以及经合组织各国的CEO、经理和企业家，以及各国、各地区以及国际商界女性协会、社会团体、地区和国际组织以及中东及北非地区和经合组织各国政府的代表。论坛为政府和私人部门提供有关政策改革的建议，从而能有效地解决中东及北非地区阻碍女性创业和就业的障碍。2009年，论坛在中东及北非地区开展了“培养女性创业和就业的行动计划”。中东及北非地区—经合组织投资项目建立了支持女性企业的政策、机构和项目清单。该清单是第一份有关为中东及北非地区的女性企业家提供针对性支持的政策、机构和项目的系统性列表。其最终目的在于根据国际和地区良好实践，评估各国在支持和制定针对性建议时的差距，并为其提供基础。12个正在编写的清单主要用于阿尔及利亚、巴林、埃及、约旦、黎巴嫩、摩洛哥、阿曼、巴基斯坦当局、沙特阿拉伯、叙利亚、突尼斯和阿拉伯联合酋长国。

拉丁美洲性别和公正团体（ELA）[302]对各种问题开展了研究，其中包括决策和生产工作中遇到的女性问题。其目的在于加强制度、促进机构间的联系、建立培训项和发展联系网络。

南亚区域合作联盟女性企业家委员会（SCWEC）于2001年成立于**斯里兰卡科伦坡**。其目的在于促进女性企业家的发展，并促进南亚地区女性企业家之间的合作与交往。委员会帮助她们进行有关创业技巧方面的信息交换，以及在南亚区域合作联盟中各国女性之间建立贸易联系。委员会还组织了座谈会、圆桌会议、研讨会和各种培训计划。[303]

自2009年后，一些女性领导、公司赞助商及合作者每年都会参加**亚洲领导层中的女性论坛**。该论坛会向每年的杰出商界女性，主要是创新型的女性企业家、公共部门的杰出女性、在变革方面取得杰出成绩的男性以及最佳女性友好雇主颁发奖项。2013年在**马来西亚**举办的论坛上，讨论的主题是女性将如何领导未来十年，以及通过“女性经济”加快增长的方式。[304]

亚洲女性商业委员会公司（APBCW）成立于1994年，其目的是通过为有兴趣在亚太地区开展贸易活动的女性提供商业机会，促进本地区和南澳之间的贸易往来。同时帮助委员会成员在

301 创办成员为阿尔及利亚、巴林、埃及、约旦、黎巴嫩、摩洛哥、西岸和加沙地带、卡塔尔、突尼斯和阿拉伯联合酋长国/迪拜的商业女性组织

302 http://www.ela.org.ar

303 SCWEC网站：http://scwec.com/about/htm

304 领导层中的女性论坛网站：http://www.wilforumasia.com

亚太地区建立商业联系。[305]

在与新西兰外事和贸易部（MFAT）以及澳大利亚国际开发局（AusAID）的合作下，**“重要声音”**开展了为期19个月，名为**“新兴太平洋女性领导计划”**的项目。该项目旨在帮助来自12个太平洋岛国（巴布亚新几内亚、基里巴斯、汤加、瓦努阿图、瑙鲁、所罗门群岛、密克罗尼西亚联邦、马绍尔群岛、萨摩亚、图瓦卢、库克群岛和纽埃）的代表团提高能力，以执行针对下列问题领域之一所特别开展的项目：1）影响立法和政策改变，以提高女性劳动力的比例；2）努力消除女性创业的立法障碍；3）促进女性领导力和导师制在公共生活中的发展。该行动希望能通过加强太平洋地区女性领导的指示、技能以及能力，为女性争取到更多的经济发展机会，并增加全地区社会团体中的女性领导人数。[306]

非洲商业女性网络是非洲商业社团和非洲女企业家联盟20世纪90年代在联合国的赞助下成立的网络平台[307]。在非洲内部各地区，也有很多女性企业家组织，如ECOWAS商业女性和企业家联盟（西非）。该组织促进和帮助该地区的团体和女性企业家开展贸易往来，同时也在尼日利亚、贝宁、科特迪瓦、几内亚、尼日尔和多哥建立了分部。

2011年，“重要声音”与非洲商界女性领导和非洲商业女性协会、ExxonMobil基金会以及渣打银行联合成立了“重要声音”**非洲商业女性网络（ABWN）**。同时，“重要声音”与当地合作者通过举办地方性和国际性研讨班、培训项目、指导、建立网络以及市场准入机会，提高了中小企业等层次的女性企业家的发展能力。目前该组织的6个中心包括：喀麦隆商业女性网络、加纳女性赋权之鹰俱乐部、肯尼亚女性企业主协会、尼日利亚管理、商业和公共服务中的女性、乌干达女企业家协会有限公司以及南非商业女性协会。

在**加纳**，加纳女企业家协会为商业女性提供了网络交流平台。如2008年成立的女性赋权之鹰俱乐部（EWEC）就是一个供所有行业进行交流的平台。EWEC的目的在于帮助女性增加自信、获得经济独立、以及在对女性友好的环境中成功经营企业和发展自己的职业。所提供的服务包括：商业技能培训、举办交流活动、提供商业信息和商业机会，以及倡导建立有助于增加女性融资渠道的政策。[308]

12.7 国家层面的女性组织

很多组织都是在国家层面建立的。在很多国家，大量的商业女性和女企业家组织，实际上都隶属于国际团体。他们需要更多的资源巩固来增加影响力并提高工作成果。通过有效的途径，如全国论坛等形式将这些组织联合在一起，对提高他们的知名度非常重要。各国政府、学术机构及商业团体都可以发挥自身的作用，将这些分散的组织集合起来。下面为具体实例。

在**阿根廷**，阿根廷商业女性组织（OAME）[309]在6个省积极开展活动，提高女性企业家的知名度和人们对女性企业家的认识。该组织还为女性提供专业技能支持，帮助她们创业。同时还为企业和商业发展提供帮助并建立网络交流平台。该组织每年都会组织全国商业女性会议，以及拉美地区商业女性会议。在阿根廷，行政女性论坛（FAME）每个月都会组织不同主题的论坛，并为女性主管提供交流机会。

在**澳大利亚**，澳大利亚商界女性网络是一家全国性的在线会员制团体，为全澳洲商界女性提供支持。该组织利用技术为商界女性提供商业教育、培训、资源、指导和支持。同时，还提供在线平台，让商界女性可以与榜样人物以及专家进行联系，并从她们的成长阶段中获得启示。该组织希望领导舆论，并成为关系澳大利亚商界女性的成功和地位至关重要问题的喉舌。同时也将编写和出版为商界女性提供教育和信息的内容及

---

305 APBCW 网站：http：//www. asiapacificbcw. org

306 http：//www. vitalvoices. org

307 无法找到这些组织的网站。

308 http：//www. eaglewomenempowermentclub. org

309 http：//www. oame. org. ar

资源。[310]

在**孟加拉国**，孟加拉国女企业家协会（WE-AB）成立于2000年。该协会由孟加拉国工商会联盟提供赞助，帮助商界女性在传统中由男性统治的领域取得自己的一席之地。同时，该协会还为女企业家建立了支持体系，帮助她们提高产品质量、进行产品营销、迎合变幻莫测的市场需求，以及接受技术知识培训和谋取发展。孟加拉国女性工商会（BWCCI）鼓励女企业家在传统女性商业部门（美容、市场、保健产品和手工艺）以外的信息技术、传媒以及出版业进行创业。女性工商会在地区和国家层面为商界女性提供制度支持，担保贷款，以及倡议活动。[311]

在**巴西**，巴西商业女性组织（OBME）[312]致力于促进全国和全世界商业女性的往来和交流，并提供培训和创业支持。此外，全国商界女性协会联盟[313]将来自商业和专业领域的女性组织在一起，为女性全面进入私人和公共部门提供协调和支持。

在**智利**，"智利商业女性"[314]成立于2008年。该组织将商业女性、女性主管和企业家组织在一起，为她们提供支持。这是智利第一家提供交流的商业网络平台。

在**中国**，中国女企业家协会（CAWF）成立于1985年，是在中国民政部正式注册的协会，也是中国企业联合会和中华全国妇女联合会的成员。该协会是女企业家与政府和来自各界的女性之间的桥梁。此外，中华全国工商业联合会女企业家协会成立于1995年。该协会是中华全国工商业联合会女企业家成员协会。其成员包括由地方工商业联合会推荐的[315]杰出的女性总裁、管理者、厂长以及管理人才。

在**加纳**，加纳女企业家协会为商界女性提供了交流的机会。该组织主办了2012年在加纳召开的世界中小企业协会（WASME）国际会业和产品展览。另外，2008年成立的女性赋权之鹰俱乐部（EWEC）也是各界女性交流的平台。2009年，该组织成为非洲商业女性网络（ABWN）的6个中心之一。其目的在于帮助女性增加自信、获得经济独立、以及在对女性友好的环境中成功经营企业和发展自己的职业。该组织所提供的服务包括：商业技能培训、举办交流活动、提供商业信息和商业机会，以及倡导建立有助于增加女性融资渠道的政策。[316]

在**印度**，印度工商业联合会（FICCI）女性组织成立于1983年。目的在于通过研究、与最高政治层的沟通和全球网络，协助女性企业家找到商业解决方案。女企业家协会（AWE）成立于1993年。主要是与已经开展经济活动的女性共同努力，以提高她们的效能和可持续性。女企业家协会的目的在于加强女性的商业技巧，提高她们的工作效率，挖掘新的潜在市场，并为其成员提供更多的商业机会[317]。印度女企业家联合会（FIWE）在全国有1500名个人会员（或专业人员）以及28个协会。该组织的目的在于通过帮助女性成为成功的企业家并进入主流行业，培养女性的经济能力，特别是中小企业主的能力。联合会提供交流平台、技术知识、行业调查以及技能发展等服务，并努力确保决策者可以听到女性的意见和想法。[318]

在**肯尼亚**，女企业家协会联合会（FEWA）是一家联合型团体，为各女企业家协会的活动提供协调和支持。联合会的目的包括促进增加女性融资渠道、土地和财产所有权、女企业家能力建设、对年轻女企业家提供指导以增加女性进入农业市场的渠道、以及为女性创造更好的信息和通信技术交流机会和参加电子商务活动。

在**马来西亚**，全国女企业家协会在1993年注册成立，为其成员与马来西亚政府、国家和地方机构和组织，以及外国组织和机构之间建立联系。该协会举办研讨会、讲习班、培训项目和会

310 ABN 网站：http：//www. abn. org. au

311 同上

312 http：//www. obme. com. br

313 http：//www. bpwbrasil. org

314 http：//me. cl

315 CAWE 网站：http：//www. cawe. org. cn/cawe/fore/findlndexData. action

316 http：//www. eaglewomenempowermentclub. org

317 同上

318 FIWE 网站：http：//www. fiwe. org

议，并提供建议和咨询服务。[319]

马来西亚女企业家网络（WENA）成立于2003年，目的在于成为领先的女性创业发展和信息通信技术及其他技术运用方面的非政府组织，开展与女性创业相关的研究，并与私人和政府机构建立联系。[320]

在**马拉维**，全国商业女性协会（NABW）成立于1990年。旨在培养女性进入商业企业工作。该组织的目的包括：促进女性所拥有的企业发展；通过加强城市与农村经济部门之间的联系，提高农村地区女企业家的生活水平；鼓励和保持商业女性参加各种项目和其他国家组织，以确保正确协调马拉维的商业资源。协会展开的活动包括商业和基本技术培训以及提供贷款等。

在**墨西哥**，墨西哥商业女性协会（AMMJE）[321]将商界女性、女企业主和微型、中小型、及大型企业股东联系在一起。协会为商界女性提供培训、交流网络以及融资渠道。墨西哥女性主管协会（AMME）的成员包括私人和公共部门的公司和组织的女性管理人员，为她们提供培训，以促进女性在所有专业、知识、社会和文化领域的发展。此外，在墨西哥，在国家女性研究所的倡议下，于2004年成立了商界女性网络。这家独立的机构与全国各商界女性协会开展合作。

在**摩尔多瓦**，国际商业女性发展中心（ICAWB）是由来自罗马尼亚、乌克兰和摩尔多瓦的女性共同组成的。其目的在于鼓励女性在商界积极发展、培养她们进行创业活动、为她们有效组织其所拥有的企业提供解决方案、以及帮助她们了解相关法律体系而确保更多的女性能够参加经济活动。摩尔多瓦专业女性协会隶属于BPW国际和BPW欧洲组织。其目的在于通过能力建设和赋权项目开发女性的专业和领导潜能，并保护她们的权益。商业女性协会（BWA）是巴尔蒂市的地方性组织。通过个人咨询、就业支持、创业培训以及创业协助等为女性提供机会。商业女性协会“Femida”位于摩尔多瓦南部的卡古尔区。该组织为消除任何形式的对女性的歧视提供咨询、信息和支持、为发展女性领导能力创造条件，以及为小企业的发展提供支持。[322]

在**黑山**，“商业女性”协会由12位黑山公司的女性企业主、董事和管理人员在黑山雇主联合和（MEF）以及德国技术合作组织（GIZ）的支持下于2009年成立。其目的在于提供当地、全国、地区和国际层面的交流机会。在该协会的倡议下，黑山投资和发展基金在2011年为女企业家创立了专门的贷款渠道。[323]

在**尼泊尔**，尼泊尔女企业家协会联合会（FWEAN）作为国家性机构，所代表的是来自贸易、商业、工业和旅游业的女性所拥有的中小型企业。其目的在于通过在尼泊尔各区成立分部，将女企业家纳入国家发展主流之中。该组织致力于建立有关女性问题的政策和项目，并在地区和国际层面建立各种联系和关系，以提高女性的经济权利。联合会还帮助女性增加经济发展机会，并努力提高潜在和现有女企业家的商业技巧。[324]

在**尼加拉瓜**，女企业家常务代表大会（CPMEN）[325]作为尼加拉瓜企业论坛，旨在讨论和解决女企业家所面对的问题。

在**尼日利亚**，除了由尼日利亚雇主组织（NECA）成立的创业女性网络（NNEW），还有2001年成立的商界管理界中的女性组织（WIMBIZ）。这些组织的目的在于提高管理界和商界中女性的知名度和影响力。其所展开的项目是为了提高女性企业家的成功率以及女性在企业组织高层中的比例。WIMBIZ是非洲商界女性网络（ABWN）的成员。隶属于国家女性委员会的尼日利亚女企业家协会（NAWE）成立于1993年。该组织的目的在于帮助尼日利亚农村地区传统女企业家形成自己的组织，并提高她们的工作能力。尼日利亚女性企业家协会（WEAN）的成立是为了帮助女性和年轻人，特别是年轻女性获得

---

319 NAWEM网站：http：//www. nawem. org. my

320 WENA网站：http：//www. wena. org. my/wenacms

321 http：//www. ammjenacional. org

322 摩尔多瓦国家报告，ILO商界和管理界女性基辅地区研讨会，2012年11月

323 黑山国家报告，ILO商界和管理界女性基辅地区研讨会，2012年11月

324 国际私人企业中心（CIPE），《女性商业协会，来自全球的经验：南亚》，2009

325 http：//www. euram. com. ni/Empresarias/index. hitm

经济和社会政治权利。该组织提供咨询、指导、职业技能培训、倡导和鼓励、能力建设、微金融和企业发展以及会议组织服务。

在**巴基斯坦**，女性工商会（WCCI）成立于1986年，是巴基斯坦首家注册成立的女性企业家协会。女性工商会是巴基斯坦工商会联合会的荣誉会员。该联合会也成立了自己的女企业家常务委员会。女性工商会提供的服务包括咨询和指导项目、培训、小微贷款渠道、商业发展项目，以及国内和国际市场贸易进出。旁遮普女性工商会（PWCCI）成立于2002年，其目的在于促进和发展女性在旁遮普的创业活动。该组织鼓励女性企业家共同说出她们的问题，并寻求研究和发展帮助。PWCCI为讨论提供论坛、为与当地和国际同行的交流提供机会，并为女企业家提供支持。拉合尔工商会（LCCI）在其内部成立了女性资源中心（WRC），作为女性经济活动秘书处，负责与相关政府机构和部门进行协调，以帮助它们的发展和落实[326]。在巴基斯坦，Mizlink－Pakistan的目的是通过加强发展和创业、咨询以及企业地位相关的核心领域，而为女性进入商业世界提供全面的资源。[327]

在**巴拉圭**，商业女性、行政主管和专业人士协会（APEP）[328]成立于1991年。其目的在于为其成员提供信息、能力建设和交流服务。同时也用于宣传最新通过的关于提供贷款渠道和其他资助的渠道的小微企业的法律。该组织的工作重点为提高女性在责任和决策职位中的比例。[329]

在**秘鲁**，商业女性协会（AMEP）[330]旨在为秘鲁女性企业家的发展、增长和专业性做出贡献，主要是增加商业机会，提供信息和融资渠道，以及加强她们的能力和技巧。该组织还为女性企业家提供交流经验和良好实践机会，并呼吁决策者采取行动以促进商业部门的性别平等。秘鲁商业女性协会隶属于世界女企业家协会。

在**菲律宾**，菲律宾女性商业委员会（WBCP）成立于1997年，为解决与女性和商业有关的问题以及讨论政府机构可以批准的政策提供了平台。委员会由杰出的女性商业领导和企业家组成，旨在对经济政策产生影响。该组织监督女性在经济中的地位，提倡开展提高女性工作者、企业家、企业所有者或行政主管的地位的计划，建立商业联盟，以及在女性所有、领导和管理的企业与其他商业组织间建立商业网络。该组织的目的包括增加女性融资渠道，以及生成有关商界女性的标准数据。[331]

在**萨摩亚**，商界女性发展有限公司是一家致力于通过尊重当地传统、利用传统和现代技术以及促进公平贸易来加强乡村经济的组织。该组织旨在建立长期可持续的商业关系。萨摩亚出产的天然有机椰子油已经出口到“美体小铺”，作为其公平贸易企业的一部分。该组织还提供为萨摩亚乡村量身定做的商业培训，以及微金融储蓄和借贷计划。[332]

在**斯里兰卡**，女性工商会（WCIC）成立于1985年，是一家非盈利组织，旨在帮助城市和农村的女性提高她们的创业技巧。女性工商会举办了商界女性（WIB）商品交易会和展览，帮助女性展示她们的产品，销售和接受订单，并建立长期的合作关系，以获得有关产品多样化、提升质量以及降低成本的建议和方法。商界女性组织则致力于建立新的市场联系，最大程度地对女企业家，尤其是来自农村地区的女企业家进行宣传。[333]

在**坦桑尼亚**，坦桑尼亚女性商会成立于2006年。作为联合型组织，女性工商会已经发展为正式的机构，成为商界女性组织的最高机构。工商会将形成统一战线的各部门的商业女性协会、公司以及个人团结在一起，为所在企业和女性企业家的发展发起倡议，并建立网络。目前该组织包括6个协会和20家公司，总共2000名成员。该国还有其他的女企业家组织：拥有96名成员的“坦桑尼亚手工产品”；坦桑尼亚手工艺协会；坦

326 http：//www. euram. com. ni/Empresarias/index. hitm.
327 http：//www. mizlink－pakstan. com
328 http：//www. apep. org. py
329 APEP报告，10/9/2012 ILO地区研讨会，“商界和管理界中的女性状况”
330 http：//www. ameperu. com/website/index. php
331 WBCP网站：http：//www. wbcp. ph
332 萨摩亚商界女性发展网站：http：//www. womeninbusiness. ws
333 WCIC网站：http：//www. wcicsl. lk

桑尼亚女性矿业协会以及女企业家协会联合会。[334]

在**乌干达**，女企业业家协会旨在通过商业诊断、能力建设、资源调动、制度建设以及交流网络和倡议活动提高女性的经济地位，从而解决性别差异问题。[335]

在**乌拉圭**，商业女性协会[336]为商界中的女性提供了平台和网络。该组织为其成员提供有关交流、谈判以及管理变动的培训。该组织隶属于全球女性峰会。此外，乌拉圭商业女性组织[337]成立于2008年。其目的包括加强制度建设以及提供培训和交流网络。该组织隶属于世界女企业家协会。

在**越南**，女企业家委员会（VWEC）是由越南工商会（VCCI）于2008年成立的常务委员会[338]。2007年，该组织在国际劳工组织的帮助下，开展了对女企业家在越南的角色、限制、机会以及发展方面的性别研究[339]。VWEC集合了女性企业所有者和管理者以及商业俱乐部和组织。其目的在于在国内和国际关系中维护商业女性的权益；促进和提高女性在商业活动、投资和技术转让中的发展；以及帮助促进企业内部的性别平等。该资助提供各种服务，以帮助女企业家和商业女性增强管理和商业技巧。此外，越南女性工会也帮助女企业家成立了商业俱乐部。女性发现这些俱乐部有助于她们的交流和信息分享。不过，女企业家仍然需要商业发展服务，但这些对专业服务的要求超出了俱乐部所能提供的水平。但是更多的专业和以部门为基础的商业组织还是由男性所主导的，还不能根据女企业家的需求转变运营方式并提供服务。[340]

在**津巴布韦**，专业女性行政主管和商业论坛（PROWEB）成立于2005年。该组织集合了来自津巴布韦私人和公共部门的专业女性、女性行政主管和商界女性，旨在通过领导力培训、教育、交流、以及支持和国家认可，帮助她们实现个人和专业发展。[341]

12.8 学术机构所展开的活动

全世界的商学院和大学也在开展调查和研究项目，以解决女性创业和管理界中的女性问题。

全球创业观察（GEM）项目是每年对各国的创业活动、个人的愿望和态度所进行的评估项目。该项目自1999年起由**伦敦商学院**和**巴布森大学**联合举办。第一次调查涵盖了10个国家。此后，将近100个国家团队参加了这一项目。GEM已经编写了2012年女性报告[342]，对全世界的女企业家进行了调查。该报告的目的在于帮助政策制定者、从业者以及教育者认识到女企业家给社会带来的价值。报告的重点在于描述全世界不同的女企业家项目。

在**澳大利亚，墨尔本商学院**（MBS）推出了兼职MBA、行政MBA以及其他相关学位和大量的行政主管发展计划，以满足女性的多样化需求。学院为负有子女养育责任的家长提供灵活的学习选择，而其服务职业则高度符合女性的职业目标和兴趣，尤其是对交流网络和持续专业发展的要求。墨尔本商学院的研究项目包括，研究组中的性别歧视和性别多样化问题。学院还成立了女性和管理（WAM）俱乐部，来帮助女性通过一系列社会活动和专业发展机会，参加商学院的学习。俱乐部重要的活动是每年的女性和管理界晚餐，吸引了500多名校友和企业朋友。成为澳大利亚最具影响力的女性交流活动。[343]

智利发展大学成立了女企业家研究中心[344]。其目的在于展示并增进人们对女性在经济发展方面所做出的贡献的了解和认识。

---

334 坦桑尼亚国家报告，商界与管理界非洲地区研讨会，2012年10月

335 www. uweal. co. ug

336 http：//www. cemu. org. uy/es. html

337 http：//www. omeu. org. uy

338 VWEC 网站：http：//vwec. com. vn

339 VCCI 和 ILO 越南办公室，越南女性创业的发展，2007年，http：//www. ilo. org/wcmsp5. groups/public/ – – – asia/ – – – ro – bangkok/documents/publication/wcms_ 100456. pdf

340 越南国家报告，ILO 商界和管理界女性亚太地区研讨会，曼谷，2013年4月18 – 19日

341 津巴布韦国家报告，I 商界和管理界女性非洲地区研讨会，2012年，www. proweb – forum. com

342 http：//www. gemconsortium. org/docs/download/768

343 MBS 网站：www. mbs. edu

344 http：//www. udd. cl/？ research_ tax = ceem

欧洲商学院董事会女性专门小组是由全球董事会筹备并组织发起的。该项目已经成为全球性活动，包括来自世界各地领先的商学院和专业组织。其目标在于确定和推动中级管理行政人员的发展，和符合严格标准的专业人士的发展，并为21世纪创造全球性多样化的治理推荐人才。[345]

在欧洲，荷兰的**马斯特里赫特管理学院**推出了女性创业促进（WEP）高层项目。2008年设计的该项目，旨在促进对女性创业在经济发展中作用的认识，并支持在政府、发展机构、社会团体组织和私人部门中为促进女性创业而努力的人士。该项目的启动是因为认识到促进发展中国家的女性创业对于脱贫至关重要，而且在过去十年中，女性创业已经成为经济发展的潜在来源。该项目帮助学生了解在促进发展中国家女性创业中所采取的主要政策、计划和项目措施，并提供深入认识女性企业家在业务发展和市场准入中的根本问题的机会，同时也提供大量关于管理以性别为基础的创业发展政策中的最佳实践实例。[346]

在**中东及北非**地区，阿拉伯女性培训和研究中心（CAWTAR）成立于1993年。其目的在于提高女性能力，促进性别平等，缩小性别差异。中心对各种有关女性经济、社会和政治情况的指标及统计数据进行收集并加以分析。其目的在于为全面提高阿拉伯女性的能力，促进和倡导决策层中的性别平等，以及缩小性别差异做出贡献。该中心还建立了具有影响力的网络——阿拉伯性别和发展网络（@NGED或ANGED）。该网络覆盖了整个阿拉伯地区，对于其成员中的专家、决策者、新闻工作者、各国和地区研究中心、非政府组织以及机构都有着很重要的意义。

墨西哥泛美企业高级管理学院中设立了专门的高层管理女性研究中心。该中心对墨西哥当前的最佳实践进行研究并开展相应项目，如发展并留住人才。

黑山雇主联盟（MEF）与黑山大学经济系合作，组织了一系列有关成功女企业家和管理者的讲座。[347]

新加坡国立大学商学院治理、制度与组织中心与印度尼西亚的环球亚洲杂志合作，在2012年开展了有关对印度尼西亚证交所上市公司董事会中的女性所做的研究，并出版了《印度尼西亚董事会多样性报告》。商学院还与BoardAgender机构合作，通过“新加坡董事会多样性指数”对新加坡董事会中性别多样性的状况进行了跟踪调查。商学院还为女性提供高层管理和领导力项目。商学院在其网站上注明：“随着领导层面性别多样性的增加，也为女性领导创造了新的机会。同时也为女性在发展、领导、技巧和实现个人目标方面提出了少有的挑战。”

在**南非**，企业家、慈善家雷蒙德·阿克曼在2005年与开普敦市和开普敦大学合作成立了雷蒙德·阿克曼创新发展学院。学院为希望创业的年轻人提供机会，提高他们创业和经营自己的企业所需要的技能。同时也为希望就业和接受再教育的年轻人提供培训。所有课程均提供很高的资助，以帮助来自弱势社区有能力的年轻人也能有机会进行学习，因此也吸引了很高比例的女性（学员中有60%为女性）。为期6个月的全日制课程教授基本生活技能、计算能力、识字能力和商业技巧。自项目推出后，已经有约80%的毕业生找到了全职工作，或继续学习以及开始进行创业。2009年，雷蒙德·阿克曼学院与“高盛万名女性计划”合作，将学院扩大到了约翰内斯堡以外的索韦托。[348]

在**委内瑞拉**，商业研究学院（IESA）参加了西斯内罗斯组织的社会责任行动，联合开展女企业家培训计划。[349]

---

345 注册金融分析师协会，健全市场洞察，企业董事会中的女性，全球更新，2012年12月27日

346 MSM，高层管理教育手册，http：//www. msm. nl/programs/executive - education/women - entrepreneurship - promotion -（WEP）

347 黑山国家报告，ILO商界和管理界女性基辅地区研讨会，2012年11月

348 全球创业观察，2010年女性报告

349 “委内瑞拉商界和管理界中女性状况”报告，2012年9月

13. 前行之路

全球报告提供了有关目前女性在商界和管理界中的情况，对阻碍女性领导发展的障碍的看法，以及为了解决这些问题正在或将要采取的措施和行动。虽然该报告涵盖了全球各个地区、国际劳工组织的公司调查，以及各国在地区研讨会中提交的国家报告有关发展中国家的数据，但相比发达国家的数据，发展中国家在这方面的数据仍很缺乏。开展调查和举办研讨会，也为全世界各地区的雇主组织解决有关女性在商界和管理界中的问题以及分享经营提供了宝贵的机会。这为今后的合作与行动打下了基础。我们将继续加强制度能力建设，支持公司和组织（特别是发展中国家的公司和组织）实现增加女性在商界和管理界的比例这一战略性商业和经济目标。

“整体思维”

研讨会中得到一些反馈表明，在解决女性在商界和管理界中的问题时，必须采用整体思维和领导方式，将有关企业发展和生产力的各种问题与人口情况、能力与技术短缺、机会平等、为女性提供灵活工作条件的劳动立法以及不断提高女性教育和能力水平及她们的理想联系在一起。各国预算中的教育投入比例都很高，其中一半甚至更高比例的受益者都是女性。如今出现了更多的市场和多样化形态，包括性别多样化以及国内和世界性的思维多样化。尽管信息差距仍很严重，但是全世界所有公司都更加强烈的需要更多有关商界和管理界中的女性、培养女性人才以及性别平等商业案例方面的数据和信息。

13.1 公司需要支持

在国际劳工组织公司调查的受访公司中，有776家表示，后续的实际支持将可以帮助它们更好地促进女性在商界和管理界中的发展。下表显示了公司对所需机制按需求程度的排名情况。

建议需求机制

1. 解释并提供有关增加管理层中女性的商业案例的证据
2. 与其他公司就良好实践进行交流
3. 提供在促进女性在管理层中的发展所采取的措施和战略方面的良好实践范例
4. 开发促进更多女性加入管理层的战略
5. 设计平等机会政策
6. 与女性商业组织进行交流
7. 提供建立性别友好的人力资源管理体系的指导
8. 对促进女性在管理层中发展的措施和战略提供指导
9. 开展导师计划
10. 设计有关性别骚扰的政策

其他为公司提供的支持机制

- 分享成功女企业家的故事
- 举办研讨会，分享拥有女性高级管理人员的公司的成功经验
- 与女性成功经营的公司交流经验
- 提供大量有关性别不平等的信息
- 帮助进行性别政策分析和设计行动计划

续表

其他为公司提供的支持机制
• 提供有关如何增加决策者和政府领导及企业对性别问题认识，并确保女性问题纳入企业讨论议程的建议
• 提供有关法律措施的信息，以要求公司在年报中记录员工和各管理层中性别平等的统计数据
• 为女企业家提供培训计划
• 如何为有前途的年轻女性提供发展和交流机会
• 女性在产假后如何重新融入工作
• 设计战略，改变女性的思维方式，让她们参加研讨会，鼓励她们接受管理职能的挑战
• 有关挽留计划和为女性明确企业发展路径的信息
• 有关制定女性在管理层中接任计划的建议
• 优秀女性候选人聘用推荐人体制
• 提供提高女性能力水平和在企业中就业能力的途径，而不仅仅依靠立法政策强制女性的参与比例
• 由雇主组织向商界和管理界中的女性提供能力建设项目，鼓励她们使用和分享各公司已有的良好实践，以普及到其他公司

13.2 建议行动要点

由于很难获得稳定可靠的统计数据，而很多调查在很大程度上都依赖于这些数据，以及参加调查的公司数量，所以通常调查发现的女性在企业和高级管理层中的比例都很低。在大部分地区情况也的确如此。虽然近几十年中，女性的受教育水平不断提高，在企业和管理层中也表现出了很强的能力，但是政府、公司、企业、雇主组织以及女性组织在促进女性在企业和管理层中的发展方面，还有很多事要做。

- 宣传商业案例，说明充分利用女性作为劳动者、管理者、消费者和家庭金融专家的能力与技巧，会对公司的账面利润和经济发展产生积极的影响。
- 制定实际措施，开发性别友好的人力资源管理体系，促进平等的培训、聘用和晋升机会。
- 公司和政府采取措施，为平衡工作和家庭责任提供灵活的工作解决方案。这也是涉及女性全面投入工作的重要世界性问题。
- 虽然女性组织对女企业家提供了支持，但是这些女性仍需要从各国已有的主流商业服务中直接获益。这些服务应该更符合性别需求，而且根据女企业家的需要提供范围更广的特殊服务。
- 一方面，加强商会与雇主组织和商界女性协会之间的联系，并将此作为一种战略手段来强化商会和雇主组织议程及计划中的性别维度。另一方面，商界女性协会不仅仅需要技术支持，也需要政治支持，从而在公共领域发出更多她们的“声音”。
- 很多国家都成立了各种商界女性和女企业家组织和协会，其中一些隶属于国际团体。其中很多都需要巩固资源，以产生更大的影响力，获得更有效的成果。通过国家论坛把这些团体组织起来，对于提高其行动和目标的知名度，创造更大的动力非常重要。各国政府组织和学术机构以及商业团体也应该在将这些分散的团体组织起来方面发挥自己的作用。
- 很多地区的商会、雇主组织和公司在开展计划、建立机构和举办活动中积累了大量实践经验，应该建立有效的平台分享这些经验，进一步促进这些活动的发展。

设计和开发实用性的培训材料和项目，如关于：

1. 歧视；
2. 执行促进女性和男性平等职业发展的人力资源管理体系；
3. 中小企业与性别问题及劳动立法；
4. 性别友好的工作合同；
5. 适当有效的性别和创业课程。

设计促进企业和管理层中女性发展的战略。需要在以下方面有所区分：

1. 将支持女性创办微型企业作为扶贫计划的工作之一；
2. 协助已经创办企业的女性扩大业务；
3. 促进女性在大中型公司管理层中的发展。

13.3 雇主组织的作用

雇主组织在提供信息和建立生产力与多样化政策之间的联系方面发挥着非常重要的作用。各地区的雇主组织拥有强大的网络，在促进性别多样化这一战略性商业问题上获得了积极的影响和会员价值。此外，通过与拥有丰富性别方面知识和工具的专业政府企业项目、商学院和女性商业组织的合作，雇主组织也可以从中受益并提高自己的影响（随着企业和管理层中的女性问题写上了国际议程，并受到越来越多的国家的重视，今后将是一个重要的战略时期）。

在各地区的雇主研讨会上涌现了大量新的想法可供今后加以讨论和实践：

1. 雇主组织应如何收集和宣传不同地区的良好实践和成功经验？
2. 雇主组织应如何在各自国家的私人部门中设计并执行促进女性在企业和管理层中发展的战略和行动计划？
3. 为了向成员提供建议和支持，雇主组织应如何更加专注于性别问题，以及如何加强自身的技术能力，以向其成员提供有关商业案例的建议和培养女性人才，促进女性在公司内部管理层的发展？
4. 其他目标或机制是否需要确保更多的女性被任命为成员公司、组织以及雇员组织本身的董事会或管理层的成员？
5. 需要对在雇主组织内部能否有效建立女性部门或办公室进行评估（这是一些与会者在研讨会上提出的建议，但是其他人并不认同）。一方面，需要明确他们的作用、职责和战略等，从而保证他们能够有效组织起各层次的女性，而不会因为与女性俱乐部平行发展而被边缘化。另一方面，一些雇主组织则倾向于注重促进女性参加更多的现有组织，并在雇主组织的主流目标、项目和活动中反映性别问题。
6. 作为促进更多的女性进入企业和管理层的关键一环，需要进一步讨论雇主组织与国家和地方性商界女性协会合作的性质及雇主组织提供的支持的性质。这些组织可能已经存在并正在为女企业家和女性管理者提供服务。所以与其与他们竞争和重复提供服务，不如考虑雇主组织应如何与他们开展合作，让他们在私人部门的政策问题上发出更多自己的“声音”，以及如何支持这些协会的发展和壮大。

14. 参考文献

序 言

African Development Bank. 2012. *Gender, poverty and environmental indicators on African countries* (Tunis-Belvedère, Tunisia).

Aguirre, D.; Hoteit, L.; Rupp, C.; Sabbagh, K. 2012. "Empowering the third billion: Women and the world of work in 2012", Strategy& (formerly Booz & Company), Available at: http://www.strategyand.pwc.com/media/file/Strategyand_Empowering-the-Third-Billion_Full-Report.pdf [14 Apr 2013].

Citrome, L.; Nadgrodkiewicz, A.; Shkolnikov, A. 2011. "The CIPE guide to women's empowerment programs", Center for International Private Enterprise.

Hausmann, R.; Tyson, L.; Zahidi, S. 2012. "Global gender gap report 2012", *Insight Report*, World Economic Forum.

International Labour Organisation (ILO). 2009. "Gender equality at the heart of decent work" in *Report VI*, International Labour Conference, 98th Session (Geneva, Switzerland).

Kilgour, M. 2012. "The global compact and gender inequality: A work in progress", *Business and Society Journal*, Sage Publications, International Association for Business and Society, October 2012.

McKinsey & Company. 2012. "Women matter 2012, making the breakthrough".

Munoz Boudet, A.; Petesch, P.; Thumala, A.; Turk, C. 2012. "On norms and agency conversations about gender equality with women and men in 20 countries", World Bank.

Organisation for Economic Co-operation and Development (OECD). 2012. "Closing the gender gap: Act now", OECD Publishing.

The Economist Intelligence Unit. 2012. Women's economic opportunity 2012, A global index and ranking from the Economist Intelligence Unit, Findings and Methodology, The Economist Intelligence Unit Ltd (London, United Kingdom).

United Nations Economic Commission for Africa. 2011. *The African gender and development index 2011* (Addis Ababa, Ethiopia).

United Nations Economic Commission for Europe. 2012. *Promoting gender equality and women's economic empowerment on the road to sustainable development: good practices from the UNECE region* (Geneva, Switzerland).

World Bank. 2011. "Removing barriers to economic inclusion, women, business and law 2012", International Finance Corporation and World Bank (Washington D.C., United States of America).

World Bank. 2012. "Gender equality and development" in *World Development Report,* (Washington D.C., United States of America).

World Economic Forum. 2013. *The Global Gender Gap Report 2013*.

商界和管理界中的女性

Abdulkader, L.; Hoteit, L.; Shehadi, R.; Tarazi, K. 2011. "Education, ambitious, essential women will drive the GCC's future". Strategy& (formerly Booz & Company). Available at: http://www.strategyand.pwc.com/global/home/what-we-think/reports-white-papers/article-display/educated-ambitious-essential-women-will (14 April 2014).

Al-Dabbagh, M. 2008. "The context for intergroup leadership among women's groups in Saudi Arabia", in *Working Paper Series*, No. 08-03. Dubai School of Government (March 2008).

Al-Lamki, A. 2007. "Feminizing leadership in Arab societies: the perspectives of Omani female leaders", in *Women in Management Review*, vol. 22, 1, p. 49.

Brush, C.; Greene, P.; Kelley, D.; Litovsky, Y. 2010. *2010 Women's Report*. Global Entrepreneurship Monitor.

Burke, R.; Davidson, M. (editors). 2011. *Women in management worldwide, progress and prospects*. Gower Publishing.

Business Women's Association of South Africa. 2011. *Women in Leadership Census*.

Center for International Private Enterprise. 2012. *Women's business associations, experiences from around the world: Central and Eastern Europe*.

Dubai Women's Establishment. 2009. *Arab Women, Leadership Outlook*.

Ernst & Young. 2013. *Worldwide Index of Women as Public Sector Leaders*.

Ernst & Young. 2011. *The corporate sponsor as hero: Advancing women into leadership roles*.

European Commission. 2010. *More women in senior positions, Key to economic stability and growth*.

European Commission. 2011. *Report on progress on equality between women and men in 2010, The gender balance in business leadership*.

European Commission. 2011. *The pay gap for women in decision-making positions: increasing responsibilities, increasing pay gap*, Working Paper, European Commission's Network to Promote Women in Decision-making in Politics and the Economy.

Fagbemi, A.; Hassan, A.; Okafor, E. 2011. "Barriers to women leadership and managerial aspirations in Lagos, Nigeria: An empirical analysis", in *African Journal of Business Management*, vol. 5, 16, pp. 6717-6726.

Faugoo, D. 2011. "The advancement of women to top management positions in the human resource management domain: A time for change?", in *International Journal of Business and Social Science*, vol. 2, 20 (November 2011).

Grant Thornton International Business Report. 2013. *Women in senior management: setting the stage for growth*.

Guerra, M.; Pizarro, O. 2010. *Rol de la Mujer en la gran empresa*. Universidad de Desarrollo (Chile). Available at: http://mba.americaeconomia.com/system/files/rol_de_la_mujer_en_la_gran_empresa__2010_final_web.pdf (14 April 2014).

Kauser, S.; Tlaiss, H. 2011. "Career success of Arab women managers: an empirical study in Lebanon", in *Education, Business and Society: Contemporary Middle Eastern Issues*, vol. 4, Issue 1, pp. 43-61.

Kauser, S.; Tlaiss, H. 2011. "The impact of gender, family, and work on the career advancement of Lebanese women managers", in *Gender in Management: An International Journal*, vol 26, 1, p. 29.

Halpern, D.; Cheung, F. 2008. *Women at the top: Powerful leaders tell us how to combine work and family*. John Wiley & Sons Pty Ltd.

Hassink, W.; Russo, G. 2011. *Multiple glass ceilings*, IZA Discussion Paper No. 5828, Institute for the Study of Labor (Bonn, Germany).

Heller, L. 2010. *Mujeres emprendedoras en América Latina y el Caribe: realidades, obstáculos y desafíos*, Comisión Económica para América Latina (CEPAL), División de Asuntos de Género.

Instituto Ethos de Empresas e Responsabilidade Social. 2010. *Perfil Social, Racial e de Gênero das 500 Maiores Empresas do Brasil e Suas Ações Afirmativas – Pesquisa 2010*.

International Finance Corporation and Center of Arab Women for Training and Research. 2007. *Women entrepreneurs in the Middle East and North Africa: Characteristics, contributions and challenges.*

International Labour Organisation (I.L.O.). 2007. *Assessing the enabling environment for women in growth enterprises: An AfDB/ILO integrated framework assessment guide.*

Kawaguchi, A. 2009. "Corporate Governance by Investors and the Role of Women", in *Japan Labor Review*, vol. 6, 1 (Winter).

Lammers, J.; Stoker, J.; Van der Velde, M. 2012. "Factors relating to managerial stereotypes: The role of gender of the employee and the manager and management gender ratio", in *Journal of Business Psychology*, vol. 27, pp. 31-42.

Maciejewski, A.; Serwinska, D.; Nowakowski, R. 2012. *Women at the top: The view from Poland, CEOs talk about overcoming the barriers to leadership.* Spencer Stuart.

Melbourne Business School . 2012. *Targets and quotas for women in leadership.*

Metcalfe, B. 2008. "Women, management and globalization in the Middle East", in *Journal of Business Ethics*, vol. 83, 1, pp. 85-100.

Organización Internacional del Trabajo (O.I.T.). 2011. *En ruta hacia la igualdad de género, Estrategia y negocios.* EMPRESAS SIGLO XXI.

Organización Internacional del Trabajo (O.I.T.). 2011. *Género y Emprendimiento Guía de formación para mujeres empresarias.* Paquete de formación y herramientas.

Programa de las Naciones Unidas para el Desarrollo (P.N.U.D.) Centro Regional para América Latina y el Caribe (CRS-LAC). 2010. *Igualdad de género en las empresas, Cómo avanzar con un Programa de Certificación de Sistemas de Gestión de Equidad de Género.*

Rowley, C.; Yukongdi, V. (editors). 2008. *The changing face of women managers in Asia.* Routledge Press.

Sandberg, S. 2013. *Lean in: Women, work and the will to lead.*

Smith, N.; Smith, V.; Verner, M. 2011. *Why are so few females promoted into CEO and Vice-President positions? Danish empirical evidence 1997-2007.* IZA Discussion Paper No. 5961, Institute for the Study of Labor (Bonn, Germany).

World Bank. 2010. *Women's economic opportunities in the formal private sector in Latin America and the Caribbean, a focus on entrepreneurship.*

Zahidi, S.; Schwaab, K. 2011. *Corporate Gender Gap Report,* World Economic Forum.

董事会中的女性

30 Percent Club Southern Africa. 2013. *How to balance your board.*

Association of British Insurers. 2011. *Report on board effectiveness: Highlighting best practice, encouraging progress.*

Bell, D.; Groysberg, B. 2010. *2010 Board of Directors Survey.* Heidrick & Struggles and womencorporatedirectors (WCD). Available at: http://www.heidrick.com/~/media/Publications%20and%20Reports/HS_BOD_Survey2010.pdf (14 April 2014).

Bushell, B. "Women entrepreneurs in Nepal: what prevents them from leading the sector?", *Gender & Development* Vol. 16, No. 3, November 2008.

Branson, D. 2009. "No seat at the table: How corporate governance and law keep women out of the boardroom", in *Pace Law Review*, vol. 29, Issue 2 (Winter).

Buscatto, M.; Marry, C. 2009. "Le plafond de verre dans tous ses éclats: La féminisation des professions supérieures au xxe siècle", *Sociologie du travail 51* (2009) Elsevier Masson SAS. pp170–182.

Carr, R. 2012. *Four ways to get more women in boardrooms and make British business better.* The Telegraph (United Kingdom). Available at: http://www.telegraph.co.uk/finance/comment/9129254/Roger-Carr-Four-ways-to-get-more-women-in-boardrooms-and-make-British-business-better.html (15 April 2014).

Castaño, C.; Martín, J.; Vázquez, S.; Martínez, J.L. 2010 "Female executives and the glass ceiling in Spain", *International Labour Review,* Vol. 149 (2010), No. 3.

Chanavat, A.; Ramsden, K. 2013. *Mining the metrics of board diversity.* Thomson Reuters.

Community Business. 2012. *Standard Chartered Bank Women on Boards: Hang Seng Index 2012*, sponsored by Standard Chartered Bank.

Deloitte. 2013. *Women in the boardroom: A global perspective.*

Equality and Human Rights Commission. 2012. *Gender diversity on boards: the appointment process and the role of executive search firms.*

Ernst & Young. 2012. *Getting on board: Women join boards at higher rates, though progress comes slowly.* Available at: http://www.ey.com/Publication/vwLUAssets/Getting_on_board/$-FILE/Getting_on_board.pdf (15 April 2014).

European Women's Lobby. 2012. "Women on boards in Europe: From a snail's pace to a giant leap", in *EWL Report on Progress, Gaps and Good Practice* (February 2012).

Fodio, M.; Oba, V. 2012. "Gender diversity in the boardroom and corporate philanthropy: Evidence from Nigeria", in *Research Journal of Finance and Accounting*, vol. 3, 8.

Ghani, E.; Kerr, W.R.; O'Connell, S.D. *Local Industrial Structures and Female Entrepreneurship in India*, Working Paper 17596, National Bureau of Economic Research Cambridge, MA, November 2011.

Gladman, K.; Lamb, M. 2013. *2013 Women on boards survey.* GMI Ratings.

Gregoir, S.; Maury, T.-P.; Palomino, F. 2013 *La féminisation des Conseils d'Administration des grandes entreprises en France : au delà des apparences*, EDHEC Business School, July 2013.

Groysberg, B.; Bell, D. 2013. *Dysfunction in the Boardroom,* Harvard Business Review, June 2013.

Guy, M.-L.; Niethammer, C.; Moline, A. eds. 2011. *Women on Boards: A Conversation with Male Directors,* International Finance Corporation (IFC).

Hastings, P. 2011. *Breaking the glass ceiling: Women in the boardroom.* Paul Hastings LLP.

Hastings, P. 2012. *Breaking the glass ceiling: Women in the Boardroom*, 2nd edition.

Hong Kong Exchanges and Clearing Limited. 2012. *Consultation Paper: Board Diversity*, September 2012.

The Korn/Ferry Institute. 2012. *The diversity scorecard: Measuring board composition in Asia Pacific.*

KPMG. 2012. *ASX Corporate governance council principles and recommendations on diversity:* Analysis of 31 December 2011 year end disclosures.

Lincoln, A.; Adedoyin, O. 2012 "Corporate Governance and Gender Diversity in Nigerian Boardrooms", in *World Academy of Science, Engineering and Technology 71* 2012.

Lord Davies of Abersoch. 2011. *The Davies Report 'Women on boards',* United Kingdom

Lord Davies of Abersoch. 2012. *Women on boards: one year on,* United Kingdom

Lord Davies of Abersoch. 2013. *Women on Boards: two years on,* United Kingdom

NZX. 2012. *Guidance Note: Diversity Policies and Disclosure,* December 2012.

Women on Boards and Chartered Secretaries Australia. 2010. *Complying with Principle 3: Strategies for Gender Diversity.*

Women on Boards and Chartered Secretaries Australia. 2013. *Guidelines for Gender Balance Performance and Reporting.*

商业案例

Boatman, J. Wellins, R. with Neal, S. 2011. *Women Work: The Business Benefits of Closing the Gender Gap*, Global Leadership Forecast 2011, Development Dimensions International, (DDI), Pittsburg.

Carter, N.M.; Wagner, H.M. 2008. *The Bottom Line: Corporate Performance and Women's Representation of Boards*, Catalyst.

Catalyst. 2004. *The Bottom Line, Connecting Corporate Performance and Gender Diversity.*

Catalyst. 2011. *The Bottom Line: Corporate Performance and Women's Representation on Boards (2004-2008).*

Credit Suisse Research Institute. 2012. *Gender Diversity and Corporate Performance.*

Deloitte. 2011. *Only skin deep: Re-examining the business case for diversity.*

Desvaux, G.; Devillard-Hoellinger, S.; Meaney. M.C. 2008. *A business case for women*, McKinsey& Company, McKinsey Quarterly, September 2008.

Dezso, C.L.; Ross, D.G. 2011. *Does Female Representation in Top Management Improve Firm Performance? A Panel Data Investigation*, Robert H. Smith School Research Paper No. RHS 06-104, 9 March 2011.

European Commission Justice. 2011. *Report on Progress on Equality between Women and Men in 2010. The gender balance in business leadership*, Belgium.

European Commission, *2012 Women on boards – Factsheet 1, The economic arguments.*

Eversheds. 2011. *The Eversheds Board Report: Measuring the impact of board composition on company performance.*

Everywoman and Alexander Mann Solutions. 2012. *Focus on the Pipeline: Engaging the full potential of female middle managers.*

Goldman Sachs, 2011, *Closing the Gender Gap: Plenty of Potential Economic Upside.*

Hewlett, S.A.; Ripa Rashid, R. *2011 Winning the War for Talent in Emerging Markets: Why Women Are the Solution,* Harvard Business Press Books 29 August 2011.

McKinsey and Company. 2007. *Women matter: Gender diversity, a corporate performance driver.*

McKinsey and Company.2008. *Women matter 2: Gender diversity, a competitive edge for the future.*

McKinsey and Company. 2012. *Women Matter: An Asian Perspective, Harnessing female talent to raise corporate performance.*

OECD. 2008. *Gender and Sustainable Development: Maximising the Economic, Social and Environmental Role of Women*, 2008

多样性

Catalyst. 2012. *Increasing Gender Diversity on Boards: Current Index of Formal Approaches*, April 2012.

McKinsey & Company. 2013. *Lessons from the leading edge of gender diversity.*

ReedSmith and Winmark. 2013. *Gender Balancing, It's Good for Business: A guide to making diversity in leadership happen.*

Sharp, R.; Franzway, S.; Mills, J.; Gill, J. 2011. "Flawed Policy, Failed Politics? Challenging the Sexual Politics of Managing Diversity in Engineering Organizations", *Gender, Work and Organization*, Blackwell Publishing Ltd, 2011.

工作和家庭

Beninger, A., and Carter, N.M. 2013. *The Great Debate: Flexibility vs. Face Time, Busting the Myths Behind Flexible Work Arrangements*, Catalyst.

Chioda, L. 2011. *Work and Family, Latin American and Caribbean Women in Search of a New Balance*, World Bank.

Cruz, A. 2013. *Good practices and challenges on the Maternity Protection Convention, 2000 (No. 183) and the Workers with Family Responsibilities Convention, 1981 (No. 156): A comparative study*, ILO.

European Commission, 2009, *Code of Best Practices for Women and ICT*, DG INFSO

Directorate C: Policy Coordination and Strategy, C1: Digital Agenda: Policy Coordination

European Commission, 2013. *The Role of Men in Gender Equality -European strategies & insights*, Belgium.

Gersick, C. J. G. 2013. *Having it All, Having Too Much, Having Too Little: How women manage trade-offs through adulthood*, Yale School of Management, Working paper, January 2013.

Guillaume, C., and Pochic, S. 2009. " Would You Sacrifice? Access to Top Management and the Work–life Balance", *Gender, Work and Organization*. Vol. 16 No. 1 January 2009.

Harrington, B. Van Deusen, F., *Humberd, B. 2011. The New Dad: Caring, committed and conflicted,* Boston College Center for Work and Family.

Hersch J. 2013. *Opting Out among Women with Elite Education*, Vanderbilt University Law School Law and Economics Research Paper Number 13-05, 26 March 2013.

15. 参考网站

全球性网站

www. unwomen. org

www. un. org/womenwatch

www. WEPrinciples. org 联合国全球契约-女性赋权原则

http：//laborsta. ilo. org ILO 劳工数据

www. ilo. org/wed－ILO 女性创业活动、ILO 促进女性创业发展战略资源网站

http：//www. ilo. org/gb/WCMS_ 090565/lang－－en/index. htm 女性企业发展工具

www. ilo. org/empent/Publications/WCMS_ 117998/lang－－en/index. htm

wexpo. biz -女性在线市场

www. globewomen. org/CWDI/CWDI. htm

www. mckinsey. com/Features/Women_ Matter

www. vitalvoices. org

www. som. cranfield. ac. uk/som/p3011/Research/Research－Centres/Cranfield－International－Centre－for－Women－Leaders/About/How－can－the－Centre－help－Organisations

www. womens－forum －经济与社会

www. weforum. org/issues/global－gender－gap

www. gemconsortium. org/files. aspx? Ca_ ID =224 全球创业观察

http：//graphics. eiu. com/upload/WEO_ report_ June_ 2010. pdf 女性经济社会指数

www. enterprisesurveys. org/Data/ExploreTopics/gender 世界银行企业调查

www1. ifc. org/wps/wcm/connect/topics_ ext_ content/ifc_ external_ corporate_ site/ifc + sustainability/publications/publications_ report_ gendersustainabilityreporting_ _ wci_ _ 1319577300362 IFC 性别可持续性调查

www. owit. org 促进女性的全球贸易机会

www. WEConnectInternational. org -支持女性企业主在当地和全球市场的成功

www. hdr. undp. org/en/statistics -人类发展指数

www. ihrb. org/publications/reports

www. ohchr. org/EN/Issues/Business/Pages/ForumonBusinessandHR2012. aspx

非洲地区网站

www. leadingwomenofafrica. com

www. ilo. org/addisababa 开罗非洲女性创业发展行动平台

喀麦隆

www. statistics – cameroon. org

http：//www. bayefsky. com/reports/cameroon_ cedaw_ c_ cmr_ 4_ 5_ fr_ adv. pdf

http：//www. statistics – cameroon. org/news. php？ id = 204

www. cbwn. org 喀麦隆商界女性

加纳

http：//www. ghanawomenentrepreneurs. org/Home

http：//www. isser. edu. gh 数据、社会和经济研究所

http：//www. mowacghana. net 妇女儿童事务部

肯尼亚

http：//www. gender. go. ke/性别、儿童和社会发展部（性别委员会）

http：//kawbo. or. ke 肯尼亚女性企业主协会

http：//www. fewa. or. ke 女企业家协会联合会

毛里求斯

http：//gender. gov. mu/English/Pages/default. aspx 性别平等、儿童发展和家庭福利部

http：//www. gov. mu/portal/site/womensite/menuitem. 418f98d7b532b18be864be66a0208a0c/毛里求斯国家女性委员会

http：//www. gov. mu/portal/site/cso 毛里求斯统计局

http：//www. gov. mu/portal/sites/nwec/index. html 毛里求斯国家女企业家委员会

尼日利亚

www. nnew. org NECA 女企业家网络（NNEW）

www. wimbiz. org 商界和管理界中的女性（WIMBIZ）

www. uiowa. edu/intlinet/ncwd/NAWE. htm 尼日利亚女企业家协会（NAWE）

www. womenexporters. com/regional - partners/ ECOWAS 商界女性和企业家联合会（ECOWAS - FEBWE）

www. ajol. info/index. php/gab/article/view/23377/4215 O. H. Abimbola；C. O. Emmanuel；F. O. Ahmadu：尼日利亚女性创业：挑战和生活质量前景

http：//www. emeraldinsight. com/journals. htm？ articleid = 1902822 尼日利亚女企业家面临的挑战

www. upg - bulletin - se. ro/archive/. . . /2. %20Mordi_ Hassan_ Ajonbadi. p. . . 阻碍女性职业发展的障碍：尼日利亚经验

卢旺达

www. psf. org. rw 私人部门

http：//www. ipr - rwanda. org/ 卢旺达政策分析研究所

http：//main. pscbs. gov. rw/node/67 卢旺达行政和管理研究所

www. gmo. gov. rw 性别监督办公室

www. migeprof. gov. rw 性别和家庭促进部

www. minicom. gov. rw 工商部

南非

www. businessengage. co. za—商业聘用协会

www. bwasa. co. za 商界女性协会

http：//www. bpw - jhbsa. co. za/商界专业女性网络

www. bbwa. co. za 黑人商界女性协会（BBWA）

www. dti. gov. za 南非女企业家网络（SAWEN）

http：//www. dwcpd. gov. za/女性儿童及残障人士部

www. businessleadership. org. za 商界领导基金

www. gibs. co. za 女性领导计划

乌干达

www. mglsd. go. ug 性别、劳动和社会保障部

http：//www. uwonet. or. ug 乌干达女性网络

www. uweal. co. ug 乌干达女企业家协会

www. psfuganda. org. ug

www. ugandainvest. go. ug 乌干达投资管理局

津巴布韦

http：//www. women. gov. zw/女性事务、性别和社区发展部

www. zwrcn. org. zw 津巴布韦女性资源中心和网络

http：//www. na – businesspress. com/JABE/Jabe112/SmithHunterWeb. pdf 津巴布韦女企业主：生存战略和发展问题

http：//www. zimtrade. co. zw/pdf/sector right – ups/WIB. pdf 津巴布韦商界女性和青年

美洲地区网站

阿根廷

性别平等观察：http：//www. buenosaires. gov. ar/areas/des_ social/mujer/observatorio_ genero/index. php

http：//www. ela. org. ar/a2/index. cfm？ aplicacion = app187&cnl = 4&opc = 4 拉美性别平等团体

www. aamep. com. ar 阿根廷女企业家和专业人员协会

www. oame. org. ar 阿根廷商界女性组织

www. aime. org. ar 伊比利亚每周商业协会

www. famu. org. ar 阿根廷大学女性联盟

www. afeetargentina. org. ar 旅游业高级主管协会

www. bpwbuenosaires. com. ar 布宜诺斯艾利斯商界和学术界女性协会

www. mujerynegocios. com 女性商业网络

www. cdeb. com. ar 女性中小企业商会

http：//www. idesa. org/sites/default/files/documentos/Informe_ Dia_ de_ la_ Mujer. pdf

http：//www. idesa. org/sites/default/files/documentos/04_ 05_ 30_ Informe_ Semanal. pdf

IDESA 国家报告：http：//www. idesa. org/informes – nacionales

http：//www. ispm. org. ar 女性政治社会研究所

www. cnm. gov. ar 全国女性委员会

www. consejodelamujercba. gov. ar 科尔多瓦省女性委员会

www. redempresarias. com 女企业家网络

www. emprendedorasenred. com. ar 创业网络-女企业家社区

巴西

http：//www. observatoriodegenero. gov. br 巴西性别平等观察

http：//www. dieese. org. br/anuario/anuarioMulheresBrasileiras2011. pdf 巴西 2011 年女性年报

智利

http：//www. observatoriogeneroyequidad. cl 性别平等观察

me. cl/home 智利女性高级管理人员

哥伦比亚

http：//www. equidadmujer. gov. co/OAG/Paginas/Observatorio – Asuntos – Genero. aspx Alta 女性平等最高委员会

www. cmmmedellin. org/sitio – NGO 支持微型企业女企业家

哥斯达黎加

http：//www. inec. go. cr/Web/Home/pagPrincipal. aspx 国家统计普查研究所

http：//www. uccaep. or. cr/哥斯达黎加私人经济部门协会商会联合会

http：//www. deloitte. com/assets/Dcom – CostaRica/Local% 20Assets/Documents/Servicios/Consulting/091130 – cr_ Estudio_ Mujer. pdf

厄瓜多尔

www. mrl. gob. ec/ 劳动关系部

www. industrias. gob. ec/ 工业生产部

www. inclusion. gob. ec 经济和社会包容部

www. supercias. gob. ec/ 公司监督局

www. cip. org. ec/ 工业成产理事会

www. cig. org. ec 瓜亚基尔工业理事会

www. lacamara. org 瓜亚基会商会

www. lacamaradequito. com 基多商会

www. cccuenca. com. ec 昆卡商会

www. capeipi. org. ec 皮钦查小工业理事会

www. capig. org. ec 瓜亚基尔小工业理事会

www. capia. com. ec 昆卡小工业理事会

www. flacso. org. ec/portal 拉美社会学部

危地马拉

www. cacif. org. gt/农业、商业、工业和金融业协会协调委员会

www. camaradelagro. org/

www. industriaguate. com/ 危地马拉工业理事会

www. camtur. org 危地马拉旅游业理事会

http: //www. construguate. com 危地马拉建筑业理事会

www. export. com. gt 危地马拉出口协会

www. azucar. com. gt/

www. cecoms. com/

www. negociosenguatemala. com/ 危地马拉商业理事会

http: //www. conamgua. org/ 危地马拉国家女性委员会

墨西哥

http: //www3. diputados. gob. mx/camara/001_ diputados/006_ centros_ de_ estudio/05_ centro_ de_ estudios_ para_ el_ adelanto_ de_ las_ mujeres_ y_ la_ equidad_ de_ genero -女性发展和性别平等研究中心

http: //www. inegi. org. mx 统计、地理、计算机国家研究所

www. inmujeres. gob. mx -国家女性研究所

www. ammjenacional. org -墨西哥女企业家协会

www. amme. org. mx

http: //www. ipade. mx/Pages/Inicio. aspx -泛美企业高级管理学院

www. cnnexpansion. com - CNN Expansión

www. pwc – blog. mx – PWC 博客

www. nafin. com 发展银行

www. pronafim. gob. mx –国家微型企业家融资计划

www. institutopyme. org –中小型企业研究所

www. equidad. org. mx –性别平等：公民权、工作和家庭

http：//mexico. cnn. com/nacional/2011/09/13/la – inequidad – de – genero – afecta – la – ocupacion – laboral – de – las – mujeres – ocde –性别不平等影响女性就业：OCDE

http：//www. cnnexpansion. com/50 – mujeres – mas – poderosas – 2011/2011/08/10/las – 50 – mujeres – mas – poderosas – demexico –墨西哥最有影响力的 50 名女性

http：//www. cnnexpansion. com/emprendedores/2009/11/05/el – reto – de – ser – mujer – y – emprendedora –女性和女性创业面临的挑战

尼加拉瓜

www. mitrab. gob. ni 劳动部

www. asamblea. gob. ni 国民大会

www. inim. gob. ni 尼加拉瓜女性研究所

http：//www. movimientoautonomodemujeres. org 女性自治运动

www. mifamilia. gob. ni 家庭部

http：//www. elobservadoreconomico. com/archivo_ anterior/117/mujeres. htm –女性：经济的支柱

巴拿马

www. cncpanama. org 执行非正式基线图。非正式部门支持计划 – 国家竞争中心 – MEF – BID

www. manpower. com. mx“女性和人才短缺：没有执行的解决方案”——人力资源官方文件

http：//www. up. ac. pa/PortalUp/FacAdmEmpresasContabilidad. aspx？ menu = 16 巴拿马大学商业管理和会计学学院

http：//usmapanama. com/programas – academicos/licenciaturas/ciencias – administrativas/licenciatura – en – administracionde – empresas/安提瓜圣玛丽亚大学（USMA），商业管理学院

http：//www. achimpa. net/index. html 巴拿马中国女性商业协会（ACHIMPA）

http：//www. inadeh. edu. pa/国家职业培训和人类发展培训研究所（INADEH）

http：//www. ampyme. gob. pa/中型和小微企业管理局（AMPYME）

巴拉圭

http：//www. apep. org. py 巴拉圭企业家、高级管理人员和专业人员委员会（APEP）.

http：//www. capacitacion. gov. py 国家教育培训体系

http：//www. conacyt. gov. py 国家科技委员会

秘鲁

http：//www. manuela. org. pe Flora Tristán 女性中心

http：//www. inei. gob. pe 女性参与经济活动（秘鲁）

乌拉圭

www. cncs. com. uy 国家商业服务业理事会

www. ciu. com. uy 乌拉圭工业理事会

http：//www. uruguayexporta. com/Default. aspx 出口商联盟

http：//www. inmujeres. gub. uy/国家女性研究所

http：//www. linkedin. com/pub/c% C3% A1mara – empresarial – de – mujeres – del – uruguay/29/5b7/269 乌拉圭女性商业理事会

http：//www. endeavor. org. uy Endeavor 组织

http：//www. ine. gub. uy/国家统计研究所（INE）

委内瑞拉

http：//www. minmujer. gob. ve

www. ine. gov. ve 国家统计研究所（INE）

http：//www. bcv. org. ve；委内瑞拉中央银行

http：//www. conindustria. org. ve 委内瑞拉工业联合会

www. fedecamaras. org. ve 委内瑞拉商业生产协会理事会联合会

www. consecomercio. org. ve 全国商业服务业委员会

www. gumilla. org Gumilla 中心

http：//www. iesa. edu. ve IESA

www. escueladeempresarios. org. ve 商学院

www. eee. com. ve 成功商界企业家

美国

www. catalyst. org – Catalyst

www. ionwomen. org –组织间网络（ION），包括美国 16 个地区性组织，代表所有行业企业中的一万多名女性

www. bentley. edu/centers/center – for – women – and – business

www. 2020wob. com

www. theglasshammer. com

www. 30per centcoalition. org

www. scoop. it/t/successful – women

www. huffingtonpost. com/women

www2. goldmansachs. com/citizenship/10000women/index. html

www. leanin. org 谢丽尔·桑德伯格，Facebook CEO

亚太地区

www. awib. org 亚洲商界女性

www. asiapacificbcw. org 亚太女性商业委员会

http：//www. adb. org/themes/gender/main 亚洲发展银行

http：//www. unescap. org/sdd/

http：//documents. worldbank. org/curated/en/2012/01/16902857/toward – gender – equality – east – asia – pacific – companion – world – development – report

http：//www. wilforumasia. com 女性领导亚洲论坛

http：//www. quantumleapsinc. org/resources/east – asia – and – pacific – websites. html 商界女性资源

澳大利亚

www. wgea. gov. au 职场性别平等机构

www. womenonboards. org. au

www. womens – forum. com

www. management – issues. com/women. asp

http：//www. wlia. org. au 女性领导力研究所

中国香港

www. communitybusiness. org

印度

http：//moia. gov. in/writereaddata/pdf/list_ indian_ women. pdf 印度女性组织名录

http：//www. ncw. nic. in 国家女性委员会

http：//wcd. nic. in 女性和儿童发展部

http：//nhrc. nic. in 国家人权委员会

http：//ncw. nic. in/frmListStateCommission. aspx 国家女性委员会名录

http：//ncw. nic. in/frmLLawsRelatedtoWomen. aspx 女性相关法律

http：//ncw. nic. in/pdfFiles/NGOList. pdf 非政府组织和倡导者名录

马来西亚

www. wimnet. org. my

新西兰

www. globalwomen. org. nz

www. hrc. co. nz -平等就业机会

www. 25per centgroup. co. nz

www. professionelle. co. nz

巴基斯坦

www. apwapakistan. com 巴基斯坦全国女性协会（APWA）

http：//www. behbud. org 贝赫布德协会

http：//www. cnpwcci. org 中北旁遮普女性理事会

http：//www. pfowa. org 巴基斯坦外事办公室女性协会（PFOWA）

http：//www. spwcci. com 南旁遮普女性理事会

http：//www. theukapwa. com UK – APWA

http：//wccip. org. pk 白沙瓦女性工商会

http：//www. ilo. org/empent/areas/womens – entrepreneurship – 女企业家发展

新加坡

www. boardagender. org

斯里兰卡

www. womeninmanagement. org

www. wcicsl. lk Women's Chamber of Industry and Commerce

越南

http：//www. un. org. vn/en/publications/publications – by – agency/doc_ details/294 – gender – related – obstacles – to – vietnamesewomen – entrepreneurs. html 越南女企业家发展的性别障碍

http：//www. voced. edu. au/content/ngv39741 越南女企业家培训

www. vcci. com. vn 越南工商会

www. vwec. com. vn

欧洲地区

http：//ec. europa. eu/justice/gender – equality/index_ en. htm 欧洲委员会

http：//www. coe. int/t/dghl/standardsetting/equality/03themes/standards – mechanisms/EG （2009）2_ en. pdf欧盟成员国国家平等机制

http：//www. womenlobby. org

www. unwomen – eeca. org 联合国东欧和中亚分区办公室，哈萨克斯坦阿拉木图

www. eige. europa. eu 欧洲性别平等研究所

www. unece. org/gender/welcome. html 联合国欧洲经济委员会

www. businessandgender. eu

www. ebrd. com/pages/about/principles/gender. shtml 欧洲重建与发展银行

http：//www. businessandgender. eu/en/products/1break – gender – stereotypes – en. pdf 打破性别定式，为人才提供机会——中小企业顾问和人力资源工具包

法国

http：//www. federation – femmes – administrateurs. com

西班牙

http：//www. madridemprende. com/index. php？ q = entidad/organización – de – mujeres – empresarias – y – gerencia – activa – omega www. inmujer. es/女性研究所

www. inmujer. gob. es/estadisticas/portada/home. htm

www. inmujer. gob. es 平等观察

英国

www. 30per centclub. org. ukhttp：//www. 20 – first. com

http：//wimuk. co. uk/英国管理界中的女性

http：//www. ons. gov. uk/ons/rel/lmac/women – in – the – labour – market/2013/sty – women – in – work. html

www. prowess. org. uk/womens – business – networks

https：//www. gov. uk/government/. . . /government – equalities – office

西亚及北非地区

www. escwa. un. org/divisions/ecw. asp？ division = ecw

www. amews. org -中东女性研究协会

www. cawtar. org -阿拉伯女性培训研究中心

www. arabwomenleadership. org

www. woibex. com/w_ leaders_ group. asp

www. ideationcenter. com

www. menabwn. org MENA 商界女性网络

16. 统计数据附件

全球水平

表 16.1　女性进入金融界的情况（2010 和 2012，经济学人信息部）
分数从 0－100 分，100 分为最高分

排名	国家	2012 年分数	2010 年分数	变化
1	德国	91,3	87,1	0,1
2	比利时	86,9	86,8	0,1
3	日本	85,7	81,6	0
4	意大利	83,4	66,2	8,9
=5	瑞典	83,3	83,3	0
=5	美国	83,3	68,8	6,2
7	法国	80,6	80,4	0,2
8	希腊	79,5	72,3	3,1
9	新加坡	79,3	70,9	4,2
10	保加利亚	78	65	8,9
=11	匈牙利	77,4	77,2	0,3
=11	立陶宛	77,4	54,6	18,6
13	奥地利	76,8	59,8	12,8
14	拉脱维亚	76,2	64	8
15	捷克	75,7	71,5	0,1
=16	澳大利亚	75	70,8	0
=16	马来西亚	75	70,5	4,5
18	加拿大	72,9	68,8	0
19	韩国	71,5	63,3	-0,1
20	挪威	70,8	66,7	0
21	葡萄牙	70,2	66,9	3,3
22	荷兰	68,8	54,9	9,7
23	克罗地亚	68,5	47,1	13
24	斯洛伐克	67,8	63,6	0
25	波兰	67,4	55,1	3,9
26	斯洛文尼亚	67	62,8	0
27	以色列	66,8	58,7	-0,3
=28	冰岛	66,7	62,5	0
=28	新西兰	66,7	52,1	6,3

续表

排名	国家	2012 年分数	2010 年分数	变化
28	英国	66,7	62,5	0
31	南非	65,8	57,4	0
=32	爱尔兰	64,6	70,8	-6,2
=32	毛里求斯	64,6	53,1	7,4
34	爱沙尼亚	63	54,3	0,4
35	中国香港	62,9	58,7	0
36	塞尔维亚	62,5	54,8	3,5
37	智利	61,9	58,5	-0,7
38	泰国	61,6	56,9	0,6
39	芬兰	61,4	53,1	0
40	哥伦比亚	57,4	52,6	0,6
41	摩洛哥	56,2	52,9	-0,9
42	巴西	55	52,3	-1,5
=43	纳米比亚	53,8	37	8,4
=43	巴拿马	53,8	36,5	9
45	墨西哥	53,3	44,1	4,8
46	科威特	52,9	36,3	8,2
47	瑞士	52,6	48,4	0
48	巴林	50,3	41,9	0,1
49	越南	50,2	40,7	1,2
50	哥斯达黎加	49,5	32,8	8,4
51	卢森堡	47,9	37,5	6,2
52	黎巴嫩	47,3	38,9	0,1
53	西班牙	47	36,3	2,3
54	中国	46,6	37,9	0,3
55	约旦	46,1	37,7	0,1
=56	哈萨克斯坦	45,8	44,9	-7,4
=56	乌拉圭	45,8	36,8	0,7
58	罗马尼亚	45,1	36,3	0,5
59	俄罗斯	44,7	34,2	6,3
60	萨尔瓦多	44,6	26,2	0,1
61	突尼斯	44,4	29,2	6,9
62	阿曼	44,1	27,1	8,6
63	阿尔巴尼亚	43,1	26,7	12,3
64	印度尼西亚	42,8	29,6	9
65	土耳其	42,6	32,2	2,1
66	阿联酋	42,5	33,4	0,8
67	洪都拉斯	41,7	33,4	-0,1
68	乌克兰	40,8	37,9	-5,4
69	厄瓜多尔	40,4	24	8,1
70	博茨瓦纳	39,1	29,6	1,2
71	斯里兰卡	38,5	33,6	0,7

续表

排名	国家	2012 年分数	2010 年分数	变化
72	阿根廷	37,5	33,3	0
=73	印度	37,1	39,2	-6,3
=73	沙特阿拉伯	37,1	35	-6,2
75	埃及	35,5	45,5	-14,1
76	丹麦	34,5	`	0,1
77	肯尼亚	33,9	19,1	6,4
78	玻利维亚	33,6	19,6	5,7
79	孟加拉国	33,4	25,1	0
80	摩尔多瓦	33,3	25	0
81	伊朗	33	35,2	-6,3
82	多米尼加共和国	32,7	30,3	-5,9
83	格鲁吉亚	31,2	15,6	7,3
84	巴拉圭	30,6	24,4	-2,1
85	巴基斯坦	30,4	26,2	0,1
86	秘鲁	29,2	20,5	0,4
87	尼日利亚	27,1	25	2,1
88	尼加拉瓜	26,2	19,6	-1,7
89	吉尔吉斯	24,9	13,5	7,2
90	加纳	24,6	12,5	3,8
91	叙利亚	23,1	6,3	8,5
=92	马拉维	22,9	25	-6,3
=92	委内瑞拉	22,9	6,3	8,3
94	亚美尼亚	22,6	13,1	0,8
95	菲律宾	21,8	19,5	-6
=96	阿尔及利亚	20,9	6,3	6,3
=96	布基纳法索	20,9	12,7	-0,1
=96	塞内加尔	20,9	12,9	-0,3
=99	柬埔寨	20,8	6,3	6,2
=99	坦桑尼亚	20,8	12,5	0
101	阿塞拜疆	15,8	7,4	0,1
102	贝宁	15,5	7,2	0
103	赞比亚	15,1	6,3	0,4
104	喀麦隆	14,9	6,5	0,1
105	乌干达	14,8	6,3	0,2
=106	科特迪瓦	14,6	6,5	-0,2
=106	老挝	14,6	6,3	0
=106	多哥	14,6	6,5	-0,2
109	也门	8,4	0	0
110	马达加斯加	8,3	0	0
111	埃塞俄比亚	6,3	12,5	-6,2
112	乍得	0,1	0	0,1
113	苏丹	0	0	0

资料来源：《女性经济机会：新的全球指数和排名》，经济学人信息部，2010 年和 2012 年 6 月

表 16.2　女性拥有所有权的公司比例（最近年份，世界银行企业调查）

国家	年	所有者中有女性的公司%	小型企业%（5-19）	中型企业%（20-99）	大型企业%（100+）
非洲					
安哥拉	2010	56.6	55.4	53.8	71.1
贝宁	2009	43.9	52.1	0	N. A.
博茨瓦纳	2010	55.3	57.9	53.9	45.5
布基纳法索	2009	19.2	18.2	25.8	5.3
布隆迪	2006	34.8	35.8	30.7	26.4
喀麦隆	2009	15.7	28.9	3	3.9
佛得角	2009	33.1	25.9	44.4	21.7
中非共和国	2011	53.3	51.9	49.5	81.8
乍得	2009	40.1	43.9	40.4	26.1
刚果（金）	2013	15.1	14.6	17.6	16.7
刚果（布）	2009	31.8	49.4	9.8	N. A.
科特迪瓦	2009	61.9	67	44.5	7.1
厄立特里亚	2009	4.2	4	5.4	N. A.
埃塞俄比亚	2011	35.3	31.2	33.9	53.3
加蓬	2009	33.1	42.1	8.9	N. A.
冈比亚	2006	21.3	24.1	15.3	14.6
加纳	2007	44	39.6	54.5	54.4
几内亚	2006	25.4	24.9	29.7	27.8
几内亚比绍	2006	19.9	21.2	13.4	N. A.
肯尼亚	2013	49.2	51.1	48.1	42.6
莱索托	2009	18.4	24.2	7.9	4.3
利比里亚	2009	53	61.1	5.5	N. A.
马达加斯加	2009	50	59.8	40	19.3
马拉维	2009	23.9	26.4	27.8	9
马里	2010	58.3	58.5	59.5	42
毛里塔尼亚	2006	17.3	16.7	19.5	N. A.
毛里求斯	2009	16.9	22.2	9.7	8.6
莫桑比克	2007	24.4	19.9	28.3	43.4
纳米比亚	2006	33.4	36.6	2.9	31.4
尼日尔	2009	17.6	17.3	19.5	13.6
尼日利亚	2007	20	22.2	13.5	1.5
卢旺达	2011	42.5	38.6	45.9	60.6
塞内加尔	2007	26.3	25.5	30.7	26.7
塞拉利昂	2009	7.9	6.4	14.5	0
南非	2007	22.6	22.5	23.5	19.8
斯威士兰	2006	28.6	31.2	21.7	19.9
坦桑尼亚	2013	25.2	23.6	30.8	32.5

续表

国家	年	所有者中有女性的公司%	小型企业%（5－19）	中型企业%（20－99）	大型企业%（100＋）
多哥	2009	31.8	34.9	14.8	N.A.
乌干达	2013	26.4	26.8	25.9	22
赞比亚	2013	49.8	48.1	53.4	57.2
津巴布韦	2011	56.2	58.8	55.6	49.3
拉丁美洲和加勒比地区					
安提瓜和巴布达	2010	21.3	24.8	13.7	0
阿根廷	2010	38	46.9	30.4	16.3
巴哈马	2010	58.3	55.9	61.5	60.9
巴巴多斯	2010	43.5	48.1	38.8	22.4
伯利兹	2010	30.4	27.4	40.8	16.9
玻利维亚	2010	41.3	45.8	29.8	66.1
巴西	2009	59.3	64.2	59.9	53.7
智利	2010	29.6	14.2	43.1	26.6
哥伦比亚	2010	35.3	37	40.1	15.7
哥斯达黎加	2010	43.5	47.5	44.6	18.4
多米尼克	2010	41	43.5	29	N.A.
多米尼加共和国	2010	30	25.7	38.8	28.5
厄瓜多尔	2010	24.1	28.5	17.1	15
萨尔瓦多	2010	40.2	37.9	49	31.1
格林纳达	2010	57.3	56.2	62.1	52.7
危地马拉	2010	44.2	49.1	40.3	33
圭亚那	2010	58.3	53.9	58.2	49.9
洪都拉斯	2010	43.3	50.3	25.3	33.6
牙买加	2010	38.2	30.4	56.5	32.4
墨西哥	2010	25.7	32	13.8	13.8
尼加拉瓜	2010	61.9	66.5	58.7	32.6
巴拿马	2010	24.7	25	25.8	16.8
巴拉圭	2010	51.6	62.8	40.9	45.4
秘鲁	2010	28.7	32.1	30.4	9.4
圣基茨和尼维斯	2010	57.8	54.6	62.3	76.2
圣卢西亚	2010	32.1	25.7	51.6	19
圣文森特和格林纳丁斯	2010	76	76.9	69.3	100
苏里南	2010	18.3	15.4	22.4	11.4
特立尼达和多巴哥	2010	45.1	44.6	41.2	61.8
乌拉圭	2010	23.1	22.8	25.9	16.2
委内瑞拉	2010	30.7	30.8	34	18.1

续表

国家	年	所有者中有女性的公司%	小型企业%(5－19)	中型企业%(20－99)	大型企业%(100＋)
东亚和太平洋地区					
中国	2012	64.2	65.5	64.6	63.4
斐济	2009	49.1	48.3	46.3	66.2
印度尼西亚	2009	42.8	44.1	35.9	27.7
韩国	2005	19.1	23.1	7.7	13.5
老挝	2012	41.6	54.9	21.6	20.8
马来西亚	2007	13.1	18.9	15	7.6
密克罗尼西亚	2009	86.8	…	79.5	100
蒙古	2013	38.9	34.9	39	88.4
缅甸	2014	27.3	26.6	25.8	41.8
菲律宾	2009	69.4	68.2	70.6	70.8
萨摩亚	2009	79.8	81.3	76.3	N. A.
东帝汶	2009	42.9	43.1	49.8	11
汤加	2009	65.3	68.8	19.2	…
瓦努阿图	2009	51.4	56.8	43.7	N. A.
越南	2009	59.2	55.8	60.8	64.4
南亚					
阿富汗	2014	2.6	2.2	2.2	5.6
孟加拉国	2013	12.7	8	7	26.9
不丹	2009	31.3	28.6	32.5	55.1
印度	2006	9.1	7.1	15.2	11.5
尼泊尔	2013	21.8	20.3	23.4	66.7
巴基斯坦	2007	6.7	2.6	12.4	28.5
斯里兰卡	2011	26.1	21.5	38.5	49.5
中东和北非地区					
阿尔及利亚	2007	15	14.7	14.9	17.8
吉布提	2013	22.3	19.4	26.3	31.9
埃及	2008	34	26.4	38	40.9
伊拉克	2011	6.8	5.1	22.4	3.1
约旦	2006	13.1	11	12.7	18
黎巴嫩	2009	33.5	32.2	35.3	37.5
摩洛哥	2007	13.1	8.8	13.9	16.6
叙利亚	2009	14.4	16.1	10.4	18.4
西岸和加沙地带	2013	12.6	11.6	18.6	33.1
也门	2010	6.4	5.6	8.5	34.3

续表

国家	年	所有者中有女性的公司%	小型企业%（5－19）	中型企业%（20－99）	大型企业%（100＋）
东欧、欧洲和中亚					
阿尔巴尼亚	2013	12.5	13.8	3.4	28.6
亚美尼亚	2013	24.7	25.6	26.2	15.7
阿塞拜疆	2013	4.1	3.9	5.2	0
白俄罗斯	2013	43.6	46.3	37.1	44.9
波斯尼亚和黑塞哥维那	2013	27.3	28.3	25.9	27.7
保加利亚	2013	39.1	41.2	34.6	39.1
克罗地亚	2013	32.2	36.4	23.4	16.5
捷克	2009	25	30.7	15.3	33.7
爱沙尼亚	2009	36.3	36.1	36.9	35.7
格鲁吉亚	2013	33.9	32.6	39.4	23.1
德国	2005	20.3	21.6	20.7	8
希腊	2005	24.4	26.9	10.8	24.2
匈牙利	2009	42.4	44.9	39.1	39.8
爱尔兰	2005	41.6	43.5	36.1	38.2
哈萨克斯坦	2013	28.3	28.2	32.4	12.5
科索沃	2013	14	18.3	4.1	26.9
吉尔吉斯斯坦	2013	51.1	50.9	54.1	44.2
拉脱维亚	2009	46.3	47.8	41.9	47.3
立陶宛	2009	38.7	39.6	35.2	48.3
马其顿	2013	29.4	29.9	23.9	64
摩尔多瓦	2013	47.5	44.6	51.7	73
黑山	2013	24	27.5	11.9	8.2
波兰	2009	47.9	49.2	41.4	50.6
葡萄牙	2005	50.8	52.9	44.1	29.4
罗马尼亚	2013	47.1	48.3	42.8	50.6
俄罗斯	2012	28.5	31.3	28.2	17.2
塞尔维亚	2013	38.3	38.5	37.2	39.4
斯洛伐克	2009	29.6	30.9	26.5	27.5
斯洛文尼亚	2013	34.4	33.2	38.4	57.4
西班牙	2005	34.1	39.1	22.1	24.2
塔吉克斯坦	2008	34.4	27.9	37.2	49.9
土耳其	2008	40.7	36.1	43.7	57.8
乌克兰	2013	31.4	36	21.3	31.7
乌兹别克斯坦	2008	39.8	42.1	31.7	36.7

资料来源：企业调查（http：//www.enterprisesurveys.org），世界银行，2014年6月查询

非洲地区

表 16.3 非洲私人和公共部门女性管理者所占百分比（2000－2012，ILO）

国家	年	百分比	年	百分比	变化率%
1 博茨瓦纳	2001	30.8	2010	38.6	+7.8
2 布基纳法索	无	2006	30.2		
3 埃塞俄比亚	2004	23.2	2012	22.1	-1.1
4 几内亚	2009	23.7	2010	23.9	+0.2
5 利比里亚	无	2010	21.4		
6 马达加斯加	2005	22.1	2010	36.6	+14.5
7 毛里求斯	2000	22.0	2012	23.4	+1.4
8 纳米比亚	2000	30.2	2004	36.0	+5.8
9 卢旺达	无	2012	34.0		
10 南非	2003	25.7	2012	31.3	+5.6
11 坦桑尼亚	无	2006	16.5		
12 乌干达	2002	27.6	2009	20.2	-7.4
13 津巴布韦	无	2011	20.6		

资料来源：ILO 统计数据库，议员、高级官员和管理者，ISCO 88 和 ISCO 08，ILO 统计数据库，2014 年 6 月

绿色高亮的国家中，女性在管理界中的份额有所下降

表 16.4 非洲女性雇主百分比（2000－2012，ILO）

国家	年	百分比	年	百分比	变化率%
1 贝宁	无		2010	23	
2 博茨瓦纳	2001	33	2010	36	+3
3 布基纳法索	无	2006	21		
4 喀麦隆	2001	34	2010	24	-10
5 佛得角	2000	30	无		
6 刚果（金）	2005	25	无		
7 科特迪瓦	2002	33	无		
8 埃塞俄比亚*	2005	18	2013	14	-4
9 加蓬	2005	28	2010	21	-7
10 几内亚	无		2012	16	
11 利比里亚	2007	43	2010	46	+3
12 马达加斯加	2003	40	2010	24	-16
13 马里	无		2006	27	
14 毛里求斯	2000	15	2012	12	-3
15 莫桑比克	2003	17	无		
16 纳米比亚	2000	35	2012	36	+1
17 尼日尔	无		2006	16	
18 卢旺达	2002	27	2012	34	+7
19 南非	2003	28	2012	20	-8

续表

国家		年	百分比	年	百分比	变化率%
20	坦桑尼亚	2001	30	2011	25	-5
21	乌干达	2003	35	2009	22	-13
22	赞比亚	2000	22	无		
23	津巴布韦	2002	34	2011	30	-4

资料来源：劳工统计数据库和 ILO 统计数据库，2014 年 6 月

（a）数据来自国家统计局，包括在 ILO 劳动市场主要指标中

绿色高亮的国家中，女性雇主的份额有所下降

* 埃塞俄比亚的最新数据为 2013 年数据

表 16.5 非洲女性自营业者百分比（2000－2012，ILO）

国家		年	百分比	年	百分比	变化率%
1	贝宁	2003	54	2010	52	-2
2	博茨瓦纳	2006	71	2010	63	-8
3	布基纳法索	2003	23	2005	25	+2
4	喀麦隆	2001	52	2010	51	-1
5	佛得角	2000	46	无		
6	刚果（金）	2005	61	无		
7	科特迪瓦	2002	37	无		
8	埃塞俄比亚	2004	28	2013	31	+3
9	加蓬	2005	49	2010	46	-3
10	加纳	无		2010	56	
11	几内亚	无		2012	43	
12	利比里亚	2007	50	2010	55	+5
13	马达加斯加	2003	40	2010	34	-6
14	马里	无		2006	43	
15	毛里求斯	2000	15	2012	26	+11
16	莫桑比克	2003	42	无		
17	纳米比亚	2000	56	2012	61	+5
18	尼日尔	无		2006	29	
19	卢旺达	2002	55	2012	55	0
20	塞内加尔	2001	45	无		
21	塞拉利昂	2004	49	无		
22	索马里	2001	45	无		
23	南非	2003	46	2012	45	-1
24	坦桑尼亚	2001	52	2011	51	-1
25	多哥	无		2006	54	
26	乌干达	2003	46	2010	55	+9
27	赞比亚	2000	33	无		
28	津巴布韦	2002	60	2011	56	-4

资料来源：劳工统计数据库和 ILO 统计数据库，2014 年 6 月

绿色高亮的国家中，女性自营业者的份额有所下降

表 16.6　非洲各国高等教育女学生比例，高等教育女毕业生比例及高级学位（ISCED 6）女毕业生比例（最近年份，联合国教科文组织）

	国家	年	女性高等教育录取率%	年	高等教育女性毕业生比例%	年	高级学位女性毕业生比例%
1	安哥拉	2011	27	2002	41	无	
2	贝宁	2001	21	2011	30	无	
3	博茨瓦纳	2006	53	无		无	
4	布基纳法索	2012		2012	31	2009	21
5	布隆迪	2010	35	2010	28	2004	17
6	喀麦隆	2011	42	无		无	
7	佛得角	2012	57	无		无	
8	中非	2012	30	2012	13	2012	28
9	乍得	2011	19	无		无	
10	科摩罗	2012	45	2012	44	无	
11	刚果（布）	2012	39	无		无	
12	刚果（金）	2012	35	无		无	
13	科特迪瓦	2007	33	无		无	
14	吉布提	2011	40	2005	45	无	
15	赤道几内亚	2000	30	无		无	
16	厄立特里亚	2010	27	2004	14	无	
17	埃塞俄比亚	2012	32	2012	29	2012	10
18	加蓬	2003	36	无		无	
19	冈比亚	2011	38	2011	51	无	
20	加纳	2012	38	2012	39	2012	18
21	几内亚	2012	27	无		无	
22	几内亚比绍	2001	16	无		无	
23	肯尼亚	2010	41	2001	37	无	
24	莱索托	2012	59	2012	61	无	
25	利比里亚	2012	38	2012	38	无	
26	马达加斯加	2012	48	2012	47	2012	45
27	马拉维	2011	39	2007	34	无	
28	马里	2012	29			无	
29	毛里塔尼亚	2012	29	2005	25	无	
30	毛里求斯	2012	57	2012	56	2012	59
31	莫桑比克	2011	39	2011	25	2011	47
32	纳米比亚	2008	57	2008	58	2005	33
33	尼日尔	2012	28	2010	29	无	
34	尼日利亚	2005	41	2005	41	无	
35	卢旺达	2012	45	2012	43	无	

续表

国家		年	女性高等教育录取率%	年	高等教育女性毕业生比例%	年	高级学位女性毕业生比例%
36	圣多美和普林西比	无	无	无			
37	塞内加尔	无	无	无			
38	塞舌尔	无	无	无			
39	塞拉利昂	2000	44	无	无		
40	索马里	无		无	无		
41	南非	无		无	无		
42	苏丹	2012	53	2012	53	2012	37
43	斯威士兰	2011	51	2011	18	无	
44	坦桑尼亚	2012	35	无		无	
45	多哥	2012	21	无		无	
46	乌干达	2011	21	2004	38	2004	34
47	赞比亚	无		无		无	
48	津巴布韦	2012	44	2012	44	无	

资料来源：UNESCO 数据研究所，2014 年 6 月查询

美洲地区

表 16.7　美洲私人和公共部门女性管理者所占百分比（2000－2012，ILO）

国家		年度	百分比	年度	百分比	变化率%
1	阿根廷	2000	27.4	2012	31	3.6
2	阿鲁巴	2000	35.9	2010	41	5.2
3	巴哈马	2001	39.9	2009	44.4	4.5
4	巴巴多斯	2000	35	2004	43.4	8.4
5	百慕大	2000	55	2010	43.5	-11.5
6	玻利维亚	2000	38.6	2009	35.1	-3.5
7	巴西	2000	31.2	2012	37.3	6.1
8	加拿大	2000	35.5	2012	36.2	0.7
9	开曼群岛	2004	51.4	2012	42.4	-9
10	智利	2002	32.7	2012	23.6	-9.1
11	哥伦比亚	无		2010	53.1	
12	哥斯达黎加	2000	32.9	2012	27.9	-9.3
13	古巴	无		2010	38.1	
14	多米尼加共和国	2000	30.6	2012	38.6	8
15	厄瓜多尔	2000	29.3	2012	39.7	10.4
16	萨尔瓦多	2000	26.1	2012	37.1	11
17	危地马拉	无		2012	44.8	

续表

国家		年度	百分比	年度	百分比	变化率%
18	洪都拉斯	无	无			
19	牙买加	2000	57.7	2008	59.3	1.6
20	墨西哥	2000	23.6	2012	32.1	8.5
21	尼加拉瓜	2004	40.2	2006	41	0.8
22	巴拿马	2001	40.4	2012	47.4	7
23	巴拉圭	2007	34.6	2012	32.3	-2.3
24	秘鲁	2000	28.1	2012	29.3	1.2
25	特立尼达和多巴哥	2000	39.2	2010	43.1	3.9
26	美国**	2002	36.3	2012	38.6	2.5
27	乌拉圭	2000	36.3	2011	43.9	7.6
28	委内瑞拉	2009	30.7	2012	33.4	3.3

资料来源：ILO 统计数据库，议员、高级官员和管理者，ISCO 88 和 ISCO 08，ILO 统计数据库，2014 年 6 月

** 美国的数据来自美国劳动统计局，来自家庭调查数据之“管理职业”，2002 和 2012 年，华盛顿

绿色高亮的国家中，女性在管理界中的份额有所下降

表 16.8　美洲女性雇主百分比（2000 - 2012，ILO）

国家		年度	百分比	年度	百分比	变化率%
1	安圭拉	2001	58	无		
2	阿鲁巴	2000	30	2010	34	4
3	阿根廷	2000	25	2012	27	2
4	巴巴多斯	2000	25	2004	19	-6
5	伯利兹	无		2005	22	
6	百慕大	2009	31	2012	43	12
7	玻利维亚	2000	23	2011	24	1
8	巴西	2000	26	2012	29	3
9	加拿大	2000	35	2012	26	-9
10	开曼群岛	2006	31	2012	25	-6
11	智利	2000	23	2012	23	0
12	哥伦比亚	2000	22	2012	25	3
13	哥斯达黎加	2000	16	2012	20	4
14	多米尼克	2001	35	无		
15	多米尼加共和国	2000	19	2012	23	4
16	厄瓜多尔	2000	18	2012	23	5
17	萨尔瓦多	2000	24	2012	31	7
18	危地马拉	2000	18	2012	35	17
19	洪都拉斯	2001	24	2007	26	2
20	牙买加	2000	24	2008	28	4
21	墨西哥	2000	16	2012	20	4
22	荷属安的列斯群岛	2000	23	2012	25	2
23	尼加拉瓜	2000	19	2006	22	3

续表

国家		年度	百分比	年度	百分比	变化率%
24	巴拿马	2000	19	2012	25	6
25	巴拉圭	2001	20	2012	26	6
26	秘鲁	2000	22	2012	25	3
27	圣卢西亚	2000	25	无		
28	特立尼达和多巴哥	2000	20	2010	21	1
29	美国（a）	2000	38	2008	37	-1
30	乌拉圭	2000	25	2012	27	2
31	委内瑞拉	2000	14	2012	17	3

资料来源：劳工统计数据库和 ILO 统计数据库，2014 年 6 月

（a）劳工统计数据库中“雇主”的相关数据和自雇佣者合并在就业状态下的一个类别中

绿色高亮的国家中，女性雇主份额有所下降

表 16.9 美洲女性自营业者百分比（2000－2012，ILO）

国家（或地区）		年度	百分比	年度	百分比	变化率%
1	安圭拉	2001	36	无		
2	阿根廷	2000	35	2012	33	-2
3	阿鲁巴	2000	25	2010	28	3
4	巴哈马	2008	33	2011	18	-15
5	巴巴多斯	2000	28	2004	34	6
6	伯利兹	无		2005	43	
7	百慕大	2009	37	2012	33	-4
8	玻利维亚	2000	39	2011	41	2
9	巴西	2000	27	2012	32	5
10	加拿大	2007	40	2012	39	-1
11	开曼群岛	2007	29	2012	29	0
12	智利	2000	25	2012	41	16
13	哥伦比亚	2000	36	2012	41	5
14	哥斯达黎加	2000	26	2010	33	7
15	古巴	2000	15	2010	12	-3
16	多米尼克	2001	30	无		
17	多米尼加共和国	2000	23	2012	24	1
18	厄瓜多尔	2000	35	2012	41	6
19	萨尔瓦多	2000	53	2012	52	-1
20	危地马拉	2000	47	2012	46	-1
21	洪都拉斯	2001	33	2007	37	4
22	牙买加	2000	34	2008	36	2
23	墨西哥	2000	31	2012	40	9
24	荷属安的列斯群岛	2000	24	2011	41	17
25	尼加拉瓜	2000	39	2006	40	1
26	巴拿马	2000	21	2012	32	11
27	巴拉圭	2001	43	2012	48	5

续表

国家（或地区）	年度	百分比	年度	百分比	变化率%
28 秘鲁	2000	49	2012	45	-4
29 圣卢西亚	2000	39	无		
30 特立尼达和多巴哥	2000	32	2010	27	-5
31 美国（a）	2000	38	2008	37	-1
32 乌拉圭	2000	35	2012	41	6
33 委内瑞拉	2000	39	2012	39	0

资料来源：劳工统计数据库和 ILO 统计数据库，2014 年 6 月

（a）劳工统计数据库中“雇主”的相关数据和自营业者合并在就业状态下的一个类别中

绿色高亮的国家中，女性自营业者的份额有所下降

表 16.10　美洲各国高等教育女学生比例，高等教育女毕业生比例及高级学位（ISCED 6）女毕业生比例（最近年份，联合国教科文组织）

国家	年	女性高等教育录取率%	年	高等教育女性毕业生比例%	年	高级学位女性毕业生比例%
1 安圭拉		2007	91	无		
2 安提瓜和巴布达	2012	69	2012	88	无	
3 阿根廷	2011	60	2010	65	2012	59
4 阿鲁巴	2012	58	2012	65	无	
5 巴巴多斯	2011	69	2011	68	2012	89
6 伯利兹	2012	62	2012	63	无	
7 百慕大	2012	66	2012	64	无	
8 玻利维亚	2007	45	无		无	
9 巴西	2012	57	2012	61	2012	51
10 加拿大	2000	56	2002	58	2006	44
11 开曼群岛	2008	69	2008	62	无	
12 智利	2012	52	2012	56	2012	39
13 哥伦比亚	2012	52	2012	54	2012	35
14 哥斯达黎加	2012	55	2011	64	2012	57
15 古巴	2012	59	2012	62	2012	40
16 多米尼加共和国	2003	61	无		无	
17 厄瓜多尔	2008	53	2008	59	无	
18 萨尔瓦多	2012	53	2012	58	2012	64
19 格林纳达	2009	57	无		无	
20 危地马拉	2007	51	2007	50	无	
21 圭亚那	2012	67	2012	75	无	
22 洪都拉斯	2012	57	2012	65	2003	33
23 牙买加	2012	66	2009	56	无	
24 墨西哥	2012	50	2012	54	2012	48

续表

国家		年	女性高等教育录取率%	年	高等教育女性毕业生比例%	年	高级学位女性毕业生比例%
25	尼加拉瓜	2003	52	2002	61	无	
26	巴拿马	2011	60	2010	64	2011	40
27	巴拉圭	2010	58	无		无	
28	秘鲁	2010	52	无		无	
29	圣卢西亚	2012	68	无		无	
30	特立尼达和多巴哥	无		2004	60	2002	56
31	美国	2012	57	2012	58	2012	54
32	乌拉圭	2010	63	2010	64	2010	59
33	委内瑞拉	2008	62	2002	65	无	

资料来源：UNESCO 统计研究所，2014 年 6 月查询

亚太地区

表 16.11　亚太私人和公共部门女性管理者所占百分比（2000 - 2012，ILO）

国家（或地区）		年	百分比	年	百分比	变化率%
1	澳大利亚	2000	32.9	2012	36.2	4.3
2	孟加拉国	2003	23.4	2011	5.4	-18
3	不丹	2010	11.3	2012	27.6	16.3
4	文莱	2001	25.7	无	无	
5	柬埔寨	2000	12.6	2010	18	5.4
6	中国	2005	16.8	无	无	
7	库克群岛	2001	36.1	2011	47.5	11.4
8	中国香港	2000	24.2	2012	33.2	9
9	印度尼西亚	2007	19.7	2010	21.2	1.5
10	伊朗	2005	16.2	2010	14.6	-1.6
11	日本	2009	10.7	2012	11.1	0.4
12	韩国	2000	7.8	2012	11	3.2
13	中国澳门	2000	19.2	2012	31.4	12.2
14	马来西亚	2001	21.8	2012	21.5	-0.3
15	马尔代夫	2000	15.4	2010	13.4	-2
16	蒙古	2000	30.2	2012	41.9	11.7
17	尼泊尔	2001	13.8	无	无	
18	新西兰	2000	38.2	2008	40	1.8
19	纽埃	2001	31.9	无	无	
20	巴基斯坦	2001	2.9	2008	3	0.1

续表

国家（或地区）		年	百分比	年	百分比	变化率%
21	菲律宾	2001	59	2012	47.6	-11.4
22	萨摩亚	2001	28.5	无	无	
23	新加坡	2000	25	2010	33.1	8.1
24	斯里兰卡	2002	21.7	2012	28.4	6.7
25	泰国	2001	25.5	2012	28.2	2.7
26	汤加	2003	26.6	无	无	
27	图瓦卢	2002	24.5	无	无	
28	瓦努阿图	无	无	2009	28.5	
29	越南	2000	16.8	2009	23	6.2

资料来源：ILO 统计数据库，议员、高级官员和管理者，ISCO 88 和 ISCO 08，ILO 统计数据库，2014 年 6 月

绿色高亮的国家中，女性在管理界中的份额有所下降

表 16.12 亚洲女性雇主百分比（2000－2012 年，ILO）

国家（或地区）		年	百分比	年	百分比	变化率%
1	澳大利亚	2000	33	2012	33	0
2	孟加拉国	2000	11	2010	25	14
3	不丹	2005	20	2012	50	30
4	柬埔寨	2000	11	2010	50	39
5	斐济	无	无	2005	31	
6	中国香港	2000	14	2012	21	7
7	印度	无	无	2005	12	
8	印度尼西亚	2001	23	2010	25	2
9	伊朗	2007	3	2010	4	1
10	日本	2000	18	2012	16	-2
11	基里巴斯	2000	50	2010	28	-22
12	韩国	2000	18	2012	22	4
13	中国澳门	2000	12	2012	25	13
14	马来西亚	2000	10	2012	15	5
15	马尔代夫	2000	11	2010	8	-3
16	蒙古	2000	28	2012	38	10
17	尼泊尔	2001	43	无		
18	新西兰	2000	29	2012	30	1
19	巴基斯坦	2000	2	2008	0.4	-1.6
20	菲律宾	2000	20	2012	25	5
21	萨摩亚	2001	33	无		
22	新加坡	2001	17	2012	28	11

续表

国家（或地区）		年	百分比	年	百分比	变化率%
23	斯里兰卡	2000	11	2012	10	-1
24	泰国	2001	21	2012	27	6
25	瓦努阿图	无	无	2009	29	
26	越南*	2000	36	2013	30	-6

资料来源：劳工统计数据库和ILO统计数据库，2014年6月

绿色高亮的国家中，女性雇主的份额有所下降

*最新数据为2013年数据

表16.13　亚洲女性自营业者百分比（2000－2012，ILO）

国家（或地区）		年	百分比	年	百分比	变化率%
1	澳大利亚	2000	32	2012	37	5
2	孟加拉国	无		2011	6	
3	不丹	2005	44	2012	49	5
4	柬埔寨	2000	37	2010	33	-4
5	斐济	2005	24	无		
6	中国香港	2000	18	2012	26	8
7	印度	无		2005	24	
8	印度尼西亚	2001	26	2010	34	8
9	伊朗	2007	13	2010	11	-2
10	日本	2000	31	2012	28	-3
11	韩国	2000	32	2012	30	-2
12	中国澳门	2000	29	2012	25	-4
13	马来西亚	2000	24	2012	28	4
14	马尔代夫	2000	24	2010	57	32
15	蒙古	2000	24	2012	44	20
16	尼泊尔	2001	49	无		
17	新西兰	2000	31	2012	35	4
18	巴基斯坦	2000	6	2008	8	2
19	菲律宾	2000	35	2012	38	3
20	萨摩亚	2001	23	无		
21	新加坡	2001	24	2012	31	7
22	斯里兰卡	2000	20	2012	24	4
23	泰国	2000	32	2012	37	5
24	瓦努阿图	无		2009	46	
25	越南*	2000	35	2013	50	15

资料来源：劳工统计数据库和ILO统计数据库，2014年6月

*越南为2013年

绿色高亮的国家中，女性自营业者的比例有所下降

表 16.14　亚洲各国高等教育女学生比例，高等教育女毕业生比例及高级学位（ISCED 6）女毕业生比例（最近年份，联合国教科文组织）

	国家（或地区）	年	女性高等教育录取率%	年	高等教育女性毕业生比例%	年	高级学位女性毕业生比例%
1	阿富汗	2011	24	2009	19	无	
2	澳大利亚	2012	57	2011	57	2012	50
3	孟加拉国	2009	37	2003	33	无	
4	不丹	2012	40	无		无	
5	文莱	2012	62	2012	65	2011	60
6	柬埔寨	2011	38	2011	42	2004	30
7	中国	2012	50	2012	50	无	
8	中国香港	2012	51	2006	53	2006	42
9	中国澳门	2011	52	2011	59	2011	21
10	印度	2011	42	无		无	
11	印度尼西亚	2012	51	2005	48	2012	41
12	伊朗	2012	50	2012	39	2012	33
13	日本	2012	46	2012	48	2012	30
14	韩国	2012	40	2012	51	2012	33
15	老挝	2012	45	2012	44	无	
16	马来西亚	2011	56	2011	58	2011	52
17	马尔代夫	2008	53	无		无	
18	蒙古国	2012	59	2011	64	2012	62
19	缅甸	2011	58	2011	65	2011	87
20	尼泊尔	2011	42	无		无	
21	新西兰	2012	58	2011	59	2012	51
22	巴基斯坦	2012	48	无		无	
23	菲律宾	2009	54	2009	57	2006	60
24	萨摩亚	2000	44	2000	43		
25	新加坡	2013	50	无		无	
26	斯里兰卡	2010	65	2012	57	2012	45
27	泰国	2013	57	2012	57	2012	50
28	东帝汶	2010	41	2009	36	无	
29	瓦努阿图	2000	36	2004	36		
30	越南	2011	49	2012	37	2012	17

资料来源：UNESCO 数据研究所，2014 年 6 月查询

中东欧和独联体地区

表 16.15　中东欧和独联体各国私人和公共部门女性管理者所占百分比（2000－2012，ILO）

	国家	年	百分比	年	百分比	变化率%
1	阿尔巴尼亚	无	2009	22.5		
2	亚美尼亚	2001	23.9		无	
3	阿塞拜疆	2009	19.2	2012	34.2	15
4	白俄罗斯	无		2009	46.2	
5	波斯尼亚和黑塞哥维那	无		无		
6	格鲁吉亚	2000	19	2007	34	15
7	哈萨克斯坦	2001	33	2010	37.2	4.2
8	吉尔吉斯斯坦	2002	27.7	2012	32.3	4.6
9	马其顿	2002	19	2012	23.1	4.1
10	摩尔多瓦	2000	33.2	2012	44.1	10.9
11	黑山	2005	19.7	2012	27.3	7.6
12	俄罗斯	2000	35.6	2012	39.1	3.5
13	塞尔维亚	2004	25.9	2012	29.1	4.2
14	塔吉克斯坦	无		无		
15	土耳其	2000	8	2012	12.2	4.2
16	土库曼斯坦	无		无		
17	乌克兰	2000	36.7	2012	39.9	3.2
18	乌兹别克斯坦	无		无		

资料来源：ILO 统计数据库，议员、高级官员和管理者，ISCO 88 和 ISCO 08，ILO 统计数据库，2014 年 6 月

中东欧和独联体地区

表 16.16　中东欧和独联体各国女性雇主百分比（2000－2012，ILO）

	国家	年	百分比	年	百分比	变化率%
1	阿尔巴尼亚	2009	11	2012	29	18
2	亚美尼亚	2007	10	2012	25	15
3	阿塞拜疆	2003	41	2012	43	2
4	白俄罗斯	无		2009	31	
5	格鲁吉亚	2000	12	2012	23	11
6	哈萨克斯坦	2001	27	2010	38	11
7	吉尔吉斯斯坦	2002	28	2012	27	－1
8	马其顿	2002	17	2012	26	9
9	摩尔多瓦	2000	16	2012	41	25
10	俄罗斯	2000	29	2012	36	7
11	塞尔维亚	2004	24	2012	27	3
12	塔吉克斯坦	无		2009	12	
13	土耳其	2000	4	2012	8	4
14	乌克兰	无		2012	37	

资料来源：就业、职业和性别，ILO 统计数据——劳工统计数据库和 ILO 统计数据库，2014 年 6 月

绿色高亮的国家中，女性雇主的份额有所下降

表 16.17　中东欧和独联体各国女性自营业者百分比（2000－2012，ILO）

	国家	年	百分比	年	百分比	变化率%
1	阿尔巴尼亚	2009	30	2012	29	－1
2	亚美尼亚	2007	48	2012	45	－3
3	阿塞拜疆	2003	38	2012	52	14
4	白俄罗斯	无		2009	40	
5	波斯尼亚和黑塞哥维那	2009	30	2012	30	0
6	格鲁吉亚	2000	40	2012	34	－6
7	哈萨克斯坦	2001	53	2010	52	－1
8	吉尔吉斯斯坦	2002	37	2012	27	－10
9	马其顿	2000	22	2012	19	－3
10	摩尔多瓦	2000	50	2012	40	－10
11	黑山	无		2012	25	
12	俄罗斯	2000	51	2012	44	－7
13	塞尔维亚	2004	25	2009	25	0
14	塔吉克斯坦	无		2012	38	
15	土耳其	2000	13	2012	17	4
16	乌克兰	2000	50	2012	51	1

资料来源：劳工统计数据库和 ILO 统计数据库，2014 年 6 月

绿色高亮的国家中，女性自营业者的比例有所下降

表 16.18　中东欧和独联体各国高等教育女学生比例，高等教育女毕业生比例及高级学位（ISCED 6）女毕业生比例（最近年份，联合国教科文组织）

	国家	年	女性高等教育录取率%	年	高等教育女性毕业生比例%	年	高级学位女性毕业生比例%
1	阿尔巴尼亚	2012	56	2012	65	2012	59
2	亚美尼亚	2012	56	2012	61	2012	31
3	阿塞拜疆	2012	50	2012	52	2012	31
4	白俄罗斯	2012	57	2012	61	2012	53
5	波斯尼亚和黑塞哥维那	2012	56	2012	60	2012	40
6	格鲁吉亚	2012	56	2012	59	2012	64
7	哈萨克斯坦	2012	59	无		2013	51
8	吉尔吉斯斯坦	2011	55	2012	61	2012	63
9	马其顿	2012	53	2012	55	2012	49
10	摩尔多瓦	2012	56	2012	59	2012	60
11	黑山	2010	54	无		无	
12	俄罗斯	2012	55	无			49
13	塞尔维亚	2012	56	2012	59	2012	48

续表

国家		年	女性高等教育录取率%	年	高等教育女性毕业生比例%	年	高级学位女性毕业生比例%
14	塔吉克斯坦	2012	34	2012	38	2012	11
15	土耳其	2010	44	2012	47	2012	47
16	土库曼斯坦	无		无		无	
17	乌克兰	2012	52	2012	55	2012	56
18	乌兹别克斯坦	2011	39	2012	44	2011	42

资料来源：UNESCO 数据研究所，2014 年 6 月查询

欧盟和西欧

表 16.19　欧盟和西欧各国私人和公共部门女性管理者所占百分比（2000－2012，ILO）

国家		年	百分比	年	百分比	变化率%
1	奥地利	2000	30.1	2012	30	-0.1
2	比利时	2000	32.1	2012	32.4	0.3
3	保加利亚	2000	29.8	2012	36.4	6.6
4	克罗地亚	2000	24.7	2012	27.6	2.9
5	塞浦路斯	2000	14.8	2012	15.8	1
6	捷克	2000	24.1	2012	26.2	2.1
7	丹麦	2000	24.2	2012	28.4	4.2
8	爱沙尼亚	2000	39.8	2012	32.8	-7
9	芬兰	2000	26.6	2012	29.7	3.1
10	法国	2000	35	2012	39.4	4.4
11	德国	2000	27.1	2012	31.1	4
12	希腊	2000	25.1	2012	25.1	0
13	匈牙利	2000	33.5	2012	38.6	5.1
14	冰岛	2000	29	2012	39.9	10.9
15	爱尔兰	2000	26.5	2012	32.6	6.1
16	以色列	2000	27.2	2012	31.8	4.6
17	意大利	2000	14.3	2012	25.8	11.5
18	拉脱维亚	2000	37.1	2010	41.2	4.1
19	立陶宛	2000	42.7	2012	38.8	-3.9
20	卢森堡	2000	26.9	2012	18	-8.9
21	马耳他	2000	17.6	2012	27	9.4
22	荷兰	2000	25.3	2012	29	3.7
23	挪威	2000	25	2010	34.7	9.7
24	波兰	2000	32.5	2012	37.8	5.3
25	葡萄牙	2000	31.1	2012	34.6	3.5
26	罗马尼亚	2000	26.8	2012	31.4	4.6

续表

国家		年	百分比	年	百分比	变化率%
27	斯洛伐克	2000	31.2	2012	33.1	1.9
28	斯洛文尼亚	2000	29.6	2012	39	9.4
29	西班牙	2000	31.5	2012	30	-1.5
30	瑞典	2000	30.7	2012	35.5	4.9
31	瑞士	2000	23.4	2012	33.2	9.7
32	英国	2000	34.5	2012	34.2	-0.3

资料来源：ILO 统计数据库，议员、高级官员和管理者，ISCO 88 和 ISCO 08，ILO 统计数据库，2014 年 6 月

绿色高亮的国家中，女性在管理界中的份额有所下降

表 16.20　欧盟和西欧各国女性雇主百分比（2000 - 2012，ILO）

国家		年	百分比	年	百分比	变化率%
1	奥地利	2000	29	2012	24	-5
2	比利时	2001	30	2012	23	-7
3	保加利亚	2003	25	2012	29	4
4	克罗地亚	2000	29	2012	31	2
5	塞浦路斯	2000	11	2012	16	5
6	捷克	2000	23	2012	23	0
7	丹麦	2000	16	2012	21	5
8	爱沙尼亚	2000	28	2012	19	-9
9	芬兰	2000	31	2012	23	-8
10	法国	2000	2	2012	24	2
11	德国	2000	23	2012	24	1
12	希腊	2000	18	2012	24	6
13	匈牙利	2000	26	2012	28	2
14	冰岛	2000	26	2012	26	0
15	爱尔兰	2000	19	2012	23	4
16	以色列	2000	14	2012	19	5
17	意大利	2000	24	2012	24	0
18	拉脱维亚	2000	29	2012	34	5
19	立陶宛	2000	32	2012	30	-2
20	卢森堡	2000	25	2012	25	0
21	马耳他	2001	15	2012	16	1
22	荷兰	2000	23	2012	24	1
23	挪威	2001	26	2012	26	0
24	波兰	2000	32	2012	30	-2
25	葡萄牙	2000	25	2012	31	6
26	罗马尼亚	2000	23	2012	28	5
27	斯洛伐克	2000	29	2012	27	-2

续表

国家		年	百分比	年	百分比	变化率%
28	斯洛文尼亚	2000	28	2012	26	-2
29	西班牙	2000	21	2012	30	9
30	瑞典	2000	26	2012	22	-4
31	瑞士	2000	23	2012	24	1
32	英国	2000	24	2012	26	2

资料来源：劳工统计数据库和 ILO 统计数据库，2014 年 6 月

绿色高亮的国家中，女性雇主的份额有所下降

表 16.21　欧盟和西欧各国女性自营业者百分比（2000 -2012，ILO）

国家		年	百分比	年	百分比	变化率%
1	奥地利	2000	39	2012	43	4
2	比利时	2000	33	2012	34	1
3	保加利亚	2000	35	2012	36	1
4	克罗地亚	2000	35	2012	39	4
5	塞浦路斯	2000	22	2012	32	10
6	捷克	2000	29	2012	32	3
7	丹麦	2000	28	2012	32	4
8	爱沙尼亚	2000	36	2012	37	1
9	芬兰	2000	33	2012	35	2
10	法国	2000	30	2012	34	4
11	德国	2000	33	2012	37	4
12	希腊	2000	27	2012	32	5
13	匈牙利	2000	26	2012	39	13
14	冰岛	2000	29	2012	36	7
15	爱尔兰	2000	15	2012	19	4
16	以色列	2000	31	2012	38	7
17	意大利	2000	24	2012	31	7
18	拉脱维亚	2000	47	2012	44	-3
19	立陶宛	2000	41	2012	42	1
20	卢森堡	2000	31	2012	47	16
21	马耳他	2005	8	2012	19	11
22	荷兰	2000	37	2012	37	0
23	挪威	2000	29	2012	28	-1
24	波兰	2000	38	2012	34	41
25	葡萄牙	2000	45	2012	39	-6
26	罗马尼亚	2000	32	2012	29	-3

续表

国家		年	百分比	年	百分比	变化率%
27	斯洛伐克	2000	25	2012	28	3
28	斯洛文尼亚	2000	28	2012	30	2
29	西班牙	2000	29	2012	34	5
30	瑞典	2000	27	2012	29	2
31	瑞士	2000	41	2012	46	5
32	英国	2000	29	2012	31	2

资料来源：劳工统计数据库和 ILO 统计数据库，2014 年 6 月

绿色高亮的国家中，女性雇主的份额有所下降

表 16.22　欧盟和西欧各国高等教育女学生比例，高等教育女毕业生比例及高级学位（ISCED 6）女毕业生比例（最近年份，联合国教科文组织）

国家		年	女性高等教育录取率%	年	高等教育女性毕业生比例%	年	高级学位女性毕业生比例%
1	奥地利	2012	53	2012	55	2012	42
2	比利时	2012	56	2012	59	2012	44
3	保加利亚	2012	55	2012	61	2012	52
4	克罗地亚	2012	57	2012	59	2012	55
5	捷克	2012	57	2012	62	2012	41
6	塞浦路斯	2012	53	2012	60	2012	50
7	丹麦	2012	57	2012	58	2012	45
8	爱沙尼亚	2012	59	2012	67	2012	51
9	芬兰	2012	54	2012	61	2012	51
10	法国	2012	55	2012	56	2012	43
11	德国	2012	50	2012	57	2012	45
12	希腊	2011	49	2011	60	2011	38
13	匈牙利	2012	56	2012	64	2012	47
14	冰岛	2011	62	2010	67	2010	44
15	爱尔兰	2012	51	2012	55	2012	49
16	以色列	2011	56	2000	57	2011	51
17	意大利	2012	58	2011	60	2011	53
18	拉脱维亚	2012	60	2012	68	2012	60
19	列支敦士登	2011	33	2011	29	2011	33
20	立陶宛	2012	58	2012	64	2012	57
21	卢森堡	2010	52	2008	49	2008	25
22	马耳他	2012	56	2012	57	2012	46
23	荷兰	2012	51	2012	57	2012	45
24	挪威	2010	61	2012	61	2012	48
25	波兰	2012	60	2012	66	2012	53
26	葡萄牙	2012	54	2012	61	2012	56
27	罗马尼亚	2011	56	2011	62	2011	50

续表

国家		年	女性高等教育录取率%	年	高等教育女性毕业生比例%	年	高级学位女性毕业生比例%
28	斯洛伐克	2012	60	2012	64	2012	49
29	斯洛文尼亚	2012	58	2012	60	2012	50
30	西班牙	2012	54	2012	56	2012	49
31	瑞典	2012	60	2011	63	2011	47
32	瑞士	2012	49	2011	48	2011	42
33	英国	2012	56	2011	56	2011	45

资料来源：UNESCO 数据研究所，2014 年 6 月查询

中东和北非

表 16.23　中东和北非各国私人和公共部门女性管理者所占百分比（2000－2012，ILO）

国家（或地区）		年	百分比	年	百分比	变化率%
1	阿尔及利亚	2001	5.2	2004	4.9	-0.3
2	巴林	2001	12.3	无		
3	埃及	2000	10.1	2010	13.9	3.8
4	约旦	2004	5.1	无		
5	科威特	2005	13.9	无		
6	黎巴嫩	2004	11.2	2007	8.4	-2.8
7	摩洛哥	2004	10.8	2008	12.8	2
8	阿曼	2000	9.3	无		
9	卡塔尔	2001	4.7	2007	6.8	2.1
10	沙特阿拉伯	2006	9	2008	7.1	-1.9
11	叙利亚	无		2007	10.2	
12	阿联酋	2000	7.8	2008	10	2.2
13	也门	2004	7.1	2005	2.1	-5
14	西岸和加沙地带	2000	12.8	2012	14.4	1.6

资料来源：ILO 统计数据库，议员、高级官员和管理者，ISCO 88 和 ISCO 08，ILO 统计数据库，2014 年 6 月

绿色高亮的国家中，女性在管理界中的份额有所下降

表 16.24　中东和北非各国女性雇主百分比（2000－2012，ILO）

国家（或地区）		年	百分比	年	百分比	变化率%
1	阿尔及利亚	2001	4	2004	4	0
2	巴林	2002	7	2010	7	0
3	埃及	2000	5	2012	4	-1
4	约旦	2004	4	无		

续表

国家（或地区）		年	百分比	年	百分比	变化率%
5	科威特	2005	7	无		
6	黎巴嫩	2004	5	2009（a）	5	0
7	摩洛哥	2002	6	2012	8	2
8	阿曼	2000	5	2010	11	6
9	卡塔尔	2004	2	无		
10	沙特阿拉伯	无		2009	2	
11	叙利亚	2001	3	2007	3	0
12	突尼斯			2012	9	
13	阿联酋	2005	6	2008	5	-1
14	西岸和加沙地带	2000	3	2012	4	1
15	也门	1999	5	2010	3	-2

资料来源：劳工统计数据库和 ILO 统计数据库，2014 年 6 月

（a）数据来自国家统计局，包括在 ILO 劳动市场主要指标中

绿色高亮的国家中，女性雇主的份额有所下降

表 16.25　中东和北非各国女性自营业者百分比（2000 - 2012，ILO）

国家（或地区）		年	百分比	年	百分比	变化率%
1	阿尔及利亚	2001	19	2004	23	4
2	巴林（a）	2002	5	2010	11	6
3	埃及	2000	20	2012	22	2
4	科威特	2005	3	无		
5	黎巴嫩	2004	8	2007	11	3
6	摩洛哥	2002	12	2012	15	3
7	阿曼	2000	13	2010	25	12
8	卡塔尔	2004	1.2	无		
9	沙特阿拉伯	无		2009	7	
10	叙利亚	2001	5	2010（a）	6	1
11	突尼斯	无		2012	15	
12	阿联酋	2005	4	2008	5	1
13	西岸和加沙地带	2000	8	2012	10	2
14	也门	1999	19	2010（a）	10	-9

资料来源：劳工统计数据库和 ILO 统计数据库，2014 年 6 月

（a）数据来自国家统计局，包括在 ILO 劳动市场主要指标中

表 16.26　中东和北非各国高等教育女学生比例，高等教育女毕业生比例及高级学位（ISCED 6）女毕业生比例（最近年份，联合国教科文组织）

国家（或地区）	年	女性高等教育录取率%	年	高等教育女性毕业生比例%	年	高级学位女性毕业生比例%
阿尔及利亚	2012	59	2012	64	无	
巴林	2012	59	2012	55	2012	76
吉布提	2011	40	2005	45	无	
埃及	2012	48	无		2012	45
伊拉克	2005	36	2004	33	2004	32
约旦	2012	53	2012	47	2011	36
科威特	2004	64	无		无	
黎巴嫩	2012	54	2011	56	2011	36
利比亚	2003	51	无		无	
毛里塔尼亚	2012	29	2005	25	无	
摩洛哥	2010	47	2010	47	2006	31
阿曼	2011	50	2010	59	无	
卡塔尔	2012	65	2012	60	无	
沙特阿拉伯	2012	49	2012	53	2012	45
突尼斯	2012	60	2012	56	2011	53
阿联酋	2012	55	2012	58	2012	80
西岸和加沙地带	2012	58	2012	60	无	
也门	2011	30	2007	33	无	

资料来源：UNESCO 数据研究所，2014 年 6 月查询

17. 附件

感谢参加国际劳工组织公司调查的公司

（1270 份回复中的 429 家公司）

拉丁美洲和加勒比地区 – (35)	
阿根廷	
1. Holcim (Argentina S.A)	5. Soluciones Graficas SRL
2. Grafica Latina SRL	6. Industrias Guidi Sacif
3. TECNUS SRL	7. Juan y Felix Pasquale SRL
4. Cordoba Metal SRL	
哥斯达黎加	
1. Asociacion Camara Costarricense de Empresas de Factoreo	3. Zalmari
2. Tejidos y Colores Rosario SA	
洪都拉斯	
1. Banco Popular	9. Casa de Frutas
2. Fama OPDF	10. Delicias Gloria
3. Fundacion Jose Maria Covelo	11. Deoconsult S. de R.L.
4. Organizacion de Desarrollo Empresarial Femenino S.A (ODEF Financiera S.A)	12. Detalles para Celebrar
5. Red de Microfinancieras de Honduras, REDMICROH	13. Delicias para el Paladar
6. No Tengo Todavía	14. Fundacion Adelante
7. Elizabeth Leather	15. Banco Popular S.A.
8. Joyería Rosalila	
厄瓜多尔	
1. Empresa Electrica Regional Centro Sur C.A.	2. Industria De Alimentos La Europea
巴拉圭	
1. Agencia Aduanas "Celia de Godoy"	
乌拉圭	
1. Crisoles S.A.	4. Ferroco S.A.
2. Murchison (Uruguay) S.A	5. Fumaya S.A.
3. Montreal SRL	
牙买加	
1. Hibiscus Jamaica Limited	2. DOT Personnel Services (Ja.) Limited

非洲地区 – (22)

博茨瓦纳

1. Botswana Confederation of Commerce, Industry and Manpower BOCCIM

喀麦隆

1. Reseau Camerounais des Femmes Chefs d'Entreprises
2. Safacam MNE USA
3. Societe Nationale d'Investissement de Cameroun (SNI)
4. Ominium Service Groupe SNEF

加纳

1. Tema Oil Refinery
2. Toyota Ghana Company Ltd.
3. Unilever Ghana Limited
4. PZ Cussons Ghana Ltd.
5. GRIDCo
6. Accra Compost & Recycling Plant
7. Merchant Bank
8. Danadams Pharmaceuticals Ind. Ltd.
9. Starlife Assurance Company Limited
10. DHL Express Ghana

肯尼亚

1. Lewa Wildlife Conservancy
2. Synresins Limited

南非

1. Batshidise Mokgatla Assistance Pty Ltd
2. Siyahluma-Nathi Consultants
3. Petanque Consultancy
4. Thasola Consulting
5. KGA Life Limited

亚太地区 – (192)

孟加拉国

1. New Zealand Dairy Products Ltd. Bangladesh
2. Purbani
3. Victory Kittings (PVT.) LTD.
4. Technohaven Company Ltd.
5. ACI Formulations Limited
6. MetLife Alico
7. GlaxoSmithKline
8. MTB Exchange UK Limited
9. Eastern Bank Ltd.
10. Reliance Insurance Limited

柬埔寨

1. ACCA
2. Cam Paint Manufacturing
3. Cambodia Beverage Company Ltd
4. Camko Motor Company Ltd
5. CMA
6. FIDP
7. HRINC (Cambodia) Co. Ltd
8. Intrepid (Cambodia)
9. Khuon Tour and Service
10. KREDIT Microfinance Institution Plc.
11. Lotus Green Team
12. Lyly Food Industry Co., Ltd

19. American Academic Associates Ltd.
20. Cambodia Air Traffic Services Co., Ltd
21. CAMFEBA
22. Champei Spa
23. Dynamic Pharma Co., Ltd
24. Hagar Catering and Facilities Management
25. Inchcape Shipping Services (Cambodia) Ltd
26. Kampot Cement Co. Ltd
27. Koki Engineering Co., Ltd.
28. Life With Dignity (LWD)
29. Mekong Rain Natural Foods
30. Nova Cambodia

13. OPUS (Cambodia) Co., Ltd
14. SAMIC Plc.
15. SHRMP
16. Sokha Club Hotel
17. Southern Gold
18. VisionFund
31. Phnom Penh Billboard
32. Sciaroni and Associates
33. SMART International Consulting
34. Sonatra
35. Thaneakea Phum (Cambodia) Ltd.
36. Westline Education Group

斐济

1. Mc. Donalds. Res
2. Bank of Baroda
3. Patel
4. Unicom Network
5. Miracle Scissors
6. Exotic Electro & Movie World F, Ltd.
7. Fiji FPRE Authority
8. Satish Kumor Management Team Fiji Diary Ltd.
9. Tower Insurance
10. Bred Bank
11. Alrfina Rounds – (HR Assistant)
12. Housing Authority of Fiji
13. Fiji Gas
14. Dominion Insurance Ltd.
15. Counts Fiji Ltd.
16. Communications Fiji Ltd.
17. Itaukai Land Trust Board (ILTB)
18. ORICA
19. Coca-Cola Amatil Fiji Ltd.
20. Shanfour Nansori
21. Commerce & Employers Federation
22. Darui Printery
23. Gloria Jeans
24. Shivam Imports & Exports LTD
25. Red Cross Fiji
26. Ashika- Fintel.
27. Fiji TV
28. Nivis Motors
29. United Blind Persons of Fiji
30. Home Finace Company of Fiji
31. Nivanjams Autoport Ltd.
32. Kasabias Ltd
33. Telcom
34. Tost Fiji

印度

1. Hindustan Unilever Ltd. India

伊朗

1. Pars Shir
2. Sayahan Sepehr Asia
3. Aria Tradeline
4. MedaCoporation
5. Rooyin Pole Group
6. ZarsimaAra
7. Sadid Daydar
8. Karafarin Insurance Co.
9. Avakrayan Co.
10. Naeemi HandiCraft
11. POGC
12. Ansar II
13. HaamiSystem
26. Eniac Tech
27. Gem and Jewelry
28. Real State
29. Beheen System
30. Noor Insurance Co.
31. TMC Kish
32. Rathialmas
33. Pouyandegan-e-Donyaye Keifiat
34. Naghshe Sarzamin
35. PersiaSye ME
36. Meka
37. Ansar
38. Diba Teb Co.

14. SanatGostar Shareef
15. FarashKhoob
16. Banafsheh
17. Golcheen Tour
18. Dafka
19. Maboodi
20. Basouli
21. Neishekar AgroIndustry
22. Otaredian Co.
23. Mandana
24. Up2Date Reseach Network
25. Cooperative of Handy Craft
39. Rey Power Generation Management Co.
40. IRC Marketing Group
41. KiaPardaz Informatic System
42. Aras BaranChemi
43. Fatemeh
44. Ward International
45. Fmhamzeh
46.DaheshPoor Charity
47. Shayeteh
48. Farzaneh
49. Reyhanatonabi
50. Monadian

巴基斯坦

1. KPMG
2. ELPA
3. Shan Foods
4. Jang Group
5. Blue Angel
6. Aisha Steel Ltd.
7. A.F Ferguson & Co PriceWaterhouse Cooper
8. DP World Pakistan
9. PTCL
10. Agriauto
11. LUMS
12. Edev Tech.
13. Adamjeee Engg.
14. Marriott Hotel Karachi

菲律宾

1. The Medical Center
2. GMA Network Inc.
3. PASAR Coporation
4. Tollways Management Corp/Metro Pacific Tollways Development Corp.
5. Ivoclar Vivadent Inc.
6. Gofluent
7. One Media Group, Inc.
8. Best Western Hotel
9. Ni Life Unsen-South bell Manning, Inc.
10. Unisolutions Phils. Inc.
11. Consolidated Matif, Inc.
12. Taytay Doctors Multispecialty Hospital
13. Emmenical Church Foundation, Inc.
14. Bancnet Inc.
15. Astec International Limited
16. Freight Forwarding
17. Mayent Management Cop.
18. Jabez Bookkeeping and Accounting Services Company
19. EEI Corporation
20. Pilipiras Kyohritsu Inc.
21. Eastwest Banking Corp.
22. Job Solutions Manpower Agency
23. Baxter Healthcare Pharm. Inc.
24. Excel Qualit Inc.
25. Bridgestone Precision Molding Philippines, Inc.
26. Daiwa Seiko Phils-Corp
27.Micare Medicals Inc.
28. Phil Wacoal Corp.
29. EDCOP
30. Nokia Siemens Networks Phils, Inc
31. Cabu Daopla's Cooperative
32. Franklin Baker Co of the Philippines
33. UCPB-CIIF Finance and Development Corp.
34. Interlink Group of Companies
35. VIGO National
36. Holdings Investment
37. Exeqserve Corp.

斯里兰卡

1. Shore To Shore Pvt Ltd.
2. David Peiris Motor Company
3. Astron Ltd.
4. Pan Asia Bank
5. Unilever Sri Lanka Ltd.
6. BASF Lanka
7. Print Care PLC

中东欧 – (175)

阿尔巴尼亚

1. SIDRIT sh.p.k
2. Alb flower
3. Studio Rexha
4. EPTA ah.pk
5. Artisan
6. Souvenir Dori
7. Salon Teuta
8. "Lenda larese Kucove Sh.A"
9. SARA
10. GEA
11. Europa Travel
12. Construction Company
13. Supermaket
14. UPS agency
15. Lower
16. Salon Edlira
17. Arbanon
18. Studio Haxhiraj
19. New York
20. REALD
21. Lorendi
22. Numani Sh.p.k
23. Pharmacy KETI
24. Hotel PERLA
25. Rinia Art
26. Eldovid
27. Jurgen Star
28. KORINA
29. Art Galeri CUBI
30. Dallandyshe Travel Agency
31. Bar restorant "Fagma"
42. Gama sh.p.k
43. Lezha Confection
44. Animal Shop
45. Art Galeri
46. Homes in Albania
47. A Bi Esse
48. Salon Dyshka
49. Rona SH.p.k
50. Zui 2001
51. Real Estate Agencies
52. Art Studio Maci
53. Art Dekor Elezi
54. Klea Color
55. Raiffeisen Bank
56. Flutura & Sons
57. Pharmacy
58. Architecture Studio
59. Hotel Bolonja
60. FERATI
61. Trade 2000
62. Body line "Eli"
63. Bags and Shoes Shop
64. Infinit
65. ASADE
66. High Shool Shkoder
67. Eurotours
68. Gershera e arte
69. Symbol sh.p.k
70. Hotel "Doro City"
71. Publishing House "Skenderbeg"
72. Notary

32. Kindergarten "Harry Poter"
33. Vena Insureance Group
34. Flutura & Sons
35. Curtain Karteri
36. Bar Resorant Wintergarden
37. Bar resorant Fly
38. So-El filigram
39. Foto Bele
40. Vero Caffee
41. Numani – Education Institute
73. Construction Company
74. Art Gips
75. Artizanat Kruja
76. Noteriy
77. Concept sh.p.l
78. Al Servic
79. Bar Resortant Bunkeri
80. KEA sh.p.k
81. Prroni sh.p.k
82. IT

黑山

1. SIPA
2. PAMARK
3. Montenegro Stars
4. Parking Servis Budva
5. Zeljeznica Crne Gore
6. MIRAI
7. Vodovod Niksic
8. Javno preduzece za upravljanje reklamnim prostorom opstine Budva „Mediteran reklame" Budva
9. e3 Consluting
10. Abordage d.o.o Bar
11. Artbeton
12. MAMA
13. Jugopetrol
14. Marina Bar
15. Celebic
16. Crnogorski Telekom
17. Montenegro Defence Industry
18. Mil Pop
19. Montenomaks
20. Represent Communications
21. Higijena
22. Mitrovic & Co
23. Royal Club Travel
24. Podgoricka banka
25. Albona
26. Select invest
27. Marketing plus
28. Podravka
29. Finance plus Consulting
30. M-TEL
31. Coca Cola

摩尔多瓦

1. SA "Fabrica de brinzeturi din Chaul"
2. II "Maria Postolachi"
3. SC "Miraza" SRL
4. SRL "Prodaroter"
5. SA "Modern-Service"
6. CP "Muntean-Agro"
7. SRL "Ecoprod-Rosmol"
8. "Hidroimpex" SA
9. "Visagromag" SRL
10. CT "Pobeda Agro"
11. GT "Cebotari Mihail"
12. "Prietenia Agro" SLR
18. SRL "Unserv Audit"
19. II "Procopciuc Vera"
20. SRL "Servcostagro"
21. SRL "VM Plumcom"
22. COOP "Hagimus"
23. "Bogatmos" SRL
24. SRL "Farmacia Centrala"
25. "PAT 7" SA
26. "Regina Cimpiilor" SRL
27. "Scripta Prim" SRL
28. "Tehrubsor" SRL
29. "Contr-Pri" SRL

13. ISP Ruralproiect
14. SC "Carisma – M" SRL
15. SA "Drumuri Chisinau"
16. "Farm Meat Distributie" SRL
17. ICS "Red Union Renosa" SA
30. "Grupa Financiara" SA
31. IM "Orvento Metall Trading Co."
32. SA "Artima"
33. IM "Moldcell" SA
34. BC "Mobiasbanca-Grope Societe Generale" S.A

摩尔多瓦

1. Ab Trade d.o.o
2. Altamed
3. Nib Alternativa
4. Duro Salaj AD
5. Credy Banka AD Kragujevac
6. RDP "B92"
7. Royal Eco Food
8. Tepih Cenat doo Nis
9. Obuca "PAVLE" DOO
10. Hotel "Golubacki Grad"
11. Zapis
12. Gomex doo Zrenjanin
13. Galeb Group' d.o.o Sabec

中东及北非 – (25)

利比亚

1. HB Group

埃及

1. Islamists

黎巴嫩

1. Ebco Bitar
2. Janssen
3. Asala Publishers
4. Phoenicia Hotel
5. Push Magazine
6. Byblos Bank
7. Mets Energy
8. Kettaneh Constuction
9. Chateau Ksara
10. BLOM Bank

阿曼

1. Nasib Yahya Group Holding
2. Sohar Power Company
3. Sarooj Construction
4. Oman Tel
5. Oman Gas
6. Asmahan United Securities

西岸和加沙地带

1. Gamelah 1
2. Gamelah 2
3. Gamelah 3
4. Gamelah 4
5. Gamelah 5

沙特阿拉伯

1. Deloitte

阿拉伯联合酋长国

1. MDS UAE